Matthias Bormuth
Schreiben im Exil
Porträts

Matthias Bormuth

Schreiben im Exil

Porträts

Wallstein Verlag

Jerome Kohn
und
Michael Krüger

Bibliografische Information der Deutschen Nationalbibliothek
Die Deutsche Nationalbibliothek verzeichnet diese
Publikation in der Deutschen Nationalbibliografie;
detaillierte bibliografische Daten sind im Internet über
http://dnb.d-nb.de abrufbar.

Vom Verlag gesetzt aus der Minion pro
Umschlagabbildung: *Réchaud-four à gaz* von Jean Dubuffet, 1966
© BASTIAN Berlin / London
Druck und Verarbeitung: Hubert & Co, Göttingen

978-3-8353-5178-3

Inhalt

III.

IV.

Schreiben im Exil
Hannah Arendt

I.

Als Hannah Arendt 1929 ihr Heidelberger Studium bei Karl Jaspers abschloss, galt ihre Doktorarbeit dem *Liebesbegriff bei Augustin*. Die leidenschaftliche Reflexion versucht, dem Ereignis ihres Marburger Studiums, der Liebe zu Martin Heidegger, verhüllt Ausdruck zu verleihen. In der Folge zeigt Arendt sich noch ganz anders fähig, Erfahrungen ihres Lebens im Denken einzuholen. Und dies nicht nachträglich als philosophische Eule der Minerva, sondern in einer dramatischen Gleichzeitigkeit zwischen Geschehen und Gedanke. So bilden Erleben und Verstehen bei Hannah Arendt lebenslang eine dynamische Einheit. Berühmt ist der Satz, den sie spät im Leben im Gespräch mit Günter Gaus sagte: »[I]ch will verstehen. Und wenn andere Menschen verstehen; im selben Sinn, wie ich verstanden habe; dann gibt mir das eine Befriedigung wie ein Heimatgefühl.«

Das politische Denken Hannah Arendts nimmt seinen Ausgang in Berlin, wo sie als Stipendiatin der *Notgemeinschaft der Deutschen Wissenschaft* beginnt, das aufgeklärte Judentum im 18. Jahrhundert als Spiegel der Hoffnungen zu untersuchen, welche sie in ihrer eigenen Gegenwart noch hegt. Sie ist dabei selbst hin- und hergerissen zwischen dem Wunsch nach umfassender Assimilation und der bitteren Einsicht, dass es sich um eine Illusion der aufgeklärten und gebildeten Juden in Deutschland handelt. Als sie nach dem Reichstagsbrand Ende Februar 1933 die Arbeit an dem Buch *Rahel Varnhagen* abbrechen muss, reflektiert sie in der *Lebensgeschichte einer deutschen Jüdin aus der Romantik* auch das aktuelle Scheitern des Traums von der deutsch-jüdischen Symbiose. Ein Jahr zuvor hatte Arendt in der *Zeitschrift für die Geschichte der Juden* noch emphatisch Lessings humanistische Vision einer Wahrheit umrissen, die getragen war vom Glauben an Pluralität und Toleranz: »Für Lessing ist die allen gemeinsame Vernunft das Fundament der Menschlichkeit. Sie verbindet als Menschlichstes Saladin mit Nathan und dem Tempelherrn. [...] Auf der Betonung des Menschlichen, das auf dem Vernünftigen basiert, erwächst das Ideal und die Forderung der Toleranz.« Ihr Essay »Aufklärung und Judenfrage« beschreibt zugleich den humanistischen Schub, der sich in der Folge besonders mit Herders Geschichtsdenken verband, beflügelt von der Zuversicht, im historischen Verstehen die Bedeutung des einzelnen Menschen sichern zu können. Schon mit leichter Ironie resümiert Arendt: »Die Toleranz, der ›Vorzug seltener vom Himmel privilegierter Seelen‹ entdeckt nicht mehr das Menschliche als solches, sondern sie versteht es. [...] Die Toleranz entspricht der verstehenden Distanz des Gebildeten.«

Mit dem 30. Januar 1933 fallen diese humanistischen Gedanken wie ein Kartenhaus in sich zusammen. Die Geschichte kümmert sich nicht um die hübschen Ideale der Gelehrten. Die jüdischen Menschen müssen gerade als aufgeklärte Geister erfahren, wie sie mit ihren politischen Freunden ausgegrenzt und nicht selten der Vernichtung preisgegeben werden. Dabei sind Arendts akademische Lehrer ganz anders vom deutschen Denken erfasst. Martin Heidegger wird in Freiburg die Rektoratsrede *Zur Selbstbehauptung der deutschen Universität* halten und ein Jahr vergeblich versuchen, die Universität mit der leeren Entschiedenheit zum Nichts auf nationalsozialistischen Kurs zu bringen. Geschockt erfährt sie davon und nimmt erst 1950 wieder den Kontakt zu ihrem einstigen Geliebten auf.

Karl Jaspers veröffentlicht schon zur Jahreswende 1932/33 die im Titel zeitgemäße Biographie *Max Weber. Deutsches Wesen im politischen Denken, im Forschen und Philosophieren* in einem rechtsnationalen Verlag. Bei aller Brillanz der knappen Darstellung ist der verehrungsvolle Blick auf das verstorbene Vorbild nicht frei von nationalen Zügen. Arendt antwortet scharf schon vor Ende Januar 1933: »Für mich ist Deutschland die Muttersprache, die Philosophie und die Dichtung. Für all das kann und muß ich einstehen. Aber ich bin zur Distanz verpflichtet, ich kann weder dafür noch dagegen sein, wenn ich den großartigen Satz Max Webers lese, zur Aufrichtung Deutschlands würde er sich mit dem leibhaftigen Teufel verbünden.« Der Existenzphilosoph reagierte mit pathetischem Wunschdenken: »Ich finde in der nationalistischen Jugend soviel guten Willen und echten Schwung in verworrenen verkehrten Geschwätz, daß ich unter Anerkennung des Willens zu deutschem Selbstbewußtsein sie hinweisen möchte auf den Anspruch an sich selbst, der darin liegt, Deutscher zu sein.« Aber spätestens im April 1933, als er in Berlin miterleben musste, wie der jüdische Schwager Ernst Mayer als Arzt in seiner Praxis drangsaliert wurde, erlosch seine nationale Zuversicht. So zeigt sich Jaspers deutlich ambivalent, als Martin Heidegger im Juni nochmals zu Besuch nach Heidelberg kommt, um seine Freiburger Rektoratsrede auch an der zweiten badischen Universität zu halten: »Ihre Rede hat dadurch eine glaubwürdige Substanz. Ich spreche nicht von Stil und Dichtigkeit, die – soweit ich sehe – diese Rede zum bisher einzigen Dokument eines gegenwärtigen akademischen Willens macht, das bleiben wird. Mein Vertrauen zu Ihrem Philosophieren […] wird nicht gestört durch Eigenschaften dieser Rede, die zeitgemäß sind, durch etwas darin, was mich ein wenig forciert anmutet und durch Sätze, die mir auch wohl einen hohlen Klang zu haben scheinen.«

Inzwischen war es Hannah Arendt gelungen, der gewaltsamen Verfolgung nach kurzer Gestapo-Haft glücklich nach Frankreich zu entrinnen. In Paris lebte sie unter den deutschen Emigranten verschiedenster Couleur und bahnte für zionistische Organisationen die Ausreise Jugendlicher nach Palästina an. Jaspers traf sie noch einmal 1938, während er in Luxemburg Möglichkeiten sondierte, welche Chancen sich nach der erzwungenen Pensionierung für eine Emigration nach Frankreich eröffnen könnten. Zwei Jahre später wird sie nach Einmarsch und Sieg der Wehrmacht wie viele deutsche Exilanten jüdischer Herkunft von der geduldeten Regierung im Süden Frankreichs im Lager Gurs interniert, aus dem sie sich gerade noch retten kann. Mit ihrem zweiten Mann Heinrich Blücher erreichte Arendt glücklich Ende 1940 die Vereinigten Staaten, wo sie in New York mit ihm und ihrer Mutter Martha Cohn in beengten Verhältnissen ein neues Leben begann. Sarkastisch heißt es 1943 in ihrem Essay *We Refugees*: »Offensichtlich will niemand wissen, dass die Zeitgeschichte eine neue Gattung von Menschen geschaffen hat – Menschen, die von ihren Feinden ins Konzentrationslager und von ihren Freunden ins Internierungslager gesteckt werden.«

Karl Jaspers überlebte in Heidelberg mit seiner jüdischen Frau Gertrud, seit 1941 in steter Bereitschaft, im Fall einer drohenden Deportation mit dieser gemeinsam aus dem Leben zu gehen. Sein Tagebuch spiegelt die politische Grenzsituation, in welcher der Selbstmord als letzter Ausweg umrissen wird. Ohne vom Fall ihres Lehrers zu wissen, beschreibt Arendt in *Wir Flüchtlinge* auch den Zustand der suizidalen Einengung in bitterer Ironie für das europäische Judentum: »Im Verlaufe der Zeit hat sich unser Zustand verschlimmert – wir wurden noch zuversichtlicher und unsere Neigung zum Selbstmord stieg.«

Als die amerikanische Armee Ende März 1945 Heidelberg befreite und das Ehepaar Jaspers damit vor der tödlichen Entscheidung bewahrte, war bei Jaspers die Dankbarkeit gegenüber den Vereinigten Staaten groß. Für seine Frau Gertrud wurde der Umgang mit jüdischen Besatzungsoffizieren zum persönlichen Glück inmitten der gesellschaftlich zweifelhaften Erfahrung, plötzlich wieder gegrüßt und beachtet, sogar hofiert zu werden. Denn die Nähe und Freundschaft zu Verfolgten, gerade jüdischer Herkunft, war für viele Deutsche ein günstiger Umstand, den politischen Verdacht, die Sache des bösartigen Regimes unterstützt zu haben, als haltlos abzuwehren. Umso schöner war es, als sich schon im Sommer 1945 über einen jungen Nachrichtenoffizier indirekt wieder der Kontakt zu Hannah Arendt herstellte. Melvin J. Lasky notierte nach einem Besuch bei Jaspers: »Anscheinend war sie eine seiner Lieblingsstudentinnen gewesen.« Als der ehemalige Student der Columbia University drei Monate später unverhofft Lebensmittel und Schriftliches von Hannah Arendt aus New York mitbrachte, schrieb Jaspers ihr: »Eben ist Dr. Lasky da [...]. Was bringt er von Ihnen? Schon zum zweiten Mal. [...] Von Ihnen zu hören, von Ihren Aufsätzen zu lesen, denen man ganz zustimmte, das wäre schön. [...] Sie haben, so scheint mir, unbeirrbar eine Substanz bewahrt, ob Sie in Königsberg, Heidelberg oder Amerika oder Paris sind.« Und Arendt antworte: »Lieber, lieber Karl Jaspers – seit ich weiß, daß Sie beide durch das ganze Höllenspektakel heil durchgekommen sind, ist es mir wieder etwas heimatlicher in dieser Welt zumute. [...] Ich freue mich, daß Sie zuversichtlich sind. Es kommt gewiß nur auf Wenige an; nur dürfen der Wenigen nicht zu wenige sein.«

II.

Gegenüber Melvin J. Lasky gestand Karl Jaspers im Sommer 1945, was er bald in Reden und Vorlesungen öffentlich machen würde: »Einige meiner Freunde und Kollegen, meine warmherzigsten und engsten Begleiter waren zufällig Juden. Und sie gerieten mit dem Regime in Konflikt. Sie wurden geschlagen, gefoltert und getötet. Sie mussten wie gejagte Tiere fliehen, und sie starben. Wie konnte ich da danebenstehen und zuschauen? Wie konnte ich dasitzen, lesen und nichts tun? Ich konnte nichts ändern, aber ich hätte auf die Straße laufen und schreien können! [...] Ich zog es vor zu leben, und auch darin liegt eine Schuld!« Als Mitte August die Medizinische Fakultät wieder-

eröffnet wurde, verdichtete Jaspers, der das Vertrauen der alliierten Amerikaner genoss, das privat Gesagte in seiner Rede
»Erneuerung der Universität«: »Wir Überlebenden haben nicht
den Tod gesucht. Wir sind nicht, als unsere jüdischen Freunde
abgeführt wurden, auf die Straße gegangen, haben nicht ge-
schrien, bis man auch uns vernichtete. Wir haben es vorge-
zogen, am Leben zu bleiben mit dem schwachen, wenn auch
richtigen Grund, unser Tod hätte doch nichts helfen können.
/ Daß wir leben, ist unsere Schuld. / Wir wissen vor Gott, was
uns tief demütigt.« Diese Gedanken prägten auch im darauf-
folgenden Winter seine Vorlesungsreihe »Die geistige Situation
in Deutschland«, aus der das Buch *Die Schuldfrage* hervorging.

Hannah Arendt hatte schon vor Kriegsende für das Magazin
Jewish Frontier über »Organized Guilt« geschrieben. Jaspers
pries ihren Essay, der sofort hohe Wellen geschlagen hatte: »Ein
wundervoller Aufsatz, – und so etwas kann man in Amerika
drucken!« Als der allseits umworbene Ehrensenator zur Eröff-
nung der ganzen Alma mater Mitte Januar 1946 sprach, wies er
in seiner Rede »Vom lebendigen Geist der Universität« anonym
und emphatisch auf Hannah Arendt und ihren kritischen Blick
auf die deutschen Verhältnisse hin: »Eine frühere Schülerin, die
vor bald zwanzig Jahren bei mir promovierte, 1933 als politisch
Verfolgte aus Deutschland flüchtete, Heimat und Vaterland
verlor, als Jüdin durch die Welt gehetzt schließlich in Amerika
blieb, schrieb vor kurzem: ›Wir haben ja alle in diesen Jahren
erlebt, wie der Wenigen immer weniger wurden. Dies war in
der Emigration im Wesentlichen nicht anders als innerhalb
Deutschlands. Man kann sich an vieles »gleichschalten««. [...]
Im Januar 1945 veröffentlichte sie in Amerika einen Aufsatz
über die deutsche Schuld. Sie zeigte, wie die Terrormaschine
in Deutschland zur Abhängigkeit aller führte. Und hier fügt
sie hinzu: ›Daß die aus Deutschland Geflüchteten, welche entweder das Glück hatten, Juden zu sein, oder rechtzeig von der
Gestapo verfolgt zu werden, von dieser Schuld bewahrt wor-

den sind, ist natürlich nicht ihr Verdienst. Weil sie dies wissen und weil sie noch nachträglich ein Grauen vor dem Möglichen packt, bringen gerade sie in alle derartigen Diskussionen jenes unerträgliche Element der Selbstgerechtigkeit …‹«

Diese Sätze zitiert Jaspers gezielt im Blick auf Thomas Mann, der mit seinen frühen Nachkriegsartikeln und Essays eine heftige Kontroverse über die »Innere Emigration« ausgelöst hatte. Den Philosophen muss besonders der Artikel provoziert haben, in dem der Vater seines Schülers Golo Mann am 12. Oktober 1945 im *Augsburger Anzeiger* jedwede literarische Form der Inneren Emigration rigoros und pauschal verurteilte: »Es mag Aberglauben sein, aber in meinen Augen sind Bücher, die von 1933 bis 1945 in Deutschland überhaupt gedruckt werden konnten, weniger als wertlos und nicht gut in die Hand zu nehmen. Ein Geruch von Blut und Schande haftet ihnen an. Sie sollten alle eingestampft werden.« Obgleich Thomas Mann auch seine geistige Anhänglichkeit an Deutschland bekundete, fiel seine Stellungnahme so vernichtend aus, dass man auch die sublimen Spuren der Selbstbefragung überlas, die er im Blick auf den kommenden *Doktor Faustus* legte: »Der Teufelspakt ist eine tiefe altdeutsche Versuchung, und ein deutscher Roman, der eingegeben wäre von den Leiden an Deutschland, müßte wohl eben dies grause Versprechen zum Gegenstand haben.« Jaspers jedenfalls hatte noch vor Jahresende empört an Arendt geschrieben: »Ich schätze ihn als Schriftsteller und Romancier so hoch, daß ich nicht gern gegen ihn etwas sagen möchte. Wenn aber hier die Verwirrung durch ihn nicht behoben wird, muß man gegen solche Angriffe und solches Verhalten […] ein Wort finden.«

Aber auch Hannah Arendt geht in dieser Zeit keineswegs zimperlich mit den Deutschen um. So greift *Organisierte Schuld* auch die ubiquitäre Haltung des deutschen »Spießers« scharf an. Während Thomas Mann stellenweise behauptet, man hätte sich gegen das Mittun entscheiden können, betont Arendt allerdings die infame Dynamik, welche gerade seit der Ausrufung des »totalen Krieges« alle Deutschen zu Komplizen des mörderischen Regimes gemacht habe: »Daß in dieser Mordmaschine jeder auf diese oder jene Weise an einen Platz gezwungen ist, auch wenn er nicht direkt in den Vernichtungslagern tätig ist, macht das Grauen aus.« Der Artikel erscheint im Frühjahr 1946 als ihre erste deutsche Publikation in *Die Wandlung*, einem neuen Periodikum, das Jaspers mit begründet hatte. Arendt ist zunächst beglückt, aber in der Folge auch unangenehm berührt. Denn Leserbriefe suchen sie zu vereinnahmen, ebenso Zeitungen wie die *Hessischen Nachrichten*, folgt man den Zitaten, wie sie der herausragend recherchierte Kommentar in der *Kritischen Gesamtausgabe* der frühen Schriften bietet: »Eine Frau, die noch nicht zurückkehrte und die doch im schönen Sinne Deutschland ist (im schönen Sinne will sagen: im menschlichen, humanen weltweiten Sinne […]) hat in wenigen Druckseiten […] sehr Tiefschauendes gesagt.« Nüchterner sprach Axel Eggebrecht, der später von den Frankfurter Auschwitz-Prozessen berichten sollte, im *Norddeutschen Rundfunk* über Arendts Intention. Sie wolle mit dem Essay zeigen, »wie das bürgerliche, besonders das kleinbürgerliche Verlangen nach Sicherheit zur Grundlage des ganzen nazistischen Terrors wurde.«

Als Thomas Mann zur Freude Dolf Sternbergers, des verantwortlichen Herausgebers der *Wandlung,* im Juni 1946 auf das erste Heft emphatisch reagierte, verhielt sich Karl Jaspers entsprechend verhalten, obwohl gerade sein »Geleitwort« mit gepriesen worden waren: »Es ist das Beste, Eindeutigste, moralisch Mutigste, was mir aus dem neuen Deutschland (ja, wie neu ist es eigentlich) bisher vor Augen gekommen ist. Jaspers' Rede ist ein Dokument hohen Anstandes, das bleibt und, denke ich, in die deutschen Schulbücher des 21. Jahrhunderts eingehen wird.« Der Existenzphilosoph ließ sich kaum beeindrucken und ging in seinem folgenden Brief an Sternberger nicht auf die enthusiastischen Worte ein: »Über Thomas Mann ein andermal, wenn Sie wollen.« Während der Schriftsteller 1949 Deutschland besuchte und sowohl in Frankfurt wie Weimar zu Goethe sprach, empfahl Sternberger dringend, Jaspers solle Manns Abstecher in die Schweiz nutzen, um das Gespräch mit ihm zu suchen. Der Existenzphilosoph, der seit 1948 in Basel wirkte, antwortete kühl: »Thomas Mann zu sprechen, wäre mir natürlich mehr als erwünscht. Er wird am kommenden Freitag hier sprechen. Aber ich halte es für ungehörig und anspruchsvoll, ihn um einen Besuch zu bitten. Käme er, wäre es grossartig.«

Dagegen förderte Jaspers seine Meisterschülerin mit allen Mitteln, so dass sie nach der beachtlichen Resonanz, die ihre Artikel seit Kriegsende unter den amerikanischen Intellektuellen erfahren hatten, auch in Deutschland früh Aufmerksamkeit erregte. Gegenüber Sternberger unterstrich er: »Hannah Arendt [...] hat in der Öffentlichkeit beinahe zum ersten Male [...] so geschrieben, dass ich dieselbe Quelle spüre, aus der auch ich philosophiere.« So blieb es nicht bei dem einen Essay in der *Wandlung*: Der in den USA hoch geschätzte Beitrag »Imperialism. Road to Suicide« kam schon nach wenigen Monaten im August 1946 ebenfalls auf Deutsch zum Abdruck. »Über den Imperialismus« besitzt eine weichenstellende Bedeutung für Arendts weiteres Schreiben im Exil, da der Essay schon den analytischen Kern von *Origins of Totalitarianism* bietet. Es ist die politische Philosophie des Thomas Hobbes, seine nackte Analyse des menschlichen Willens zur Macht, die Arendt als wichtiges Instrument nutzt, um das wölfische Leben unter Menschen zu sezieren. Dieses ist im 20. Jahrhundert nicht mehr durch abendländische Ideen geprägt, welche seit der Französischen Revolution den nationalstaatlichen Gemeinwesen für ein knappes Jahrhundert halbwegs moralische Schranken auferlegt und humane Ziele gesetzt hatten. Denn in der Folge brach sich unter dem steigenden Einfluss eines naturwissenschaftlich reduzierten und ökonomisch eskalierten Denkens der moderne Imperialismus in den Kolonialbewegungen weltweit Bahn und spitzte sich in den rassenideologischen Entwicklungen des frühen 20. Jahrhunderts grausam zu. In Arendts kontrastreichen Überlegungen leuchtet mit ihrer Emphase für die revolutionären Ideen schon auf, was wenige Jahre später in der Gründung der Vereinten Nationen und ihrer Menschenrechtscharta institutionell Hoffnung vermitteln wird. Dabei skizziert sie – gleichsam als moralische Kassandra – die tödliche Gefahr, die Hobbes' kalte Anatomie des menschlichen wie staatlichen Machtwillens für die nahe Zukunft erkennen lässt: »[D]aß die Völker gegeneinander im Naturzustand des Krieges Aller gegen Alle verharren und damit die Idee der Menschheit, die allein ein regulatives Prinzip eines Völkerrechtes bildet, prinzipiell ausschließt.« Arendt bringt den »Verwaltungsmassenmord« als jüngste Erfahrung der Menschheit nüchtern auf den politischen Begriff: »Vernichtung nämlich ist die radikalste Form der Herrschaft sowohl des Besitzes. Dies hat kein philosophierender Machtanbeter nach Hobbes, der die Gleichheit der Menschen auf das Töten-Können gründete, je wieder mit der gleichen grandiosen Unbekümmertheit auszusprechen gewagt. [...] denn nur was ich vernichte, habe ich definitiv und für alle Zeiten wirklich besessen. Und nur was ich in dieser vernichtenden Art besitze, kann ich wirklich definitiv beherrschen.«

Eine Welt, in der alle Rechte des einzelnen Menschen eliminiert werden, um die staatliche Macht umso strikter zu installieren, schildert die politische Philosophin entsetzt als vollendete Utopie eines Willens zum Nichts, der fanatische Pragmatiker erfülle: »Ihnen vielmehr ist es gegeben, in dem vergeblichen Bemühen, das Nichts herzustellen, Vernichtung auf Vernichtung zu häufen.« Am Ende dieser luziden Analyse der europäischen Katastrophe steht die verblüffende Einsicht, dass der gesellschaftliche Mob als Handlanger der Macht sowie die Juden als deren Opfer die Rolle von Parias einnehmen. Denn beide, folgt man Arendt, würden »sowohl aus dem Klassensystem der Gesellschaft wie aus der nationalen Verfassung der Staaten ausgeschaltet«. Nur so sei – gleichsam mit Nietzsche – das Ressentiment der Zukurzgekommenen zu erklären: »Der Mob blickte auf die Juden mit Neid wie auf den glücklicheren erfolgreichen Konkurrenten.«

III.

Die Figur des jüdischen Paria hatte Arendt schon in den ersten Jahren des amerikanischen Exils in Franz Kafka erkannt. Dessen Porträt prägte die erste, kleine Wohnung am Morningside Drive zwischen Harlem und der Columbia University. Der Prager Versicherungsangestellte, der in den Nachtstunden schrieb, war für die exilierte Philosophin die dichterische Vergegenwärtigung der modernen Existenz. Sie verlieh ihrem Blick in einem Essay sprechenden Ausdruck. »Franz Kafka, von neuem gewürdigt« erschien noch Ende Dezember 1946 in der *Wandlung*, zwei Jahre nach der amerikanischen Fassung in *Partisan Review*. Dies war das führende Blatt der liberalen New York Intellectuals, in deren Kreisen Hannah Arendt zunehmend als wichtige Stimme galt. Sie hatte an der Upper West Side Manhattans gezeigt, was sie intellektuell zu leisten imstande war. Die Exilantin tat dies als Angehörige des gebildeten Westjudentums, das bei den Nachkommen der ostjüdischen Emigranten der Jahrhundertwende hoch anerkannt war. Arendt wurde aufgrund ihrer deutschen Bildung zur prima inter pares.

Dieser bürgerlich-jüdischen Welt entstammte auch Franz Kafka. Der Essay beschrieb fasziniert, wie der Schriftsteller in seinen Romanen und Erzählungen die vernichtende Macht der sozialen Prozesse vieldeutig beschrieb, wobei Arendt den abstrakten Terminus der »Notwendigkeit« nutzte. Wie die Kafka-Skizze in *Der Mythos von Sisyphos* ging ihre literarische Zeitdiagnose vor allem von *Der Prozess* aus. Hatte der Roman die menschenfressende Bürokratie noch im Spiegel relativ harmloser Realitäten der Zeit vorgestellt, konnte nach dem Beginn der Vernichtung der europäischen Juden allen vor Augen stehen, wie treffsicher Kafka deren zerstörerische Potentiale geahnt hatte: »Das Großartige dieser Kunst liegt darin beschlossen, daß sie heute noch so erschütternd wirken kann wie damals, daß die Schrecken der *Strafkolonie* durch die Realität der Gaskammern nichts an Unmittelbarkeit verloren haben.« Arendt resümiert den weltanschaulichen Untergrund dieser Entwicklung: »Der in Kafkas wie unserer Zeit so verbreitete Wahn, daß es die Aufgabe des Menschen sei, sich einem von gleich welchen Mächten vorbestimmten Prozeß zu unterwerfen, kann den natürlichen Untergang nur beschleunigen, weil in solchem Wahn der Mensch mit seiner Freiheit der Natur und ihrer Untergangstendenz gleichsam zu Hilfe kommt.«

Franz Kafka bildet auch den Fluchtpunkt eines Essays, den Arendt in *Jewish Social Studies* abdrucken ließ. »Die verborgene Tradition« widmet sich zuerst Heinrich Heine als scharfsichtigem »Traumweltbeherrscher«; anschließend stellt Arendt die imponierende Figur Bernard Lazares vor, der im Frankreich der Dreyfus-Affäre als »bewußter Paria« aufgetreten sei und den »Rebellen« gefordert habe; Charlie Chaplin schließlich ist die beeindruckte jüdische Figur, die sich »als kleiner Mann mit dem großen Mann« beeindruckend im Metier des Komischen gemessen habe. Für Arendt treiben sie alle gleich Kafka die Subversion der scheinbar guten Gesellschaft voran, sie alle entlarven den angepassten »Parvenü« im Judentum und sie alle stehen für den widerständigen »Paria«.

Die englische Fassung, »The Hidden Tradition«, hatte Thomas Mann im kalifornischen Exil gelesen, nachdem er an »Portrait of a Period«, Arendts kritischem Nachruf auf Stefan Zweig und dessen Autobiographie *Die Welt von Gestern*, großen Gefallen gefunden hatte. Für ihn ist besonders der Blick auf Franz Kafka exemplarisch für das allgemeine Schicksal des Künstlers in der Gesellschaft. Emphatisch führt sein Brief an Arendt aus: »Gehört aber nicht diese so verschiedentlich abgewandelte Tragik und Tragikomik weitgehend in den allgemeinen Rahmen des Künstlerproblems überhaupt, des sentimentalischen Verhältnisses des Künstlers zur Welt, zur bürgerlichen Gesellschaft hinein, das mich in meiner Jugend so stark beschäftigte? Ich musste beim Lesen Ihrer Abhandlung dann und wann an den ›Tonio Kröger‹ denken mit seinem ›Verlangen‹ nach den ›Wonnen‹ der ›Gewöhnlichkeit‹, das nur eine etwas anders akzentuierte und gefärbte Abwandlung der K'schen Sehnsucht nach Einbürgerung im Dorfe ist. Kafka liebte die Geschichte. Ueberhaupt erinnere ich mich, dass bei ihrem ersten Erscheinen in der ›Neuen deutschen Rundschau‹ es Juden waren, die sie am herzlichsten begrüssten. Aber bei welcher Gelegenheit wären es nicht die Juden gewesen, die etwas merkten!«

Als scharfsichtigen Diagnostiker des modernen Fortschrittsglaubens hatte Hannah Arendt im Pariser Exil Walter Benjamin kennengelernt. Entsprechend erinnert schon ihr erster Kafka-Text an den Freund, der in den späten 1930er Jahren wie viele Intellektuelle – auch jene in New York – tief enttäuscht war, dass die Sowjetunion nicht Gegner geblieben, sondern Gesinnungsgenosse der tödlichen Bürokratie Nazi-Deutschlands geworden war. Sie zitiert dessen auratisches Traktat *Über den Begriff der Geschichte*, das an Paul Klees Bild *Angelus Novus* als »Engel der Geschichte« die fatale Entwicklung verdeutlicht, welche ihr Essay bitter als »Notwendigkeit« bezeichnet hatte: »Er möchte wohl verweilen, die Toten wecken und die Zerschlagenen zusammenfügen. Aber ein Sturm weht vom Paradiese her, der sich in seinen Flügeln verfangen hat und so stark ist, daß der Engel sie nicht mehr schließen kann. Dieser Sturm treibt unaufhaltsam in die Zukunft, der er den Rücken kehrt, während der Trümmerhaufen vor ihm zum Himmel wächst. Das, was wir Fortschritt nennen, ist dieser Sturm.«

Kurz nachdem Benjamin diesen Text vollendet hatte, nahm er sich auf dem Weg ins rettende amerikanische Exil in den

Pyrenäen das Leben, in einem Moment tiefster seelischer Erschöpfung. An Gershom Scholem, den Jugendfreund Benjamins, der schon in den 1920er Jahren nach Palästina ausgewandert war und eine führende Position an der neu begründeten Hebräischen Universität einnahm, schrieb Arendt Ende Oktober 1940:»Walter Benjamin hat sich das Leben genommen, am 16.9. an der spanischen Grenze, in Port Bou. Er hatte ein amerikanisches Visum, aber seit dem 23. lassen die Spanier nur noch Inhaber ›nationaler Pässe‹ durch. – Ich weiss nicht, ob diese Zeilen Sie erreichen. Ich habe Walter mehrmals in den letzten Wochen und Monaten gesehen, zuletzt am 20. in Marseille. – Diese Nachricht erreichte uns wie seine Schwester mit fast 4wöchiger Verspätung. / Juden sterben in Europa und man verscharrt sie wie Hunde.«

IV.

Nach den ersten intellektuellen Erfolgen seit 1945 sorgte *The Origins of Totalitarianism*, Hannah Arendts frühes Opus magnum, 1951 in den Vereinigten Staaten für Furore. Die umfängliche Studie griff wichtige Impulse aus den frühen Texten zu Imperialismus und Antisemitismus auf und flocht zudem die amerikanischen Debatten zum modernen Totalitarismus ein, den die politische Philosophin mit ihrem genauen Blick für die bürokratische Vernichtungsmaschine soziologisch durchdrang. Schon die amerikanischen Ausgabe war eingeleitet von Jaspers' zeitpolitisch-philosophischem Appell:»Weder dem Vergangenen anheimfallen, noch dem Zukünftigen. Es kommt darauf an, ganz gegenwärtig zu sein.« Die deutschen Fassung, die vier Jahre später erschien, eröffnete eine Vorrede ihres verehrten Lehrers und väterlichen Freundes, die ihr Denken ideengeschichtlich verortete:»Die Denkungsart dieses Buches aber ist deutscher und universaler Herkunft, geschult an Kant, Hegel,

Marx und an deutscher Geisteswissenschaft, dann wesentlich an Montesquieu und Tocqueville.«

Nach der Veröffentlichung von *Elemente und Ursprünge totaler Herrschaft* unterstrich ihre kleine Schrift *Die ungarische Revolution*, die rasch den Budapester Ereignissen vom Herbst 1956 folgte, die akute Relevanz ihres antitotalitären Denkens. Ihr Essay skizzierte nüchtern den sowjetischen Terror und hob dagegen den »Drang nach Gedankenfreiheit« hervor, den die Bürgerräte in einer auseinanderfallenden Welt der Unterdrückung entwickelt hatten, auch wenn sie zuletzt der brachialen Macht der Waffen unterlegen waren. Dem Geist solcher auf Freiheit bedachter Foren selbstverantwortlicher Bürger gehörte Arendts ganze Leidenschaft: »Was die Revolution vorwärtstrieb, war nichts als die elementare Kraft, entsprungen aus dem Zusammenhandeln eines ganzes Volkes [...]. Die russischen Truppen sollten sofort das Land verlassen und freie Wahlen sollten stattfinden, um die neue Regierung zu bilden. Hier ging es [...] einzig darum, eine Freiheit, die bereits eine vollendete Tatsache war, zu stabilisieren und die für sie geeigneten politischen Institutionen zu finden.«

Dass nicht lange darauf die Hamburger Bürgerschaft die publizistisch so aktive Philosophin im Namen Lessings ehren wollte, ist angesichts ihrer Positionierung im Kalten Krieg nicht verwunderlich. In der Laudatio heißt es: »Ihre Arbeiten auf dem Gebiete der politischen Theorie und Wissenschaft sind wesentliche Beiträge zur Erhellung und Deutung der das moderne Leben bestimmenden geistigen und politischen Mächte. Ihr streitbares Bemühen, die Wechselwirkungen von Kultur und Politik darzustellen, hat die zeitgeschichtliche Erkenntnis in hervorragender Weise gefördert. Ihre Untersuchungen weisen nach Form und Methode über den wissenschaftlichen Bereich hinaus und sind in ihrer sprachlichen Durchbildung schriftstellerische Leistungen von hohem künstlerischem Rang.« Der Senator beschloss seine Rede entsprechend mit dem Satz: »›Lessinghafter‹ als Sie hat sich bestimmt kaum einer verhalten, um in unsere wirren Zeitläufte das Licht einer geistigen Ordnung zu tragen.«

Die Hamburger Rede ist geprägt von der Idee der Freundschaft, welche sich im gemeinsamen Gespräch über die Welt bilde. Es sind vor allem die amerikanischen Erfahrungen gewesen, die dort gewachsenen Freundschaften im Kreis der New York Intellectuals, die Arendts emphatische Einsichten prägten. Hannah Arendt hatte unverhofft im Exil die Kultur der Salons gefunden, von der sie in Deutschland vergeblich geträumt hatte. In den New Yorker Zirkeln glich der Zusammenhalt der geistig beweglichen Köpfe jüdischer Herkunft ungefähr dem, was sie rückblickend für Rosa Luxemburg als »Gruppe der Ebenbürtigen« beschrieben hatte. Diese agilen Intellektuellen mit wachem kulturell-politischen Sinn agierten im Umkreis der großen New Yorker Universitäten und Zeitschriften. So wie ihr literarischer Heros Franz Kafka in *Amerika* die Statue of Liberty programmatisch auftreten lässt, begegnete Arendt in diesen Zirkeln den Trägern der politischen Idee der Vereinigten Staaten, deren Bürgerin sie einige Jahre nach Ende des Krieges geworden war. Ihre Vorlesungen an der Princeton University priesen deshalb in den 1960er Jahren vor allem die Traditionen lokaler Gremien freier Bürger, die die Gründerväter etabliert hatten. In *Über die Revolution* verdichtete sie in diese Begeisterung für die freien Räte amerikanischen Zuschnitts. Karl Jaspers, dem sie das Buch gemeinsam mit Gertrud »*in Verehrung – in Freundschaft – in Liebe*« gewidmet hatte, schrieb an sie: »Deine Einsicht in das Wesen politischer Freiheit. [...] Dein Vergleich und Deine Identifizierung des Sinnes der ›Räte‹, der ›kleinen Republiken‹, des Anfangs und der Wahrheit aller Revolutionen seit der amerikanischen, waren mir aus Deiner Ungarn-Schrift bekannt. Bei ihr zögerte ich noch, jetzt bin ich von dem Sinn-Parallelismus überzeugt und von der Chance, die, obgleich bisher immer verloren, Du darin siehst [...].« Ihr kurzer Text *Die Freiheit, frei zu*

SCHREIBEN IM EXIL

sein verdichtet in jenen Jahren diesen Kern ihrer Überzeugungen: die Geburt der Freiheit aus dem Geist der Revolution:»Gerade weil Revolutionen die Frage politischer Freiheit in ihrer wahrhaftigsten und radikalsten Form stellen – Freiheit, sich an den öffentlichen Angelegenheiten zu beteiligen, Freiheit des Tuns –, sind alle anderen Freiheiten, politische wie bürgerliche, in Gefahr, wenn Revolutionen scheitern.«

V.

Zugleich bietet die Lessing-Rede eine Vorstellung des einzelnen Intellektuellen, der sich die Freiheit des Kritikers zutraut, d. h. in seiner »Parteinahme für die Welt« notfalls bereit sei, »die Widerspruchslosigkeit mit sich selbst, die wir doch bei allen, die schreiben und sprechen, als selbstverständlich voraussetzen«, zu opfern. Er soll mit seinen Worten im größeren Diskurs wirken, ohne eine kohärente Antwort parat haben zu müssen. Dieser »hat [...], statt mit einem System seine Identität in der Geschichte festzulegen, [...] wie er selbst wußte, ›nichts als Fermenta cognitionis‹ in die Welt gestreut.« Solches »Selbstdenken« betrachtet Arendt als Spiegel ihres eigenen Verlangens nach menschlicher »Bewegungsfreiheit«: »Das Aufbrechen-Können, wohin man will, ist die ursprünglichste Gebärde des Frei-seins, wie umgekehrt die Einschränkung der Bewegungsfreiheit seit eh und je die Vorbedingung der Versklavung war.«

Zur Zeit ihrer Überlegungen zu Lessing war ihre frühe Studie zu Rahel Varnhagen, im Exil um zwei Kapitel ergänzt, endlich als Buch erschienen; 1958 in englischer Fassung und im Folgejahr auf Deutsch. Darin galt ihr biographischer Blick auch der Berliner Aufklärung um Lessing, die das freie Gespräch unter kritischen Geistern unabhängig von der Zugehörigkeit zu einer Gesellschaftsschicht in der Salonkultur zu ihrer Sache gemacht hatte. Aber dieser war in Deutschland nur eine kurze

Blüte vergönnt, so dass damals die großen Hoffnungen scheitern mussten: »Da also die Welt sehr schlecht eingerichtet ist, immer weiter Hepp-hepp von allen Seiten ertönt – 1819 ging ein Pogromsturm über ganz Preußen – erscheint Rahel das alte, irreale, verzweifelte Sein mit einem Schlage viel realer, viel wahrer, viel passender. Es zeigt sich, daß der Paria nicht nur mehr Sinn für die ›wahren Realitäten‹ sich zu bewahren vermag, sondern unter Umständen auch mehr Wirklichkeit besitzt als der Parvenu, der, ein Scheindasein zu führen verurteilt, von allen Gegenständen einer nicht mehr für ihn eingerichteten Welt nur wie im Maskeradenspiel Besitz ergreift.«

Aufgeladen mit dem Selbstbewusstsein, dem neuen Salon der jüdischen Intellektuellen New Yorks zuzugehören, war Arendt in Hamburg fähig, das deutsche Scheitern dieser Hoffnungen im zeitgeschichtlichen Horizont gleich zu Anfang ihrer Rede im Blick auf ihre Herkunft zu veranschaulichen. Sie bekannte sich zur »Zugehörigkeit zu der Gruppe der aus Deutschland in verhältnismäßig jungem Alter vertriebenen Juden«. Es helfe nichts, wenn man meint, die Zeitläufe ignorieren und eine deutschjüdische Symbiose deklarieren zu können: »Diejenigen, die solche Identifizierungen einer feindlichen Welt ablehnen, mögen sich der Welt wunderbar überlegen fühlen, aber eine solche Überlegenheit ist dann wirklich nicht mehr von dieser Welt, sie ist die Überlegenheit eines besser oder schlechter ausstaffierten Wolkenkuckucksheims.«

Gerade deshalb zeigt ihre Rede auch großes Verständnis für jene, die erst gar nicht diesen Versuch der Assimilation unternommen hatten, sondern sich als Paria-Volk in den langen Jahrhunderten der europäischen Ausgrenzung und Verfolgung gesammelt hatten: »Als ein geschichtlich beschreibbares und geradezu fixierbares Phänomen finden wir die Menschlichkeit im Sinne der Brüderlichkeit eigentlich bei allen verfolgten Völkern und allen versklavten Menschengruppen, und es muß im Europa des achtzehnten Jahrhunderts sehr nahe gelegen haben, sie gerade bei den Juden zu erfahren. Diese Menschlichkeit ist das große Vorrecht der Pariavölker.« Zugleich muss das notgedrungen kultivierte Privileg der »Brüderlichkeit« für den in seiner ganzen Ambivalenz aufscheinen, der sich nicht mehr auf die Gemeinschaft der Entrechteten beschränken lassen will, sondern Geschmack am gesellschaftlichen Leben und der Anerkennung der größeren Welt gefunden hat. Man spürt förmlich, wie sehr in ihrer Rede auch die amerikanische Erfahrung öffentlicher Freiheit mitschwingt: »Das Recht auf die Wärme der Pariavölker erstreckt sich nicht mehr auf diejenigen, die auf Grund ihrer andersgearteten Stellung in der Welt eine Verpflichtung für die Welt haben und die Unbekümmertheit des Parias nicht teilen dürfen. Die Menschlichkeit der Erniedrigten und Beleidigten hat die Stunde der Befreiung noch niemals auch nur um eine Minute überlebt.«

Aber deutlich übte Arendt nun im Namen Lessings Kritik an jenen, welche nach 1933 im liberalen wie konservativen Bürgertum Deutschlands die innere Flucht aus der Zeit angetreten hatten. Es war der umstrittene Weg in die Innere Emigration, zu deren führenden Vertretern auch die bisherigen Preisträger Ernst Robert Curtius, Rudolf Alexander Schröder oder Wilhelm Lehmann gehörten. Arendt findet in Hamburg auf ihre Art klare Worte für die Schwierigkeit einer Existenz, die ihre innere Freiheit zu erhalten scheint, aber auf ihre äußere Gestalt verzichtet: »Die innere Emigration war ein eigentümlich zweideutiges Phänomen; es besagte einerseits, daß man sich innerhalb Deutschlands wie ein nicht mehr zu diesem Lande Gehöriger, wie ein Ausgewanderter verhielt; und meinte doch andererseits, daß man in Wirklichkeit nicht ausgewandert war, sondern sich in ein Inneres zurückgezogen hatte, in die Unsichtbarkeit des Denkens und Fühlens.«

Nachdem in den Jahren vor der Gründung der Bundesrepublik – nicht ohne Druck der Alliierten – die Aufklärung über die deutsche Schuld publizistisch ins Werk gesetzt worden war, kam es ab 1948 zur politischen Restauration, in der man die alten Eliten rasch wieder in Amt und Würden einsetzte. In diesem Klima verstand sich die Lessing-Rede als ein höfliches Fanal notwendiger Aufklärung. Arendts Auftritt war nur möglich, da man sie vor allem als Kritikerin der totalitären Missbräuche im östlichen Europa eingeladen hatte, aber natürlich anerkennen musste, dass sie mit der Autorität der jüdischen Exilantin auch jene Dinge ansprach, die damals noch niemand hören wollte. Erst als sich das öffentliche Klima nach den großen Prozessen in Jerusalem und Frankfurt gewandelt hatte, da alle großen Zeitungen nun von den Vernichtungslagern berichteten, folgten als Preisträger eine Reihe von Intellektuellen, die ins Exil gedrängt worden waren. Zuerst erhielt Hans Henny Jahnn, der als Schriftsteller ins nahe Dänemark gegangen war, die Auszeichnung, später waren es mit Peter Weiss, Max Horkheimer und Jean Améry Autoren, die mit ihren Werken *Die Ermittlung, Dialektik der Aufklärung* und *Jenseits von Schuld und Sühne. Bewältigungsversuche eines Überwältigten* die öffentliche Auseinandersetzung mit der jüngsten Geschichte maßgeblich vorantrieben.

Arendt fand angesichts der damaligen Situation noch moderate Töne, als sie die Möglichkeit bedachte, »die Vergangenheit bewältigen zu können«: »Das Höchste, was man erreichen kann, ist zu wissen und auszuhalten, daß es so und nicht anders gewesen ist, und dann zu sehen und abzuwarten, was sich daraus ergibt.« Ihre Sätze bekundeten vorsichtig die notwendige Trauer über die jüngste Vergangenheit, die im tragischen Erzählen, so wie es William Faulkner in seinem Realismus vorbildlich betrieb, eine vorläufige Form finden könne. Mit einem Wort Goethes, der schon 1930 bei der Wahl des ersten Preisträgers Friedrich Gundolf als Hausheiliger des unpolitischen Bildungsbürgertums präsent gewesen war, schließt die Passage: »Bewältigen können wir die Vergangenheit so wenig, wie wir sie ungeschehen machen können. Wir können uns aber

SCHREIBEN IM EXIL

mit ihr abfinden. Die Form, in der das geschieht, ist die Klage, die aus aller Erinnerung steigt. Es ist, wie Goethe gesagt hat: ›Der Schmerz wird neu, es wiederholt die Klage / Des Lebens labyrinthisch irren Lauf.‹«

VI.

Die Hamburger Rede steht als Apologie der Freundschaft im Horizont von *Nathan der Weise*. Das späte Drama Lessings führte der Berliner *Jüdische Kulturbund in Deutschland*, von Goebbels propagandistisch am Leben erhalten, noch in den Anfängen der tödlichen Verfolgung auf. Und zudem war *Nathan der Weise* das erste Stück, das Erwin Piscator fast zeitgleich im New Yorker Exil mit dem Dramatic Workshop der New School auf die Bühne brachte. Gegenüber dem vollmundig nichtigen Satz »Der Jude wird verbrannt.«, der alle spätere Vernichtung zu verdichten scheint, vertieft Arendt Lessings Idee der menschlichen Vielfalt, die im freundschaftlichen Gespräch überhaupt erst ihre Entfaltung erfährt. Einige Jahre zuvor hatte sie schon in Vorlesungen an der Universität Notre Dame eine sokratische *Apologie der Pluralität* betrieben, indem sie den Reigen möglicher Meinungen der platonischen Ansicht der einen Wahrheit gegenüberstellte: »Die Annahme war, dass sich die Welt jedem Menschen verschieden öffnet, je nach seiner Stellung zu ihr, und [...] dass trotz aller Unterschiede zwischen den Menschen und ihren Stellungen in der Welt – und insofern ihren *doxai*, ihren Meinungen – ›du und ich beide Menschen sind‹.« So lebt auch die Skizze des »unorthodoxen« Lessing von der lebendigen Spannung zwischen vorläufigen Meinungen und ewigen Wahrheiten, die Arendt bei ihrer großen Verehrung Platons – seine Büste zierte ihren Schreibtisch – lebenslang umtrieb: »Hätte man ihn vor die platonische Alternative von ›doxa‹ und ›aletheia‹, von Meinung und Wahrheit, gestellt, es ist gar keine Frage, wie er sich entschieden hätte. Er war froh, daß – in seinem Gleichnis gesprochen – der echte Ring, wenn es ihn je gegeben haben sollte, verloren gegangen ist, und zwar um der unendlichen Möglichkeiten der Meinungen willen, in denen die Welt zwischen den Menschen besprochen werden kann.«

Die Ambivalenz widerstreitender Meinungen, die sie gerade auch im Menschen selbst am Werke sah, verdeutlichte Arendt damals auch am Beispiel Kants. Dieser »sah ein, daß es absolute Wahrheit für den Menschen nicht geben kann, jedenfalls nicht im theoretischen Verstand; er wäre sicher auch bereit gewesen, die Wahrheit der Möglichkeit menschlicher Freiheit zu opfern; wenn wir die Wahrheit besäßen, könnten wir nicht frei sein. Aber er dürfte schwerlich mit Lessing darin übereingestimmt haben, daß man die Wahrheit, auch wenn es sie geben sollte, unbedenklich der Menschlichkeit, der Möglichkeit der Freundschaft und des Gesprächs zwischen Menschen opfern könne.« Ihre *Gedanken über Lessing* warnen ebenso wie die Erinnerung an Sokrates vor der Versuchung, mit Platon und Kant allzu sehr dem Bedürfnis nach einer eindeutigen, einigenden Wahrheit im persönlichen wie politischen Leben nachgeben zu wollen. Es ist, als habe sich Arendt im Gedächtnis dieser Skeptiker und der möglichen Freundschaft von der persönlichen Sehnsucht nach endgültiger Einsicht selbstkritisch befreien wollen. So gipfelt ihre Hamburger Rede in Sätzen, die einem persönlichen Credo gleichen: »Nicht nur die Einsicht, daß es die eine Wahrheit innerhalb der Menschenwelt nicht geben kann, sondern die Freude, daß es sie nicht gibt und daß unendliche Gespräche zwischen Menschen nicht aufhören werden, solange es Menschen überhaupt gibt, kennzeichnet die Größe Lessings. In dem Meinungsstreit, in dem dieser Ahnherr und Meister aller Polemik in deutscher Sprache zu Hause war, [...] hätte die eine Wahrheit, wenn es sie überhaupt geben sollte, sich nicht anders als eine Katastrophe auswirken können.«

Freundschaftliche Gespräche von solchem Ernst benötigen Räume, in denen sie sich entfalten können. Sie stellen inmitten der politischen Welt umfochtene Freiräume der gegenseitigen Verständigung dar, die verschwinden würden, wenn sich alle am Austausch Beteiligten unter einer Wahrheit zusammenfänden. Streitbarkeit gehört zur inneren Unabhängigkeit, die agonale Begegnungen sucht, getragen vom Vertrauen, dass in allem Ernst auch das Spiel zum Menschen gehöre, die Lust, im anderen die Vielfalt des Wirklichen zu erfahren. Sehr deutlich bevorzugt Arendt deshalb einen Typus der Freundschaft, bei dem die individuelle Freiheit ausgeprägt ist und es geradezu unerwünscht wäre, im Gespräch zu endgültigen Einigungen zu gelangen: »Ein solches Sagen aber ist in der Einsamkeit nahezu unmöglich; es ist an einen Raum gebunden, in dem es viele Stimmen gibt und wo das Aussprechen dessen, was ›Wahrheit dünkt‹, sowohl verbindet wie voneinander distanziert, ja diese Distanz zwischen den Menschen, die zusammen dann die Welt ergeben, recht eigentlich schafft.«

VII.

Wie groß unter Freunden die Distanz allerdings bis hin zum Abbruch jeden Gesprächs werden konnte, wenn man die Wirklichkeit unterschiedlich beurteilte, erlebte Arendt nur wenige Jahre später, als sie *Eichmann in Jerusalem. Ein Bericht von der Banalität des Bösen* veröffentlichte. Ihre essayistische Studie des Jerusalemer Prozesses hatte in ihrem polemisch-ironischen Zugriff den Bogen der Toleranz, den viele Zeitgenossen für erträglich hielten, überspannt. Gerade unter den deutsch-jüdischen Freunden kam es zu schmerzhaften Abwendungen. Am tiefsten traf sie, dass der zionistische Jugendfreud Kurt Blumenfeld, den sie noch während des Jerusalemer Prozesses besucht hatte, nicht mehr bereit war, sie noch zu empfangen, als er im Sterben lag. In New York begegnete sie der heftigen Reaktion des Philosophen Hans Jonas, die umso dramatischer wirkte, als es sich um ihren ältesten Freund seit dem Marburger Studienbeginn handelte. Jonas ließ ihr von gemeinsamen Freunden mitteilen, folgt man seinen *Erinnerungen*, daß »das Fundament unserer Freundschaft durch das Eichmann-Buch zerstört worden sei«. Erst am Ende ihres Lebens kam es zu einer neuen Annäherung, der jedoch die Übereinkunft vorausging, dieses Thema nie mehr anzusprechen. Am bekanntesten wurde die Abrechnung Gershom Scholems, dessen streitbarer Brief mit ihrer Antwort in der *Neuen Zürcher Zeitung* veröffentlicht wurde. Er warf ihr unter anderem vor, ihr mangele es als bindungsloser Intellektuellen linker Prägung an »Ahabat Israel [...] Liebe zu den Juden«. Arendt begegnete der Anklage kämpferisch: »Ich liebe in der Tat nur meine Freunde und bin zu aller anderen Liebe völlig unfähig.« Diesen Geist hatte sie schon in der Lessing-Rede zum Ausdruck gebracht: »Er wollte vieler Menschen Freund, aber keines Menschen Bruder sein.«

Die Vielfalt ihrer Freundschaften lassen die seit 1985 veröffentlichten großen und kleinen Briefwechsel zumindest andeutungsweise ahnen. Hannah Arendt war für jeden Briefpartner eine eigenständige Person, die in der gemeinsamen Erfahrung der Welt erschien. Für die Freundschaft mit Karl Jaspers und sein »Wagnis der Öffentlichkeit« wählte sie selbst das schöne Bild der antiken *persona*, um mögliche Erscheinungsformen in der Welt zu charakterisieren, zu denen auch die Freundschaft zählte: »Es ist der tiefe, über alles im gewöhnlichen Sinne Politische hinweggreifende Sinn des Öffentlichen, daß [...] dies Personhafte in einem Menschen nur da erscheinen kann, wo es einen öffentlichen Raum gibt.« Der bildliche Ursprung der antiken *persona* liegt in der Maske des Schauspielers, durch welche die unverwechselbare Stimme jeweils tönt. Arendt verstand es als Meisterin der vielfältigen Freundschaften, im jeweils aufgeführten Stück mit einer besonderen Maske der gemeinsamen Wirklichkeitswahrnehmung im tieferen Sinn zu entsprechen.

An Arendt und ihren Freundschaften wird exemplarisch, was Nietzsche mit der Einsicht meinte, jeder »tiefe Geist« benötige im öffentlichen Verkehr eine ihn schützende Maske. Freundschaft im Arendt'schen Sinne heißt, fähig zu sein, eine Vielzahl von hoch individualisierten Masken zu tragen. Durch sie hindurch kann das leidenschaftliche Gespräch aufgenommen werden, ohne dass eine letzte Distanz und Einsamkeit überwunden würde. So zeigte sie selbst in engen Freundschaften wie jener mit Mary McCarthy das Bedürfnis, in ganz persönlichen Details ihres Lebens, so ihren kulinarischen Vorlieben, nicht gänzlich erkannt zu werden. Die Schriftstellerin erinnert sich: »Sie hielt das Private hoch, das Separate, bei dem anderen und bei sich selbst. [...]. Sie wollte nicht, dass man sie *kannte* – auf diese seltsam eingeschränkte Weise, die etwas Reduktives hatte.« Arendt war in ihren Freundschaften darauf bedacht, in gewisser Weise fremd zu bleiben, besorgt um ihre Freiheit des beweglichen Erscheinens. Mary McCarthy betonte diesen Zug sehr fein in ihrem Nachruf, geschrieben im Dezember 1975: »Was theatralisch an Hannah war, das war eine Art spontaner Fähigkeit, von einer Idee, einer Emotion, einer Ahnung ergriffen zu werden, zu deren Träger dann ihr Körper wurde, wie bei einem Schauspieler.«

Nur die Momente der großen Passion bilden eine Ausnahme, in denen schiere Sprachlosigkeit geradezu die momentane Auflösung der Einsamkeit ausdrückt. Dieser außergewöhnliche Zustand, der die ekstatische Passion vom freundschaftlichen Leben scharf trennt, findet sich 1960 in der *Vita activa* genau umschrieben: »In der Leidenschaft, mit der die Liebe nur das Wer des Anderen ergreift, geht der weltliche Zwischenraum, durch den wir mit anderen verbunden und zugleich von ihnen getrennt sind, gleichsam in Flammen auf.« Gerade der Briefwechsel mit Martin Heidegger zeugt implizit von ihrer lebenslangen Passion, ist er doch gegenüber dem Austausch, den Arendt mit dem väterlichen Freund Karl Jaspers führte, vergleichsweise sehr arm an Welt und Worten. Noch in ihrem letzten Lebensjahr, als Arendt im Deutschen Literaturarchiv in Marbach den brieflichen Nachlass ihres väterlichen Freundes Karl Jaspers ordnete, war sie ebenso erfüllt von der bleibenden Liebe zu Martin Heidegger, in beiden Fällen offensichtlich – bei aller politischen Scharfsicht – auch ein Kind der deutschen Romantik. Ihrer vertrauten Nichte Edna Brocke, die sie dort besuchte und die kaum verstand, warum sie nach Freiburg fahren wollte, antwortete Arendt sinngemäß, es gebe Dinge, die seien größer als wir.

Die Vereinigten Staaten halfen Arendt, nach dem deutschen Desaster unter jüdischen Intellektuellen einen Raum zu finden, der fern von solcher Spannung war, welche ihre jährlichen Reisen nach Europa immer wieder vergegenwärtigten. In den späteren 1940er Jahren waren es unter anderem die Freundschaften mit Mary McCarthy und Alfred Kazin, die Hannah Arendt in New York neue Räume eröffneten. Beide New York Intellectuals verfolgten genau das Entstehen der *Origins of Totalitarianism*, Alfred Kazin sogar in der Rolle dessen, der Arendts deutschem Englisch zu amerikanischer Gestalt verhalf. Emphatisch heißt es noch in der ersten Ausgabe des Werkes: »The great help of Alfred Kazin's friendship for book and author is beyond gratitude.« Ein Ausdruck seines Dankes ist die Erinnerung an Hannah Arendt, die seine Autobiographie *New York Jew* enthält: »Hitlers Krieg war das Faktum, um das sich alles in dem dunklen, schattigen Appartment am Morningside Drive drehte, wo sie und ihr lebhafter Mann jetzt mit einer Untermieterin wohnen, um finanziell auszukommen. Hannah hörte nicht auf zu denken. Worüber sie nachdachte war Entwurzelung in jedem Sinne: Angefangen bei der Entwurzelung ganzer Völkerschaften, die es an die West Side New Yorks verschlagen hatte, hatte die Augustin-Spezialistin ihr ganzes Leben in eine unaufhörliche politische Ermittlung verwandelt. […] Ihre Entwurzelung und ihr Bedürfnis, den Totalitarismus in seinen modernen Ursprüngen zu verstehen, waren zur gleichen Erfahrung geworden. Sie lebte ihr Denken, und Denken beherrschte ihr Leben.«

Der emphatische Literaturkritiker, der Arendt mit *On Native Grounds*, seiner Geschichte des amerikanischen Realismus, in jenen Jahren beeindruckt hatte, hatte einen steinigen Weg aus kleinen jüdischen Verhältnissen in Brooklyn hin zum gefeierten Literaturkritiker in Manhattan zurückgelegt. Dagegen kam die ungleich berühmtere Schriftstellerin Mary McCarthy, die neben Arendt zur weiblichen Stimme der New York Intellectuals avancierte, aus der katholischen Upper Class. Beiden gemein war aber das amerikanische Staunen über Arendts enthusiastische Liebe zur platonischen Antike und zur Revolution der *Founding Fathers*, die sie manchmal für übertrieben hielten. In ihrer Freundin war Alteuropa im Zeichen der Freiheit zum Teil der Neuen Welt geworden.

Der junge Jerome Kohn, der als Vertreter der Studenten nach Arendts plötzlichem Herztod vor der New Yorker Trauergemeinde sprach, hob besonders ihre Fähigkeit hervor, sich in Vorträgen und Seminaren eine freundschaftliche Bühne zu schaffen, auf der sie auf einzigartige Weise das gemeinsame Nachdenken inszenierte und so einen Raum des außergewöhnlichen Gedankenspiels schuf: »Die Gegenwart Hannah Arendts und die Worte, die sie sprach, versetzten uns aus unserem gewohnten Verhalten und Tun in einen außergewöhnlichen Zustand, in dem unsere erlernten und erworbenen Reaktionen fehl am Platze waren. Wir fanden uns in einem Raum der Gleichberechtigung wieder, wo niemand befahl und niemand gehorchte, einem Raum, wo die eigene Meinung so viel zählte wie irgendeine andere, jedenfalls so lange, wie man von ihr überzeugt blieb, so lange, wie man nicht von einer anderen Meinung überzeugt wurde. Mit anderen Worten – wir erfuhren

Freiheit in einer Weise, wie wir es nie zuvor getan hatten, wir fühlten uns frei und gleich, was in Hannah Arendts Begriffen hieß, dass wir in der Öffentlichkeit erschienen.«

Arendts theatralischer Blick auf das freundschaftliche Gespräch lebt ohne Zweifel von Lessing und seiner pluralistischen Überzeugung, die sich in Nathans Gleichnis von den drei Ringen verdichtet findet. Als sie in Hamburg davon spricht, bringt sie auch einen Satz Franz Kafkas in Erinnerung: »Es ist schwer, die Wahrheit zu sagen, denn es gibt zwar nur eine, aber sie ist lebendig und hat daher ein lebendig wechselndes Gesicht.« Von daher verdichtet die skeptische Metaphysikerin Hannah Arendt gerade mit ihren *Gedanken zu Lessing* die Einsicht in die tödliche Dynamik des totalitären Denkens. Sie hatte in den frühen amerikanischen Jahren begonnen, diese zerstörerische Kraft nüchtern in ihre einzelnen Elemente zu zerlegen. Dass ihre Texte nach 1945 auch rasch in Deutschland erschienen, verdankt sich der Freundschaft mit Karl Jaspers. Sein Enthusiasmus der Freiheit war es auch, der Arendt ermutigte, das Exil als Chance zu begreifen, die amerikanische Tradition eines liberalen Verfassungsstaates mit der kantischen Idee des Weltbürgertums zum Fluchtpunkt ihres Denkens zu machen. Diese Utopie politischer Freiheit setzt auf die Möglichkeit persönlicher Freundschaften, die sich nicht auf bürokratische Regeln oder wissenschaftliche Gesetze verlassen, sondern willens sind, die prekäre Wirklichkeit im streitbaren Gespräch zu erkunden.

Schreiben im Exil ist demnach auch vom Glück abhängig, einzelne Menschen zu finden, mit denen der agonale Austausch fern eines Freund-Feind-Schemas möglich ist. Die folgenden Porträts wollen in diesem Geiste verschiedene Personen und Räume des deutschen und weltweiten Exils im »Jahrhundert der Extreme« erkunden. Dies Panorama der verschiedenen Lebensläufe eröffnet Hannah Arendt im Sinne Plutarchs als heute weltweit legendäre Figur. Ihr Leben, Denken und Handeln zeugt besonders von den politischen Gefahren des weltanschaulichen

Dogmatismus, die auch dem Schreiben im Exil drohen, wenn es eine ideologische Gewissheit jenseits der spannungsreichen Pluralität sucht. Dabei zeigt Arendt hintersinnig, dass die notwendige Freiheit beim Schreiben und Lesen geradezu abhängig davon ist, dass wir uns und den anderen einen fernen Fluchtpunkt zugestehen, den genau zu bestimmen unserem Denken unmöglich ist. Nur so erlangt der Einzelne eine umfängliche innere Bewegungsfreiheit, verbunden mit der intellektuellen Reserve, das Ganze jetzt schon fassen und begreifen zu können. Denken im Exil ist in diesem Sinne auch eine erkenntnistheoretische Kategorie im Sinne Lessings: »Jeder sage, was ihm Wahrheit dünkt, und die Wahrheit selbst sei Gott empfohlen.«

I.

Ein Barde des Nationalsozialismus?
Gottfried Benn

I.

Am 27. Februar 1933, einen Tag bevor der Reichstag brennt, schreibt Gottfried Benn aus Berlin an einen Freund: »Hier herrscht Angst und Schrecken in der Literatur. Die Verläge senden ihre anrüchigen Bücher nach Wien ins Depot und wissen von Nichts; die Autoren sitzen in Prag und im Ottakringer Bezirk und erwarten das Vorbeigehen der Episode. Was für Kinder! Was für Taube! Die Revolution ist und *Die Geschichte spricht*. Wer das nicht sieht, ist schwachsinnig. Nie wird der Individualismus in der alten Form, nie der alte ehrliche Sozialismus wiederkehren. Dies ist die neue Epoche des geschichtlichen Seins, über ihren Wert und Unwert zu reden, ist läppisch. *Sie ist da.* Und wenn sie nach zwei Jahrzehnten vorüber ist, hinterlässt sie eine andere Menschheit, ein anderes Volk.« Wie seine Worte zeigen, war der Arzt und Dichter begeistert von der radikalen Wende des öffentlichen Lebens, die mit der inszenierten »Machtergreifung« Adolf Hitlers am 30. Januar eingesetzt hatte. Gottfried Benn ahnte, welche Gewalt in den politischen Umwälzungen sich bald ereignen sollte, angefangen bei dem fingierten Brand des Reichstags, der als Legitimation des ausgerufenen Notstands hervorragende Dienste leistete, um Regime-Gegner verfolgen, einsperren und ohne jede Gerichtsbarkeit umbringen zu können.

Wenige Wochen später engagierte sich Benn als Mitglied der Sektion Dichtkunst der Preußischen Akademie der Künste, um die Schriftsteller mit auf Kurs zu bringen. In dieser Zeit wurde deren Präsident Heinrich Mann auf Druck des konservativen Kulturministers Bernhard Rust zur Aufgabe seines Amtes gedrängt. Der politische Grund lag darin, dass er wie auch Käthe Kollwitz kaum vierzehn Tage, nachdem Hitler zum Reichskanzler ernannt worden war, einen Aufruf unterzeichnet hatte, der angesichts der anstehenden Wahlen vom 5. März kämpferisch Zusammenrücken aller sozialistisch eingestellten Gruppierungen anmahnte: »Die Vernichtung aller persönlicher und politischer Freiheit in Deutschland steht unmittelbar bevor, wenn es nicht in letzter Minute gelingt, unbeschadet von Prinzipiengegensätzen alle Kräfte zusammenzufassen, die in der Ablehnung des Faschismus einig sind.« Heinrich Mann ergab sich im Gespräch mit dem Akademiepräsidenten Max von Schilling, einem Komponisten, und Oskar Loerke, dem Sekretär der Abteilung für Dichtung, dem politischen Zwang. Loerke, seit Jahren auch Lektor im jüdischen S. Fischer Verlag, schrieb resigniert in sein Tagebuch: »Möglicherweise muß ich zugrunde gehen. Die Nerven halten nicht mehr. Trauer, vor furchtbare Konsequenzen gestellt zu sein, ohne das mindeste begangen oder nur gewußt zu haben.«

Tatsächlich bewirkte der politische Terror, der nach dem 28. Februar durch die Notverordnungen möglich geworden war, dass die Dichterakademie sich rasch an die neue Lage anpasste. Gottfried Benn hatte an den Vorgängen nicht unerheblichen Anteil, folgt man der Schilderung, die Anatol Regnier, der Enkelsohn von Frank Wedekind, in *Jeder schreibt für sich allein. Schriftsteller im Nationalsozialismus* gibt. Eine Woche nach der März-Wahl schlägt Benn bei einer Versammlung der Abteilung im vorauseilenden Gehorsam eine Erklärung vor, die um des nationalen Aufbruchs willen geistigen Gehorsam aller Mitglieder gegenüber der neuen Regierung abverlangt: »Sind Sie bereit, unter Anerkennung der veränderten geschichtlichen Lage weiter Ihre Person der Preußischen Akademie der Künste zur Verfügung zu stellen? Eine Bejahung dieser Frage schließt die öffentliche Betätigung gegen die Regierung aus und verpflichtet Sie zu einer loyalen Mitarbeit an den satzungsgemäß der Akademie zufallenden Aufgaben der Nation.«

Zwei Drittel der 31 Mitglieder der Abteilung für Dichtkunst unterzeichnen die Erklärung, der Rest verhält sich weitgehend defensiv.

Einen besonderen Weg beschreitet Thomas Mann, der sich schon in der sicheren Schweiz befindet, indem er unterstreicht, »nicht im Geringsten die Absicht zu haben, gegen die Regierung zu wirken«. Er sei allerdings bestrebt, »alles Amtliche abzustreifen und in vollkommener Zurückgezogenheit seinen persönlichen Aufgaben« nachzugehen, so dass er sich entschlossen habe, aus der Akademie auszutreten. Anders verzichtet Alfred Döblin, der Autor von *Berlin Alexanderplatz*, auf die Möglichkeit, gegen die politische Gleichschaltung der Akademie das Wort zu erheben. Er antwortet ebenfalls aus der Schweiz: »Ich bejahe die geforderte Loyalitätserklärung, wie ich schon schrieb, sehe aber ein, daß ich als Mann jüdischer Abstammung unter den heutigen Verhältnissen eine zu schwere Belastung für die Akademie wäre. Ich stelle daher meinen Sitz in der Akademie zur Verfügung – eine Sache, die mir außerordentlich schwer wird, denn die Kollegen wissen, wie sehr mich die Entwicklung unserer Abteilung interessiert hat.«

Einzig Ricarda Huch, die keineswegs zum sozialistischen Lager in der Akademie gehört, lässt sich nicht den Mund verbieten und antwortet dem Präsidenten couragiert am 24. März auf die von Benn vorgelegte Frage: »Ich kann dieses Ja umso weniger aussprechen, als ich verschiedene der inzwischen vorgenommenen Handlungen der neuen Regierung aufs schärfste missbillige. Sie zweifeln nicht [...], dass ich an dem nationalen Aufschwung von Herzen teilnehme; aber auf das Recht der freien Meinungsäußerung will ich nicht verzichten, und das täte ich durch eine Erklärung, wie die ist, welche ich zu unterzeichnen aufgefordert wurde. Ich nehme an, dass ich durch diese Feststellung automatisch aus der Akademie ausgeschieden bin.« Dieser klaren Absage, sich dem politischen Druck zu beugen, begegnet man offiziell mit beschwichtigenden Worten.

So erinnert Max von Schilling die national eingestellte Schriftstellerin und Historikerin an ihre »hohe geistige Bedeutung«,
das »tiefe konservative Lebensgefühl« und ihre »große, ins Volk
reichende schöpferische Wirkung«. Aber Ricarda Huch bleibt
deutlich und schreibt: »Was die jetzige Regierung als nationale
Gesinnung vorschreibt, ist nicht mein Deutschtum. Die Zentralisierung, den Zwang, die brutalen Methoden, die Diffamie-
rung Andersdenkender, das prahlerische Selbstlob halte ich für
undeutsch und unheilvoll. Bei einer so sehr von der staatlich
vorgeschriebenen Meinung abweichenden Auffassung halte ich
es für unmöglich, in einer staatlichen Akademie zu bleiben.«
Als man gegenüber der Öffentlichkeit diesen Skandal in der
Pressenotiz zu verschleiern sucht, um den Ruf der Akademie
nicht zu schädigen, findet die erboste Historikerin ungewohnt
scharfe Worte gegenüber Oskar Loerke, dem sie als Sekretär
der Sektion schreibt: »Ich lese in verschiedenen Zeitungen
Notizen über die Veränderungen in der Akademie, worin ich
als darin verblieben bezeichnet werde. Da ich am 9. April dem
Präsidenten förmlich meinen Austritt erklärt habe, ist mir das
unbegreiflich. Jedenfalls möchte ich Sie darum bitten, daß der
Irrtum berichtigt wird.«

II.

Den gegengesetzten Weg schlägt Gottfried Benn vorerst ein.
Er beginnt, dichterische Propaganda für das neue Regime zu
betreiben. Der Arzt und Schriftsteller zeigt sich 1933 begeistert von der »Geschichte«, die an diesem historischen »Wendepunkt« wider die demokratisch-rationalen Gepflogenheiten
einen »neuen menschlichen Typus aus dem unerschöpflichen
Schoß der Rasse« schicke. So setzt er im Sommer 1933 seinem
Essay *Züchtung*, der in die Sammlung *Der neue Staat und die
Intellektuellen* eingehen wird, das Motto voran: »Wer herrschen

will, muß weit züchten.« Thea Sternheim, die mit ihm seit der militärärztlichen Zeit 1917 befreundet war, liest den Vorabdruck am 4. Juli 1933 in Paris. Schon im März fürchtete sie, als sie Benns feierlichen Ton am Telephon hörte, daß »irgendeine Saite seines Herzens unter dem Anschlag des wiedererwachenden Vaterlandes hoffnungsvoll mitgelebt haben« mochte. Ein zweites »peinliches Telephongespräch« brach sie drei Tage später sofort ab. Diese Ahnung seiner nationalistischen Empfänglichkeit bestätigt ihr nun Benns Essay; im Tagebuch bezeichnet Thea Sternheim mit sarkastischer Bitterkeit den befreundeten Schriftsteller als »Reklamechef der neuen Mordfirma«. Ihrer Enttäuschung gibt sie in den privaten Notaten scharf wie polemisch Ausdruck: »Man hat das Bedürfnis, sich fortwährend die Hände zu waschen, jede Erinnerung auszukotzen.« Der vormals bewunderte Dichter ist für sie in dem Augenblick, da er öffentlich für das neue Regime und seine Züchtungsidee eintritt, zum »Barden des Nationalsozialismus« verkommen.

Benns Essay *Der neue Staat und die Intellektuellen*, ursprünglich eine Rundfunkrede, offenbart, wie er nicht nur die staatlich geplante Zwangssterilisation gutheißt, sondern ebenso die Aufhebung der liberalen Schutzrechte aus Gründen der nationalen Staatsräson begrüßt. Im Vorwort des Buches bekennt sich Benn offen zur systematischen Unterdrückung kritischer Intellektueller, die nach dem inszenierten Reichstagsbrand und dem Ermächtigungsgesetz vom 27. März 1933 einsetzte: »Was vernichtet werden soll, ist, um es noch ein mal ganz banal auszudrücken, der Intellektualismus und die in ihm verwurzelte Zivilisation.« Sternheims Fazit, das sie nach Lektüre des gesamten Buches am 9. Juli zieht, fällt drastisch aus: »Das schmeckt nach Jauche.« Schon im Frühjahr 1932 hatte er der aus politischen Gründen emigrierten Thea Sternheim sein »Ressentiment« im Brief bekundet; es richtet sich gegen »jemand, der Deutschland verlässt, nur weil es ihm schlecht geht oder weil der Betreffende fürchtet, daß es ihm darin schlecht gehen könnte, oder einfach, weil er es sich leisten kann«. Sein Schreiben schließt mit der ironischen Spitze: »Tausend Grüsse, Deserteur, u. einen Handkuss von Ihrem Benn.«

Im *Brief an die literarischen Emigranten*, auch Teil des Buches, steigert Benn entsprechende Vorwürfe noch, indem er all jene liberalen und linksgerichteten Intellektuellen, die ins Ausland, vor allem nach Frankreich, geflohen waren und von dort die gewaltsame Gleichschaltung der Gesellschaft angriffen, verhöhnt und ihnen vorhält, ihre »abstrakte« Sicht könne dem ›Nationalen‹ in seiner realen Bewegung gar nicht »erlebnismäßig« gerecht werden. Sein Essay antwortet auf einen privaten Brief des nach Frankreich emigrierten Klaus Mann; dieser hatte wie andere Linksintellektuelle entsetzt auf Benns Bereitschaft reagiert, das Amt des vertriebenen Heinrich Mann, welcher der nun national eingeschworenen Dichtungsklasse der Berliner Akademie vorgestanden hatte, kommissarisch zu übernehmen. Nun warf Manns Sohn, den Benn 1932 bei einem Besuch »so angenehm« empfand, dem verehrten Dichter des Expressionismus die politischen Folgen seiner »Sympathie mit dem Irrationalen« vor: »Erst die große Gebärde gegen die ›Zivilisation‹ […]; plötzlich ist man beim Kultus der Gewalt, und dann schon beim Adolf Hitler.« In der Autobiographie *Doppelleben* gestand Benn 1949 im Rückblick auf diese Kontroverse mit Klaus Mann zu, dass er sich 1933 Illusionen hingegeben hatte: »Dieser 27-jährige hatte die Situation richtiger beurteilt, die Entwicklung der Dinge genau vorausgesehen, er war klardenkender als ich.« Der Schriftsteller rechtfertigte seine frühe Parteinahme mit der plötzlich erwachten Hoffnung auf die »echte Erneuerung des deutschen Volkes«, welche die rationalistische Zivilisation hätte überwinden sollen.

Schon vor 1945 veränderte er selbstkritisch in damals nicht publizierbaren Essays seine Haltung erheblich. So distanzierte sich Benn 1940 in einem zweiten Text mit dem Titel *Züchtung* von seiner Position aus den Jahren 1933/34. Nietzsches »Züchtungsphilosophie« erschien ihm nun obskur; er machte den schlechten Einfluß des »Biologisch-Darwinistischen seines Zeitalters« dafür verantwortlich, dass diese zur Ahnherrin der nationalsozialistischen Rasseeuphorie wurde. Benn nahm ausdrücklich Abstand von dem »anderen Züchter« und seinem »totalen Staat«. Er ironisiert die braune Züchtungsprogrammatik: »Geschmackliche und moralische Verfeinerung, jedenfalls bei den Deutschen, ist rassewidrig.«

Hinter dieser Abrechnung steht die bittere, von Klaus Mann vorausgesehene Tatsache, dass man das Engagement des expressionistischen Schriftstellers auf Seiten der neuen Machthaber nur mit »Undank und Hohn« quittieren würde. Als im Frühjahr 1936 zu Benns 50. Geburtstag seine *Ausgewählte[n] Gedichte 1911–1936* erschienen, sprach ein denunziatorischer Artikel, erschienen sowohl im SS-Blatt *Das Schwarze Korps* als auch im *Völkischen Beobachter*, von »widernatürlichen Schweinereien«; Benn wurde gezwungen, offiziell dem Verdacht der Homosexualität entgegenzutreten. Eine Neuauflage des Bandes war nur unter Veränderungen möglich; später wurde über ihn ein gänzliches Schreibverbot verhängt. Blickt man von seiner Seite, so hatte bereits zwei Jahre zuvor die »Tragödie« des Röhm-Putsches Benns »deutschen Traum« beendet und sein Vertrauen in die Zukunft des »Neuen Staates« zerbrochen. Der ernüchterte Schriftsteller führte seit 1936 als ärztlicher Offizier in der »aristokratischen Form der Emigration« ein anonymes, unscheinbares Leben fernab der Hauptstadt in der niedersächsischen Provinz. Derart an den Rand des Geschehens gedrängt, klagte er später, »daß die Geschichte Methoden anwendet, die den geistig Wachen und Aufmerksamen übergehen.« In neuen Schriften wandte sich Benn nun vehement gegen eine fragwürdige Mischung von darwinschen Selektionsideen mit hegelscher Geschichtsphilosophie und nietzscheanischem Übermenschentum, wie er sie in Deutschland herrschen sah. Anstatt »biologischer« sollten »intellektuelle« Prinzipien wieder zur Geltung

kommen: »Nicht Züchtung, sondern Erziehung hieße das Gesetz, das dem Rechnung trüge.«

Versucht man, Sternheims Bild nochmals aufgreifend, Benns
verstörende Rolle als unglücklicher »Barde des Nationalsozialismus«, seine anfängliche Faszination an und spätere Abkehr
von den politischen Ereignissen der Zeit besser zu verstehen,
lohnt es, zunächst von seiner veränderten Haltung gegenüber
den Wissenschaften auszugehen. Ein Gang durch die Essays,
welche Benn 1933/34 mit abnehmender Zustimmung und später
in deutlicher Distanz zum völkischen Zuchtgedanken schrieb,
erlaubt dann, den Kern dieses Wandlungsvorganges zu bestimmen. Dieser liegt in seinem lebensphilosophisch geprägten
Schöpfungsdenken. Am Ende steht in Benns essayistischem
Werk, das medizinische und kulturelle Aspekte der Menschen-
bildung betrifft, in allen Widersprüchen der ästhetische Ausblick im Sinne von Nietzsches erlösender Formidee: Sie bildet
den unpolitischen wie tragischen Grund seines dichterischen
Selbstverständnisses. Auf diesem Boden kommt es zwischen
Benn und Thea Sternheim trotz aller politischen Dissonanzen,
die nach 1933 zeitweise zur äußeren Entfremdung führten, in
den Nachkriegsjahren zu einer Renaissance ihrer Freundschaft.

III.

1910, als Benn nach seinem Studium an der Charité als psychiatrischer Unterarzt wirkte, war er der Auffassung, dass ein logisch
kausales Welterkennen und -beherrschen möglich sei. Er stand
noch im Bann der wissenschaftlichen Fortschrittseuphorie, die
alle spekulativ-metaphysischen Wissensbestände als Relikte
einer unwissenden Vergangenheit betrachtete. Das »Mittelalter
der Medizin« endete für ihn mit dem Siegeszug der Naturwissenschaften im neunzehnten Jahrhundert: »Aber dieses brachte
dann den späten Frühling, der reich war an einzigartiger Fülle

und Mannigfaltigkeit neuer Entwicklungen.« Der junge Arzt nahm die Einsichten der Epilepsieforschung als schlagenden Beleg für die Vorherrschaft logisch-rationaler Erklärungen über irrationale Ideenmuster der Vergangenheit; diese hätten als »heimatloses Volk [und] Gesindel« unter dem Dach der Medizin lange genug kampiert und würden nun mit herrischer Autorität ausgefegt. Die »neue Ära der Naturforscher [mache] tabula rasa«. Diese verzichteten, folgt man Benn, konsequent auf höhere »Zweck- und Zielvorstellungen« und drängten auf »Exaktheit der Arbeit«: »Jedes Erhitzen in religiöser oder ethischer Beziehung fiel fort.«

Nach dem Ersten Weltkrieg verurteilte Benn die vormals gefeierten Wissenschaften. Er wandte sich in *Das moderne Ich,* einer fiktiven Rede, die er 1933 in sein Buch *Der neue Staat und die Intellektuellen* aufnahm, an Studenten der Medizin und der Naturwissenschaften, um sie im Namen des Schöpferischen auf Distanz zu ihren Lehrern zu bringen: »Ich will Misstrauen säen in Ihre Herzen gegen Ihrer Lehrer Wort und Werk [...] und Ekel vor einem Handwerk, das nie an eine Schöpfung glaubte.« Der Dichter verlachte nun das »Jahrhundert des Wirklichen und des Erkennens« mit seinem empirisch-statistischen Objektivismus, »wo die Tabelle hoch ging und die Schöpfung sank«. Gegen die kausalen Determiniertheiten eines mechanistischen Weltbildes setzte er die Idee eines schöpferischen Elementes, das unvorhersehbare Entwicklungssprünge ermöglichen würde: »Meine Herren, Sie haben die Zeiten nicht mehr erlebt, wo nach ewigen Gesetzen sich die Körper bewegten und die Energieformen wirkten, wo die Welt ein Ablauf war mechanischen oder energetischen Geschehens. Sie können es vielleicht nicht ganz ermessen, was für eine Erkenntnis von unermeßlichem Gefühl es ist, wenn ich Ihnen sage, Sie haben ein Schicksal, und das ruht ganz in Ihrer Hand.«

Die Spannung zwischen mechanistischem und schöpferischem Denken entfaltet Benn 1932 zum 100. Todestag Goethes leitmotivisch in der Arbeit *Goethe und die Naturwissenschaften,* die ebenfalls in die Essaysammlung einging. Er wendet sich gegen den »Ausbruch des Positivismus mit seiner aus dem Affekt losgelösten mechanischen Anhäufung von Stofflichkeiten«, für die keine »menschliche Synthese« mehr notwendig schien und die sich einbildete, zur »völligen Begreiflichkeit der Welt, ihrer Begreiflichkeit als Mechanismus« gelangen zu können. Benn zitiert in wissenschaftsskeptischer Absicht Goethe, um seine Meinung zu untermauern, dass die empirisch-logisch abgeleiteten Abstraktionen den Menschen als anschauendes Erkenntnissubjekt nicht überflüssig machen können: »Der Mensch an sich selbst, insofern er sich seiner gesunden Sinne bedient, ist der größte und genaueste physikalische Apparat, den es geben kann, und das ist eben das größte Unheil der neuen Physik, daß man die Experimente gleichsam vom Menschen abgesondert hat und bloß in dem, was künstliche Instrumente zeigen, die Natur erkennen will.« Dem naturwissenschaftlichen Zeitalter attestierte Benn eine »progressive Zerebration«, die eine »immer zwanghaftere Distanz zwischen Instinkt und Rinde, zwischen Anschauung und Begriff« schaffe. In Goethe sah er den letzten Vertreter einer »ungetrennten Existenz«. Ihn stilisierte Benn zum zeitübergreifenden Beispiel einer genialen Existenz, an dem der positivistische Erkenntnisstolz gebrochen werde: »Wer aber sollte das Genie verifizieren, alle Monisten zusammen hatten nicht so viel Tiefsinn, es abzuleiten; wer sollte Goethe verifizieren?«

Der Essay *Lebensweg eines Intellektualisten* beschreibt 1934 die selbstzerstörerischen Folgen, welche die wissenschaftliche Entzauberung der Lebenswelt für das Individuum besitze, indem Benn an »Pameelen«, eine dramatische Figur seines frühen Werkes, erinnert: »Die Linie, die so grossartig im cogito ergo sum als souveränes Leben, das seiner Existenz nur im Gedanken sicher war, begann, in dieser Figur geht sie schauerlich zu Ende.« Die rational-logische Weltbeherrschung hatte den Zusammenbruch der Kriegsjahre nicht aufhalten können, vielmehr ging sie ursächlich, folgt man dem Essay, in die fatale Krise der westlichen Welt ein: »Kortex = Hirnrinde: das kortikale Verblühen der Welten, der bürgerlichen Welten, der kapitalistischen Welten, der opportunistischen, prophylaktischen, antiseptischen Welten, erschlagen von den Wolkenbrüchen des Politischen und der Umschichtung der Macht, im Grunde aber aus der substantiellen Krise des abendländischen Seins heraus entstanden.«

Benn wendet sich deshalb scharf gegen die »Tollwut des Begrifflichen« und die »epileptische Logik« und klagt stattdessen eine neue Kunst ein, deren moderne Ästhetik sich anders an rationalen Kategorien des abstrahierenden wie technischen Geistes orientieren solle: »genug der Sicherungen –, genug der Wahrheit – Formales möge kommen, Flüchtiges, Tragschwingen mögen kommen, flach und leicht gehämmert, Schwebendes unter Azur, Aluminiumflächen, Oberflächen – : Stil – !«

So zieht er 1934 eine bewusste Verbindungslinie hin zu den Anfängen seiner Formsuche, indem er – sicher mit Blick auf den italienischen Faschismus – auf Marinettis futuristisches Manifest anspielt. Im Züchtungsgedanken spiegelt sich seine Metaphysik: Die »objektive, anti-goethische Welt« soll im Namen »neuer Schöpfungsimpulse« ohne den Rückgriff auf »darwinistische und lamarkistische, also intellektualistische Hypothesen« in Richtung auf einen neuen »menschlichen Typ« überwunden werden. Schillernd heißt es: »Alle politischen Anstrengungen des neuen Staats gehen auf das eine innere Ziel: Anreicherung einer neuen menschlichen Substanz im Volk. [...] Anreicherung mittels der modernsten oder wie wir sehen werden, urältesten – Methoden: Eliminierung und Züchtung.« Es bleibt allerdings unklar, was Benn unter dieser »eugenischen« Programmatik versteht, die sich fern von den naturwissenschaftlichen Theorien der Zeit dem Züchtungsgedanken anhängt.

IV.

Wenige Wochen bevor am 14. Juli 1933 das *Gesetz zur Verhütung erbkranken Nachwuchses* durch das gleichgeschaltete Parlament verabschiedet wird, schreibt Benn den Essay *Züchtung*. Im Vorfeld des Gesetzes waren die einschneidenden Maßnahmen, die in der Zwangssterilisation von über dreihunderttausend Menschen mit rund sechstausend Todesfällen endeten, ein öffentlich brisantes Thema. Thea Sternheim sprach von einer »barbarischen Verblödung«, als sie in der *Frankfurter Zeitung* vom 4. Mai 1933 eine Darstellung der kommenden »Gesetze zur Scheidung und Aufartung der Rasse« las.

Wie betrachtet Benn die Situation? Er begrüßt in *Züchtung* den »totalen Staat im Gegensatz zum pluralistischen der vergangenen Epoche« und stellt sich hinter den »Führer«-Gedanken, sei er doch nicht als »Terrorprinzip« gedacht, sondern als »höchstes geistiges Prinzip«, als das »Schöpferische« schlechthin. Im Sinne von Max Webers Begriff des »Charisma« spricht Benn vom »Führer« als »Ausnahme«, die alle bisherigen Normen aufgrund ihrer Autorität zugunsten einer neuen Ordnung vergessen lässt. Die Erweckung außeralltäglichen Charismas setzt Benn in religionshistorische Analogie zur »Stimme aus dem feurigen Busch«. Mit der bewussten Assoziation zur alttestamentlichen Berufungsgeschichte des Moses, welche den Antisemiten wenig behagt haben dürfte, legitimiert er nicht nur formal die Autorität des Führers; zudem stilisiert sein Essay in vieldeutiger Provokation die mythische Figur Moses, der Israel in der vierzigjährigen Wüstenwanderung an die Schwelle des gelobten Landes Kanaan geführt haben soll, zum »größte[n] völkische[n] Terrorist[en] aller Zeiten und großartigste[n] Eugeniker aller Völker«. In drastischen Worten schildert Benn die archaische Ethik des Wüstenführers Moses: »Sein Gesetz hieß: quantitativ und qualitativ hochwertiger Nachwuchs, reine Rasse –: aus ihm seine brutalen Maßnahmen gegen sein Volk

wie gegen die ihnen begegnenden fremden Stämme: Prügel-
strafen, Handabhauen, Steinigung, Erschießen, Feuertod gegen
Rassenvermischung.« So stellt Benn die mosaische »Rassezüch-
tung« ausdrücklich als »uralt[es]«, moralisch rechtfertigendes
Beispiel für den »politischen Instinkt« der nationalsozialistischen Regierung dar. Ebenso sieht er seine vage Züchtungsutopie unter dem kulturhistorischen Horizont der griechischen
Antike, welche die »militante Transzendenz, ein Richtertum aus
hohen wehrenden Gesetzen« geschaffen habe. Er proklamiert
eine Wiederkehr ihrer Dialektik von »Entformung und Gestalt«: »noch einmal, im Norden: der Sieg der Griechen.«

Nachdem das *Gesetz zur Verhütung erbkranken Nachwuchses* eingeführt ist, wird Benn von Zeitungen und Zeitschriften
aufgefordert, seine Position weiter publik zu machen. Am
stärksten im Sinne der neuen Machthaber kommentiert er
Ende August 1933 in *Geist und Seele künftiger Geschlechter* die
gesetzliche Praxis der Zwangssterilisationen. Er stimmt der
»Reinigung des Volkskörpers nicht nur aus Gründen der Ras-
seertüchtigung« zu, sondern weist zudem polemisch auf die
ökonomisch bedenkliche Tatsache hin, dass eine »an sich viel
zu geringe Kinderzahl heute nur von den Schwachsinnigen erreicht« werde. Den Gedanken der negativen Eugenik, »minder-
wertige Volksteil[e]« auszuscheiden, ergänzt Benn durch den
Vorschlag, die positive Eugenik durch die Fortpflanzung des
»qualitativ hochwertige[n] Menschenmaterial[s]« zu fördern.
Die Frage, welche Richtung die gewünschte Verbesserung der
Rasse nehmen solle, beantwortet er allerdings mit rhetorischer
Reserve gegenüber dem biologistischen Kult des Regimes:
»Ist der gesunde Körper an sich eine Garantie für vollendete
Menschlichkeit? Genügt reine Gesundheit, um ein Volk zu
universalgeschichtlicher Größe zu führen?« Seine Antwort
ergeht sich bewusst in der Vermutung, dass eine »Rasse ohne
Geist« als alleinige Zukunftsvision unwahrscheinlich sei. Mit
einer Reminiszenz an das humanistische Griechentum schließt

Benn seine Apologie des geistigen Züchtungsgedankens: »Die Griechen liebten und bildeten gewiß den Leib, aber sie bildeten auch die Dialektik, die Rhetorik, die Geschichtsschreibung. [...] Es wird also doch wohl in erster Linie intellektuelle und moralische Züchtung sein, die man bewerkstelligen muß.«

Angesichts dieses Zieles verweist der Sohn eines märkischen Pfarrers in dem Artikel *Der deutsche Mensch. Erbmasse und Führertum* auf die biologisch wichtige Kontinuität des evangelischen Pfarrhauses, das für die Elitezüchtung eine zentrale Stellung einnehme: »Aus diesem Erbmilieu ging die gesamte geistig produktive, kulturschaffende Macht des deutschen Volkes hervor.« Jedoch im Sinne der antimodernistischen Zeitstimmung betont Benn den negativen Einfluss, welchen die »Zivilisation« auf »Ursprünglichkeit [und] Geschlossenheit der [protestantischen] Erbmasse« ausübe; mit Hamsun'schen Anklängen hofft er auf die Renaissance der »Landpfarrhäuser«: »Die Rückführung der Nation aus den Großstädten aufs Land, die Erziehung zu einem neuen Ackergefühl, vielleicht wird das ihr neuer Sinn. [...] Vielleicht werden, nachdem die alten Pfarrhäuser der deutschen Nation Bildung, Kultur und Besitz an Genialität, also die Reiche des Geistigen erschaffen und hinterlassen haben, ihre jungen Söhne dazu bestimmt sein, dem leidenden Volk den Segen der Erde zu erneuern.«

Im Herbst des Jahres verstärkt Benn im Aufsatz *Zucht und Zukunft* den indirekt antibiologistischen Akzent, welchen das »Erbmilieu des evangelischen Pfarrhauses« in seiner Züchtungsutopie setzte. Unter Zurücknahme der zivilisationskritischen Bodenmetaphorik verweist er auf die »Jahrhunderte fortgesetzte, beständige Begabtenauslese«, die unter »humanistischem« Blickwinkel die intellektuellen Fähigkeiten »selektiv« verbessert habe. Auf diese »erbmässige Geschlossenheit« und ihre Frucht, einen »Typ des Denkers, der zugleich Dichter« sei, bauen Benns Gedanken, wenn er eine »idealistische Anthropologie« fordert, der es um eine »steigende Linie der inneren Bereicherung und moralischen Verfeinerung« zu tun sei. Im Sinne des von ihm zuvor verhöhnten Lamarkismus spricht er nun davon, dass eine solche Erziehung auch in die Gene eingehe: »[Der Geist] und seine Erlebnisse prägen die Erbmasse tief.« Im Frühjahr 1934 reklamiert sein Essay *Das deutsche Pfarrhaus* als »erbbiologische‹ Studie«, dass ein »enorme[r] Teil der gesamten geistig produktiven, kulturschaffenden Macht des deutschen Volkes« eine Frucht der evangelischen Erziehung sei.

In seinen Artikeln berief er sich vor allem auf die erbtheoretische Arbeit *Geniale Menschen,* die 1929 der renommierte Psychiater Ernst Kretschmer vorgelegt hatte. Allerdings räumt Benn dem Genie 1933 als »Ausnahmefall« für die Züchtungsanstrengungen nur eine untergeordnete Bedeutung ein, spanne sich doch »über das Genie und seinen Zerfall und seine Leiden die große volkhafte Perspektive«. Betrachtet man die beiden Artikel, die Benn 1930 unter dem frischen Eindruck von Kretschmers Buch und noch unbeeindruckt vom »Neuen Staat« verfasste, fällt die markante Akzentverschiebung auf. Im *Genieproblem* hatte er vor 1933 enthusiastisch die positive Bedeutung der pathologischen »Entartung« betont: »Genie ist Krankheit, Genie ist Entartung, davon muß man sich, glaube ich, für überzeugt erklären.« Benn hob damals die Bedeutung des »Bionegativen« gegenüber den »biologische[n] Werte[n]« hervor: »Es waren alles Züchtungswerte, […] immer getrieben von der Vorstellung der höheren Art und der Entwicklung. Und nun stoßen wir bei der Betrachtung des Genialen plötzlich auf Vorbedingungen, die diesen Werten entgegenstehen. Wir stoßen auf Abnormes und Entartung und aus ihnen entsteht der Menschheit die große Suggestion der Kunst.«

Die Betonung der pathologisch bedingten Ausnahmeerscheinungen nimmt der Dichter 1933 zurück, indem er die geniale »Erbschaft, sei es die geistige oder körperliche, sei es die Norm gebliebene oder die erkrankte, in den Kreislauf des Volkes« zurückkehren lässt. Der Genieästhetik ist somit die provokative

Spitze des »Bionegativen« gebrochen; stattdessen dominiert der humanistisch-bürgerliche Beitrag des protestantischen Erbmilieus zum völkischen Leben. Auf der anderen Seite konterkariert diese erbgenetische Würdigung des Protestantismus seinen enthusiastischen Glauben an die »geschichtliche Bewegung«, die sich über alle Traditionen hinwegsetzen werde. So kehrt Benn über das Jahr gerade im Zeichen des Züchtungsgedanken zum kulturellen Erbe zurück; die enthusiastische, aber inhaltlich lose Verbindung seines Denkens mit der Rassenideologie der Zeit verflüchtigt sich. Der Umstand, dass Benns reinrassiges Ariertum im März 1934 von einem Schriftstellerkollegen öffentlich in Frage gestellt wurde, verstärkte die Apologie der Bildungswelt noch. Ironisch spießt der Angegriffene in seiner Apologie *Ahnenschwierigkeiten* das »Zeitalter der Genealogie« und der »genealogischen Verdächte« auf. Entgegen des neuen Epochenbewusstseins definiert Benn sein »Deutschtum« bewusst – im Grund entlang der eigenen Biographie – über das protestantisch-bäuerliche Erbe, das humanistische Gymnasium und die preußische Militärakademie. Indem er sich zur Erziehung durch konservative Traditionen bekannte, unterhöhlte der Dichter den nationalsozialistischen Rassengedanken in seinem biologischen Fundament.

V.

Benns deutliche Abwendung von den nationalsozialistischen Züchtungsideen lässt sich auch an seiner veränderten Sicht auf Nietzsche demonstrieren. Wo er 1933 den Philosophen noch als Verkünder einer »neuen typologischen Variante« apostrophierte, verurteilt er 1937 in *Weinhaus Wolf* den »Züchtungsoptimismus« von Nietzsches Zarathustra als »flache Utopie vom Geist und seiner Verwirklichung«. Der Essay entsagt dem völkischen Formungsgedanken völlig zugunsten des Ästhetischen. Nachdem

EIN BARDE DES NATIONALSOZIALISMUS?

sich die Utopie einer Gleichberechtigung der individuellen Kunst gegenüber der staatlichen Macht, wie sie Benn in *Dorische Welt* einfordert, als Illusion erwiesen hatte, stellt er ihr autonomes Schaffen wieder an erste Stelle. Nun heißt es: »Nicht das Leben durch Erkenntnisreize biologisch steigern und züchterisch vollenden, sondern gegen das Leben ansetzen den formenden und formelhaften Geist. Es ist demnach nicht die faustisch-physiologische, sondern die antinaturalistische Funktion des Geistes, seine expressive, die wir heute über der Erde gehen sehen.«

In stolzer Resignation distanziert sich der verfemte und marginalisierte Schriftsteller von allen, auch den biologischen Erlösungsutopien: »Also lasst sie regenerieren vom Volkswirtschaftlichen aus und vom Biologischen aus und von der Rohkost aus, das sind ja alles Schemen der Vernichtung.« Mit beißendem Sarkasmus zeichnet Benn 1938 im Stillen seiner militärärztlichen Etappentätigkeit ein Bild der nationalsozialistischen Kultur, das nicht mehr die Öffentlichkeit erreicht: »Ein Volk der Praxis [...] lässt eine antisemitische Bewegung hoch, die ihm seine niedrigsten Ideale phraseologisch vor zaubert. [...] und als Kunst und Innenleben gegröhlte Sturmbannlieder. Darin erkennt sich ein Volk. Ein Turnreck im Garten und auf den Höhen Johannisfeuer – das ist der Vollgermane.«

Mit der Sichtschärfe dessen, der, wie Thukydides, verbannt an den Rand des öffentlichen Geschehens, nun frei von Handlungszwängen die Geschichte betrachtet, schaut Benn auf die opportunistischen Eliten, zu deren überzeugten und wortmächtigen Vertretern er im Anfang des Regimes zählte, bevor man ihn selbst Schritt für Schritt marginalisierte. Schwer ist zu sagen, ob er die Akzente seines Züchtungsdenkens aktiv oder reaktiv verschob. In jedem Fall sieht er jetzt die rassisch und eugenisch begründeten operativen Zwangssterilisationen in einem neuen Licht und urteilt – ganz anders als 1933 – mit beißender Ironie: »Der Gynäkologe will nicht fehlen, er hilft den Helden züchten.«

In dieser Lage bleibt nach Benn nur der ästhetische Rückzug aus der Geschichte, der Versuch, ihrer definitiven Sinnlosigkeit durch den künstlerischen Ausdruck zu begegnen. Allein ihre ästhetische Gestaltung eröffne noch die Chance von subjektiven Sinngebungen: »Was sich abhebt, ist immer nur das durcheinandergehende Spiel verdeckter Kräfte. Ihnen nachzusinnen, sie zu fassen in einem Material, das die Erde uns an die Hand gibt, in ›Stein, Vers, Flötenspiel‹ […]: diese Arbeit an der Ausdruckswelt, ohne Erwarten, aber auch nicht ohne Hoffnung –: etwas Anderes hat die Stunde für uns nicht.« Der Dichter stellt die »Lehre von der Ausdruckswelt« als Weg dar, die ubiquitären Sinnbrüche und das menschliche Leiden individuell zu bannen. Er steht in der rein ästhetischen Antwort auf die Geschichte dem kontemplativ betrachtenden Jacob Burckhardt nahe, den er mit Nietzsche und van Gogh zu den genialen Protestanten rechnete. Burckhardt spricht von dem »elegischen« Historiker, der wie wenige Zeitgenossen für sich einen »archimedischen Punkt außerhalb der Vorgänge« finden könne, von dem er sie »›geistig zu überwinden‹« fähig sei.

VI.

Nach 1945 schnitt die deutsche Öffentlichkeit Benn; von den alliierten und deutschen Behörden erhielt er bis 1948 keine Druckerlaubnis. Man erinnerte sich noch zu gut an sein intellektuelles Engagement für den »Neuen Staat«. Benns spätere Regimekritik, über Jahre für die Schublade geschrieben, war noch nicht bekannt. Erst als zu dieser Zeit in der Schweiz seine *Statischen Gedichte* erschienen und namhafte Kritiker wie Max Rychner seinen weltliterarischen Rang als Lyriker betonten, war der öffentliche Bann über Benn gebrochen. Der *Merkur* lud Benn ein, sich zu Wort zu melden. Sein *Berliner Brief* packte denn auch den Stier der allseitigen Feme aggressiv bei den Hörnern: »Wenn man wie ich die letzten 15 Jahre lang von den Nazis als Schwein, von den Kommunisten als Trottel, von den Demokraten als geistig Prostituierter, von den Emigranten als Renegat, von den Religiösen als pathologischer Nihilist öffentlich bezeichnet wird, ist man nicht so scharf darauf, wieder in diese Öffentlichkeit einzudringen. Dies umso weniger, wenn man sich dieser Öffentlichkeit innerlich nicht verbunden fühlt.«

Seine geistige Isolation hob Benn ebenso in der demokratisierten Gesellschaft hervor. Diese sei in pragmatischer Hinsicht wohl die relativ beste politische Ordnung, aber von Mehrheitsbeschlüssen in künstlerischen Fragen hielt er nichts: »Demokratie, als Staatsprinzip das beste, aber zum Produktiven gewendet absurd!« In seinem Kunstverständnis unterschied Benn zwischen den öffentlich bestallten »Kulturträgern« und dem einsamen wie unabhängigen »Kunstträger«, der ohne jede Rücksicht auf die Bedürfnisse der Allgemeinheit seinen inneren Notwendigkeiten nachzugehen habe und gewollt »asozial« nur seinem »inneren Material« lebe. Damit proklamiert Benn eine apolitische Geschichtsphilosophie, die das griechische »Zoon politikon«, den gesellschaftlich orientierten Menschen, entgegen den Deutungen von 1933/34 nun als »Keim des Untergangs« stigmatisiert. Provokativ malt er die Option einer »zerebrale[n] Mutation« vor Augen, welche eine zerstörerische und erschreckende Zukunft einleiten könnte. Alle Versuche, die abendländische Kulturwelt als Schutz dagegen zu mobilisieren, erscheinen ihm sinnlos. Benn nimmt eine bewusst tragische Haltung ein; lehnt alle Bestrebungen, die Welt gestalten zu wollen, als sinnlos ab und sucht stattdessen sein Heil in der Form einer ästhetisch-kontemplativen Weltflucht. So polarisiert er zwischen den »Geschichtlichen und [den] Tiefen«, den »Verbrecher[n] und Mönche[n]«« und plädiert für die »schwarzen Kutten«.

Im Mai 1949 erhält Thea Sternheim nach sechzehn Jahren mit dem *Berliner Brief* erstmals wieder eine Schrift von Benn zu lesen; sie rügt bei aller Anerkennung des »sublimen Stilisten«

scharf die geschichtsphilosophische Nivellierung. Diese liegt darin, dass Benn die vergangenen Geschehnisse als »tragisches Fatum« hinnimmt und sie damit der Sphäre persönlicher Verantwortung enthebt. Das hindert Sternheim nicht, über die Zeitschrift wieder den Kontakt mit Benn aufzunehmen. Dieser hatte selbst 1946 vergeblich versucht, über einen Schweizer Journalisten mit ihr in Verbindung zu treten. Am 2. August 1949 erhält Thea Sternheim eine dankbare Antwort aus der Bozener Straße: »Gut daß wir jetzt wieder und noch einmal in direkter persönlicher Verbindung sind. Ich meinerseits werde sie nicht abreissen lassen.« Kurze Zeit später treffen seine vier inzwischen erschienenen Gedicht- und Essaybände in Paris ein. Nach einer »wollüstigen Aneignungsorgie«, die sie eine Art »Pfingstwunder« erleben ließ, gesteht sie sich die andere Seite von Benns Weltferne zu, dass er mit seinen »Tiefgrabungen« wie wenige andere unter die geschäftige Oberfläche der Gesellschaft zu blicken verstehe. Sternheim registriert die untergründige Metaphysik seines poetischen Ausdrucks: »Der sublime Versuch, das Rauschen der Ewigkeit in die von Zeitgerassel und Daseinskämpfen unbewohnbar gewordene Welt wieder hereinzulassen.«

Im Rückblick lässt sich sagen: Nach dem kurzen, am Ende defensiven Einsatz für das nationalsozialistische Rassendenken zog sich Benn seit Mitte der 1930er Jahre auf die Region des Ästhetischen zurück, wohl auch getrieben von den zunehmenden Anfeindungen gegen ihn als expressionistischen Dichter. Der geistige Extremismus des Schriftstellers hatte das politische Leben in resignierendem Zorn verlassen, ohne dass Gottfried Benn sein primär selbstzweckliches Kunst- und Genieverständnis noch länger unter das Joch der Erziehungs- oder Züchtungsfragen hätte zwingen wollen.

Auf die Sendung von Benns poetologischem Vermächtnis, der Rede *Probleme der Lyrik*, geschrieben in provokativer Distanz zu allem gesellschaftlichen Nutzen- und Sinnkalkül, antwortet Thea Sternheim 1951 mit offener Rührung, die sie im Blick auf die ihr nahe Außenseiterposition des kunstschaffenden Menschen empfand: »Die Entscheidung des lyrischen Ichs gegen die Versuchungen der Mitte auf Seite 34 hat mir geradezu die Tränen in die Augen getrieben.« Dort fordert die Schicksalsgöttin, die Benn beschwört, zur strengen Selbstbeschränkung auf, nicht über die eigene Person hinaus sprechen und schreiben zu wollen: »Natürlich wirst du nicht befugt sein, in andere Reiche einzudringen, es gibt viele Moiren. [...] Aber dies ist Dein Dir zugemessener Kreis: suche Deine Worte, zeichne Deine Morphologie, drücke Dich aus.«

Ihre Freundschaft setzt sich über Briefe und ein kurzes Wiedersehen in Berlin 1952 fort. Benn ist mit seinem dichterischen Werk in Paris allezeit präsent; über dessen im Kern unpolitischen Charakter ist sich Thea Sternheim im Klaren. Nach einer langen Zeit seines Schweigens erhält sie – wenige Tage vor seinem Tod am 7. Juli 1956 – die *Gesammelten Gedichte;* die Widmung lautet: »Frau Thea Sternheim in dankbarer Erinnerung an viele Jahrzehnte. Gottfried Benn (z. Z. krank in Bad Schlangenbad).«

Es lebe die Freiheit
Hans Scholl

I.

»Ich kann nicht abseits stehen, weil es für mich abseits kein
Glück gibt, weil es ohne Wahrheit kein Glück gibt.«,* schrieb
im Oktober 1941 Hans Scholl an eine Freundin. Der Student der
Medizin und Angehörige der Münchener Studentenkompanie
begann wenige Monate später, regimekritische Flugblätter zu
verfassen, die er mit drei Kommilitonen im Untergrund druckte,
tausendfach verteilte und verschickte. Der Erfolg blieb den
Flugblatt-Aktionen der »Weißen Rose« versagt. Die Deutschen
übten nicht den ersehnten passiven Widerstand und bildeten
keine Allianz gegen Hitler. Nachdem Hans Scholl zusammen
mit seiner Schwester Sophie sowie ihrem gemeinsamen Freund
Christoph Probst am 22. Februar 1943 hingerichtet worden
war, entstand kein öffentlicher Aufruhr. Im Gegenteil: Man
ging, Studenten wie Bürger, empört auf Distanz zu den »Volks-
verrätern«. Allein Thomas Mann würdigte den selbstlosen Widerstand der »Weißen Rose«, von dem er im amerikanischen
Exil über internationale Zeitungsberichte erfahren hatte. In
der Rundfunkrede »Ein neuer Glaube«, ausgestrahlt von der
BBC, heißt es: »Ja, sie war kummervoll, diese Anfälligkeit der
deutschen Jugend – gerade der Jugend – für die nationalsozialistische Lügenrevolution. Jetzt sind ihre Augen geöffnet, und
sie legen das junge Haupt auf den Block für ihre Erkenntnis

---

* Der Aufsatz geht auf ein Blockseminar zurück, das im Wintersemester
2002/03 mit Studenten der Medizin und Philosophie am Institut für
Ethik und Geschichte der Medizin in Tübingen abgehalten wurde. Inge
Jens, die die Edition der schriftlichen Zeugnisse von Hans und Sophie
Scholl sowie Willi Graf besorgte, dankt der Verfasser herzlich für die
Zeit, die sie sich während der Veranstaltung für unsere Fragen nahm.

und für Deutschlands Ehre, legen ihn dorthin, nachdem sie vor Gericht dem Nazi-Präsidenten ins Gesicht gesagt: ›Bald werden sie hier stehen, wo ich jetzt stehe‹.«

Als der Krieg verloren war und man im Westen nach Menschen suchte, die in Deutschland überzeugend gegen das Hitler-Regime aufgestanden waren, zählte man, wenn auch zögernd, die Mitglieder der »Weißen Rose« zum ehrenwerten Widerstand. 1953 erschien erstmals Inge Scholls Bericht *Die Weiße Rose*, der die Geschichte ihrer Geschwister erzählte. In diesem Jahr sprach der liberale Bundespräsident Theodor Heuss in der offiziellen Gedächtnisfeier: »Als wir vor zehn Jahren, zuerst als halbes Gerücht, dann mit der zuverlässigen Bestätigung von dem kühnen Versuch erfuhren, womit die Geschwister Scholl und ihr Freundeskreis das Gewissen der studierenden Jugend zu erreichen suchten, da wußten wir, und sprachen es auch aus: dieser Aufschrei der deutschen Seele wird durch die Geschichte weiterhallen, der Tod kann ihn nicht, konnte ihn nicht in die Stummheit zwingen. Die Sätze, die auf Papierfetzen durch die Münchener Hochschule flatterten, waren ein Fanal und sind es geblieben.«

Mit den Jahren wurden die Geschwister Hans und Sophie Scholl zu säkularen Ikonen der humanen Zivilcourage. So inszenierte nach der Jahrtausendwende der Regisseur Marc Rothemund in *Sophie Scholl – Die letzten Tage* das moralische Handeln der 21-jährigen Biologie- und Philosophiestudentin im Zusammenhang mit den Aktivitäten der »Weißen Rose«. Seine Bilder basieren vor allem auf den Verhörprotokollen und den Aussagen Dritter. Diese spiegeln eindrucksvoll die Art, wie die Geschwister angesichts des drohenden Todes das freie Wort fanden und ihre Wahrheit nicht verleugneten. Die letzten Worte, die Hans Scholl sprach, bevor das Beil fiel, waren: »Es lebe die Freiheit.« Diese Sätze leben vom idealistischen Pathos und sind Ausdruck der selbstbewussten Empörung über einen Staat, der seine Bürger zu gefügigen Instrumenten seines despotischen Willens zu machen sucht. Gegen diese gewaltsame Tendenz, den Einzelnen ins Joch des »totalen« Staates zu spannen, setzte das erste Flugblatt der »Weißen Rose« ein Wort Schillers zur politischen Freiheit: »Der Staat selbst ist niemals Zweck, er ist nur wichtig als eine Bedingung, unter welcher der Zweck der Menschheit erfüllt werden kann, und dieser Zweck der Menschheit ist kein anderer, als die Ausbildung aller Kräfte des Menschen, Fortschreitung.«

II.

Aber biographische Annäherungen zeigen gerade für Hans Scholl, dass er einen langen Weg zurücklegte, bis er die jugendliche Begeisterung für das Regime aufgab. Für den Jungen waren es nicht nur der schale Glanz eines Nürnberger Parteitages und das Verbot von jüdischen Autoren wie Heinrich Heine und Stefan Zweig, die ihn Mitte der 1930er offen opponieren ließen; ebenso entzündete sich der Widerstandsgeist an der konkreten Kenntnis, die Hans Scholl 1935 am Beispiel eines inhaftierten Lehrers vom nackten Terror gegenüber Andersdenkenden erhielt. Mit Geschwistern und Freunden gründete er damals eine unabhängige Gruppe, die nach Versen des aristokratischen Gelehrten und Dichters Friedrich Gundolf auf Distanz zur gleichgeschalteten Gesellschaft ging: »Schließ Aug und Ohr für eine Weil / vor dem Getös der Zeit / Du heilst es nicht und hast kein Heil, / als bis Dein Herz sich weiht. / […] Die Stunde kommt, da man dich braucht. / dann sei Du ganz bereit, / und in das Feuer, das verraucht, / wirf Dich als letztes Scheid.« Dabei waren viele Mitglieder des Zirkels, der sich um den 1933 verstorbenen Stefan George gesammelt hatte, aus nationalkonservativen Gründen lange noch Anhänger des Regimes geblieben. Manche, die jüdischer Herkunft waren, so Ernst Kantorowicz, sahen sich als Professoren zur Emigration gezwungen, obwohl sie selbst eine heroische Idee Deutschlands vertraten, die sich am Staufer-Kaiser Friedrich II. entzündete.

Hans Scholl legte die Dichtung anders aus. Er organisierte die bündische Opposition, so dass es schon 1937 zur Untersuchungshaft der Geschwister kam. Wegen seiner Zugehörigkeit zur Wehrmacht vor dem weiteren Zugriff des Staates geschützt, schrieb er an die Mutter: »Wir wollen uns nicht als Märtyrer fühlen, obwohl wir manchmal Grund dazu hätten. Denn die Reinheit unserer Gesinnung lassen wir uns von niemandem antasten. Unsere innere Kraft und Stärke ist unsere stärkste Waffe.« Diese Sätze, von jugendlichem Pathos durchzogen, sollten den Verlauf dieses außergewöhnlichen Lebens bestimmen. Die erste kurze Haft zum Jahreswechsel 1937/38 war nur ein Vorgeschmack auf die staatliche Willkür, die Hans Scholl das Leben kostete. Aber erst mit den Jahren, besonders als der Medizinstudent an der russischen Front mit der Realität des Vernichtungskrieges konfrontiert war, besann er sich grundlegend und entschloss sich zum Widerstand gegen Hitler.

III.

Die Konturen dieses passionierten Lebens- und Denkweges lassen sich entlang der gesammelten Quellen zu Hans und Sophie Scholl verfolgen, die Inge Jens schon 1984 in dem Band *Briefe und Aufzeichnungen* der Öffentlichkeit vorlegte. Mit Max Weber gesprochen war Hans Scholl eine charismatische Führungsfigur, die unter dem Druck der Diktatur ein moralisches Pathos entwickelte, das sich aus dem intensiven Umgang mit der kulturellen Tradition speiste. Denn er gehörte nicht zu denjenigen, die Medizin rein als »Brotberuf« studierten und sich auf das reine Spezialistentum begrenzen ließen. In einem seiner letzten Briefe heißt es: »Erst heute überfällt mich eigentlich eine Liebe zur Heilkunst. Ich sehe, dass ich hier das Höchste erreichen kann. Ich sehe, dass ein Arzt Philosoph und Politiker sein muss. So waren also die verflossenen Jahre eher ein Gewinn als ein Verlust. Denn was ich an rein fachlichem Wissen nicht habe, werde ich rasch nachgeholt haben. Dafür kann ich aber den Menschen, der immer im Mittelpunkt des ärztlichen Denkens steht, in die Welt und in den Staat einordnen. Ich liebe das Spezialistentum nicht.« Dem entspricht, was Schiller im kritischen Kontrast zum reinen Fachmann über das umfassende Bildungsinteresse sagte: »Wo der Brotgelehrte trennt, vereinigt der philosophische Geist.«

Dieser Hunger nach kulturellem Wissen vom Menschen wird in vielen Briefen von Hans Scholl spürbar. Obwohl die Umstände der Zeit die Möglichkeiten immens einschränkten, über das spezialistische Fachwissen hinaus sich zu bilden, fand er mit seinen Freunden Mittel und Wege. Die Motive des Widerstands nachzuzeichnen, die Hans Scholl bewegten, heißt in diesem Sinne, das humanistische Menschenbild wahrzunehmen und in den religiösen, philosophischen und literarischen Zügen zu sehen, welche ihm halfen, sich gegen den einseitigen Rationalismus wie Biologismus der Zeit zu wenden.

Die ersten Flugblätter der »Weißen Rose«, deren Name auf einen Buchtitel der literarischen Romantik zurückgeht, entstanden im Frühsommer 1942. Verantwortlich zeichnete neben Alexander Schmorell vor allem Hans Scholl. Beide gehören dem Kulturbürgertum an. Alexander Schmorell entstammte einer russischen Arztfamilie und war dem russisch-orthodoxen Glauben bis in die letzte Lebensphase tief verbunden. Obwohl Schmorell Medizin studierte, war seine eigentliche Leidenschaft die Kunst, das Zeichnen, Lesen und Klavierspiel, später auch die Bildhauerei. Die Studienfreunde trafen sich ab 1941 öfter in dem kunstoffenen Haus der Familie Schmorell. Die Freundschaft zu Hans Scholl motivierte auch stark den aktiven Widerstand von Alexander Schmorell. Die mit ihm befreundete Malerin Lilo Ramdohr berichtet, dass er auf die Warnung vor den gefährlichen Flugblattaktionen in diesem Sinne gesagt habe: »Es gibt kein Zurück. Ich lasse Hans nicht im Stich. Er ist mein Freund.« Rückblickend kommentiert sie die Motive, die Schmorell zum Widerstand bewegten: »Niemals hatte ich den Eindruck, dass Alex' Hauptinteresse in der Politik läge. [...] Seine hohe Freundschaftsmoral bestimmte jetzt seinen Weg.«

Der Vater von Hans Scholl war lange Zeit Bürgermeister im schwäbischen Forchtenberg gewesen, bevor er in Ulm eine Kanzlei als Wirtschaftsprüfer eröffnete, da man ihm die Wiederwahl versagte. Die Mutter Magdalene vermittelte den Kindern, zu denen neben Hans und Sophie noch Inge, Elisabeth und Werner zählten, eine Erziehung aus protestantischem Geist. Der Vater hielt sich religiös bedeckter und vertrat die Idee bürgerlicher Unabhängigkeit. Goethes Vers »Allen Gewalten zum Trutz sich erhalten« galt in der Familie gerade in den Jahren der Diktatur als gemeinsame Losung.

Christoph Probst, der ebenfalls in den engsten Zirkel gehörte, legte mit Alexander Schmorell im Jahr 1936 das Abitur ab; 1939 kamen beide nach dem Arbeitsdienst zum Medizinstudium nach München und gehörten seit 1940 dort gemeinsam einer Studentenkompanie an, in der sie den 1918 in Crailsheim geborenen Hans Scholl kennen lernten. Zuletzt stieß Willi Graf zur »Weißen Rose«; er entstammte nicht wie die anderen einem bürgerlichen Haus, sondern war in einem einfachen Angestelltenhaushalt in Saarbrücken aufgewachsen. Sein Bildungsweg verlief im Horizont der katholischen Jugendbewegung. Die Freundschaft zu Hans Scholl bedeutete ihm sehr viel. Er ließ sich spät für den Widerstand begeistern und notierte Mitte Januar 1943 in sein Tagebuch: »Besuch bei Hans, auch am Abend bin ich noch dort, wir beginnen wirklich mit der Arbeit, der Stein kommt ins Rollen.«

Der Preis war hoch: Am 22. Februar 1943 wurden Hans und Sophie Scholl sowie Christoph Probst hingerichtet. Dieser schrieb an die Familie: »Mein einziger Kummer ist, dass ich

Euch Schmerz bereiten muss.« Alexander Schmorell und ihr gemeinsamer Mentor Kurt Huber, die wenige Tage später in Haft gekommen waren, mussten am 13. Juli desselben Jahres den Widerstand ebenfalls mit ihrem Leben bezahlen. Ihr philosophischer Lehrer klagte in seiner Verteidigungsrede vor dem Volksgerichtshof gegenüber Roland Freisler mutig die »freie Meinungsäußerung« ein und fuhr fort: »Ich fordere die Freiheit für unser deutsches Volk zurück. Wir wollten nicht in Sklavenketten unser kurzes Leben dahinfristen.« Am längsten in der Haft auf den Tod wartend schreibt Willi Graf am 12. Oktober 1943 in einem heimlich überbrachten Brief an die Schwester: »Sage auch allen andern Freunden meinen letzten Gruß. Sie sollen weitertragen, was wir begonnen haben.«

IV.

Blickt man genauer auf den kulturellen Raum, in dem sich diese Studenten bewegten, so lässt sich exemplarisch für Hans Scholl dessen immense Bedeutung für ihren Widerstand anzeigen. Dabei vertritt die »Weiße Rose«, wenn ihr erstes Flugblatt an den Selbstanspruch eines »Kulturvolkes« erinnert, das sich nicht ohne Widerstand der faktischen Macht einer »verantwortungslosen [...] Herrscherclique« ergeben solle, einen kritischen Kulturbegriff. Otl Aicher, ein enger Freund von Sophie und Hans Scholl, der ihren intellektuellen Weg seit der Ulmer Jugend teilte und später die überlebende Schwester Inge heiraten sollte, schreibt über dies Kulturverständnis: »Kultur ist seit jeher grundsätzlich Gegenspieler der Politik gewesen. Kultur ist individuell, wird von einzelnen gemacht für das verletzte Recht und die Würde des einzelnen. Kultur ist im Wesen Opposition gegen das Herrschende.« Diese »Idee einer Persönlichkeitskultur«, die sich gegen äußerlich dominierende Mächte wendet, lernten die Studenten unter anderem im privaten Zirkel um

Alfred von Martin kennen. Der Münchener Soziologe hatte sie in seiner Schrift *Die Religion Jacob Burckhardts. Eine Studie zum Thema Humanismus und Christentum*, die 1943 verboten wurde, entfaltet. Auch lässt diese Sicht sich in seinem weiteren Werk *Nietzsche und Burckhardt. Zwei geistige Welten im Dialog* erkennen.

Tatsächlich war Jacob Burckhardt seit Nietzsches frühen Jahren in Basel mit diesem befreundet. Der Philosoph hatte unter anderem die Vorlesungen besucht, die später als *Weltgeschichtliche Betrachtungen* das gebildete Bürgertum im liberalkonservativen Spektrum beeindrucken sollten. Darin wird vor allem die Lehre von den gesellschaftlichen Bedingtheiten entfaltet, die verschiedene Konstellationen zwischen Staat, Religion und Kultur ermöglicht, welche das historische Geschehen als wandelbares Kontinuum verstehen lassen. Entscheidend ist Burckhardt die kritische Funktion der Kunst, die im Laufe der Geschichte der Kultur erlaubt, dass Einzelne sich gegen die selbstherrliche Autorität der staatlichen und religiösen Macht wenden, auch wenn ihnen der äußere Erfolg versagt sein mag. Ihre relativierende Kraft beruht nach Burckhardt auf den starken Impulsen des Einzelnen, der als Dichter, Künstler oder Philosoph neue Perspektiven entwirft: »Kultur nennen wir die ganze Summe derjenigen Entwicklungen des Geistes, welche spontan geschehen und keine universale oder Zwangsgeltung in Anspruch nehmen. Sie wirken unaufhörlich modifizierend und zersetzend auf die beiden stabilen Lebenseinrichtungen ein, – ausgenommen insofern dieselben sie völlig dienstbar gemacht und zu ihren Zwecken eingegrenzt haben.«

Im zugespitzten Bild nennt Burckhardt die individualistische Kultur die »Kritik« von staatlicher und religiöser Öffentlichkeit, die »Uhr, welche die Stunde verrät, da in jener Form und Sache sich nicht mehr decken.« In diesem Sinne fordert das Flugblatt der »Weißen Rose«, gegen das »leichtsinnige Vertrauen auf eine fragwürdige Gesetzmäßigkeit der Geschichte«, sich der

»Freiheit des Menschen [...], selbst mit einzugreifen in das Rad der Geschichte«, bewusst zu sein. Das »System des absoluten Staates« ist ein »geistiges Gefängnis«, aus dem auszubrechen nur gelingt, wenn Ausblicke auf Horizonte der Freiheit gelingen.

Entsprechend der philosophischen und künstlerischen »Geselligkeit«, wie sie Jacob Burckhardt zufolge vor allem in der Athener Polis zu Zeiten des Sokrates entwickelt wurde, fanden die Mitglieder der »Weißen Rose« bei unabhängigen Intellektuellen Gedankenräume, um die kulturelle Kritik an der Zeit zu formulieren. Alfred von Martin war einer jener unzeitgemäßen Intellektuellen, die das subversive Kulturleben in München prägten. Sie vermittelten den Studenten in der gleichgeschalteten Gesellschaft kulturelle Anstöße und boten ihnen für das eigene Leben alternative Orientierungsmöglichkeiten. So schreibt Hans Scholl im Dezember 1942 über solch unangepasste Mentoren: »Woher soll man sich aber unter unseren unphilosophischen Mitmenschen den rechten Partner nehmen? Ich pflege daher aus begreiflichen Gründen gegenwärtig gerne einen Umgang mit älteren Menschen, denen das bürgerliche Denken aber die Türangeln noch nicht hat verrosten lassen, wo man noch Eingang findet zu den Tiefen und Höhen menschlichen Denkens.«

Es sind vor allem christlich-humanistisch geprägte Privatgelehrte, Schriftsteller und bildende Künstler, deren berufliche Existenz ohnehin relativ frei von institutionellen Fesseln war, die Hans Scholl in seiner Münchener Studienzeit aufsuchte. Offene Gespräche waren zuvor vor allem mit den stark katholisch orientierten Intellektuellen Carl Muth und Theodor Haecker möglich, die publizistisch lange Zeit ihre indirekte Regimekritik unter religiösen Vorzeichen hatten ausüben können. Nach dem Publikationsverbot Haeckers und der erzwungenen Einstellung von Muths Zeitschrift *Das Hochland*, die über Jahrzehnte den literarisch-philosophisch aufgeschlossenen Katholiken das Forum zur Auseinandersetzung mit der Moderne gewesen war, wirkten beide nurmehr im privaten Raum.

An der wie überall staatlich kontrollierten Universität von München schaffte es der Psychologe und Philosoph Kurt Huber in seinen Vorlesungen manchmal, durch ironisch-subversive Wendungen die ideologische Engführung zu unterlaufen. Über die Kritik am totalitären System tauschten sich die Studenten mit Huber erst Ende 1942 aus, als sie ihn in ihre Flugblatt-Tätigkeit einweihten und seine Mitarbeit gewannen. Hubers Verständnis der Wissenschaft und das Denken der Privatgelehrten wirkten auf die intellektuelle Entwicklung Hans Scholls ein. Diese persönlichen, den akademischen wie politischen Massenbetrieb sprengenden Lehrer-Schüler-Verhältnisse boten dem Studenten die Möglichkeit, zumal unter den Bedingungen der Diktatur, die Traditionen, die seine Eltern ihm im Sinne einer protestantisch-liberalen Kultur nahegebracht hatten, weiter zu entfalten.

In *Die geistige Situation der Zeit* spricht Karl Jaspers davon, dass eine existentielle Auseinandersetzung mit der geistigen Tradition Vermittlungsräume benötigt, die eine offene wie gleichrangige »existentielle Kommunikation« bieten. Der kulturkritische Essay knüpft mit dieser Idee besonders an die progressive Salonkultur der Romantik an, der Hannah Arendt zu dieser Zeit in einer Biographie Rahel Varnhagens nachging. Zum anderen inspirierte Jaspers der ebenfalls zu Anfang des 19. Jahrhunderts von Wilhelm v. Humboldt formulierte Bildungsgedanke. Der Philosoph bezeichnet in diesem Sinne die intime Kommunikation unter vertrauten Menschen wie auch das besondere Lehrer-Schüler-Verhältnis als Möglichkeiten, im modernen Massenbetrieb der Gesellschaft und der Universität noch zu individuellen Wahrheiten zu gelangen. So verwundert es nicht, dass die *Geistige Situation* neben dem medizinischen Standardwerk *Allgemeine Psychopathologie*, wie sich den Aufzeichnungen von Willi Graf entnehmen lässt, auch im Kreis der »Weißen Rose« gelesen wurden.

Das auf persönliche Kommunikationsräume setzende Bürgertum wurde nach 1933 dazu gezwungen, sich öffentlich noch indirekter auszudrücken. Die von Burckhardt beschriebene kritische Funktion dieser individualisierenden Kultur zeigte sich machtlos gegen die gewaltsame Machtausübung des Nationalsozialismus. Rückblickend schrieb Hannah Arendt an ihren Lehrer Karl Jaspers: »Wir haben ja alle in diesen Jahren erlebt, wie der Wenigen immer weniger wurden. Dies war in der Emigration im Wesentlichen nicht anders als innerhalb Deutschlands. Man kann sich an vieles ›gleichschalten‹.« Die Gefahr des politischen Opportunismus sah sie gerade für die Gebildeten, hatte sie nach 1933 doch vor allem schockiert, dass den allermeisten Intellektuellen zu Hitler und der völkischen Ideologie etwas Kluges einfiel. Karl Löwith, ebenfalls ein jüdischer Schüler von Jaspers, der wie Arendt emigrieren musste, hat die Schwäche dieses Ideals einer privaten Kommunikationskultur klar und mit bitterer Ironie benannt: »In Wirklichkeit hat bald darauf Hitler die Situation der Zeit mit weniger Geist entschieden, und die ›Einzelnen‹ zogen sich in ihre vier Wände zurück.«

Es zeichnet in diesem Sinne die Geschwister Scholl aus, dass sie ihren Flugblättern den bürgerlichen Rückzug in die »Innere Emigration« aufgaben und das freie Wort in die politische Öffentlichkeit trugen. Als Hannah Arendt in *Eichmann in Jerusalem* das politische Versagen des Gewissens in Deutschland vor 1945 beklagte, machte sie entsprechend eine Ausnahme: »Nur einmal, in einer einzigen verzweifelten Geste hat sich dies ganz und gar Vereinzelte und Lautlose in der Öffentlichkeit kundgetan: das war, als die Geschwister Scholl unter dem Einfluß ihres Lehrers Kurt Huber jene Flugblätter verteilten, in denen Hitler nun wirklich das genannt wurde, was er war – ein ›Massenmörder‹.«

Die Gedanken, die den Studenten der »Weißen Rose« ob der öffentlichen Repression nur verhüllt aus den Schriften der älteren Mentoren und anderer Intellektueller zukamen, fanden so einen Weg in die Öffentlichkeit. Thomas Manns Verdikt, dass die »Bücher, die von 1933 bis 1945 in Deutschland überhaupt gedruckt werden konnten, weniger als wertlos und nicht gut in die Hände nehmen« seien, da ihnen ein »Geruch von Blut und Schande« anhafte, wird durch solche Bezüge sachlich relativiert. Gerade die Flugblätter der »Weißen Rose« belegen, wie Inge Jens in der Interpretation des von der Gestapo in Auftrag gegebenen Sprachgutachtens zeigen konnte, dass in den Flugblättern die »literarische Erbschaft« der genannten Mentoren in Stil und Inhalt ersichtlich war. Mit anderen Worten: Die von Karl Löwith kritisierten »vier Wände« des privaten Lebens waren notwendig, um sich innerlich orientieren und geistig widerstehen zu können.

V.

Der private Dialog mit den Büchern, das Lesen der abendländischen Literatur, vertiefte den Boden, in dem das politisch-kulturelle Bewusstsein von Hans Scholl und seinen Freunden wurzelte. Die Kulturtechnik des Lesens erlaubte, sich im gleichgeschalteten Leben noch unkontrollierte Denkräume zu eröffnen. Dies zeigt ein Brief, geschrieben von einer Gruppenfamulatur im elitären Duktus von Jaspers' Kritik am Massenzeitalter: »Ich lebe selbstverständlich und ohne Aufhebens zu machen zurückgezogen. Auch hier habe ich mir ein Hotelzimmer gemietet, um dem Massenquartier zu entgehen. So kann ich heute abend ruhig lesen. Nur die Wenigen sollen meine Freunde sein.« Als Scholl wieder in München ist, schreibt er: »Mein Zimmer ist groß und hat hohe Wände. [...] Hier schreibe ich meine Briefe und lese des nachmittags in meinen geliebten Büchern.« Nicht zufällig liest der Student gerade in dieser Zeit die »Gedanken von Pascal«, aphoristische Aufzeichnungen des 18. Jahrhunderts, die das ganze Elend des Menschen darauf zurückführen, dass er die Zerstreuung sucht und der Besinnung flieht. So heißt es: »Alles Unglück der Menschen kommt davon her, daß sie nicht verstehen, sich ruhig in ihrem Zimmer zu halten.«

Hans Scholl lässt sich dies an einem Frühlingsabend gesagt sein: »Heute ist wieder ein Abend, den man früher unmöglich aushalten konnte. Aber ich bleibe doch lieber daheim bei meinen Büchern. Pascal ist unglaublich streng. Doch das tut not.« Seine Briefe zeugen von dem Bedürfnis, sich in der rasenden Zeit aus dem öffentlich gelenkten Strom des Geschehens lesend, denkend und schreibend herauszuziehen. Otl Aicher hob später die existentielle Bedeutung hervor, welche Bücher im Freundeskreis um die Studenten der »Weißen Rose« besaßen: »Das entscheidende Mittel, im Dritten Reich zu überleben, war das Buch.« Dass zu dessen Kenntnisnahme soziologisch neben den privaten Bibliotheken der Mentoren mutige wie unorthodoxe Buchhändler gehörten, die Bücher verkauften, deren Qualität zwischen den Zeilen lag, betont sein Rückblick ebenso: »Man musste [...] Bücher ausfindig machen, die streng wissenschaftlich waren, aber so doppelbödig, dass der aktuelle Klartext herüberkam. Wer es lesen konnte, spürte, dass Theologie, Philosophie, Kulturgeschichte in erster Linie Anlässe waren, um zur Sache zu kommen.«

Diese Lesekultur wurde vor allem in der engen Verbindung zu Carl Muth gefördert, dessen große Privatbibliothek Hans Scholl im Herbst 1941 geordnet hatte. Der Kreis von regimekritischen Intellektuellen und Künstlern, die sich in privaten Lese- und Diskussionsabenden um den katholischen Privatgelehrten sammelten, gab Hans Scholl ausgiebig Gelegenheit, seine philosophisch-religiöses Lektüren im Gespräch zu vertiefen. Von Hause aus protestantisch erzogen, erlebte der Medizinstudent hier in persona das geistige Klima einer katholischen Moderne, welche versuchte, kritische Intellektualität mit konsequentem Glauben zu vereinen. In diesem Geiste hatte Muth seine Zeitschrift *Hochland* bis 1941 geführt und Theodor Haecker seit den Kierkegaard-Übersetzungen ein eigenwilliges Denken gepflegt, das zuletzt in seine *Tag- und Nachtbücher 1939–1945* einging. Anders als Jaspers, der allein auf private Gemeinschaften setzte, beriefen sich die beiden katholischen Publizisten auf die gesellschaftliche Größe der katholischen Kirche, die man zugleich mit der individuellen Stimme zu relativieren suchte. Haecker notiert sich im Februar 1941, als der deutsche Siegeszug in Europa noch anhält und die Opposition gegen Hitler noch gering ist: »Ich schreibe jetzt fast jede Nacht. Gerade jetzt, wo ich nicht weiß, wozu oder für wen! Außer: zu meiner Belehrung und für mich. Jetzt, wo ich so schwer lesen kann, ist der einzige Weg für mich, neues zu erfahren, das eigene Schreiben. Ich bekomme Dinge zu wissen, die ich noch nicht gewußt habe; ich gewinne Erkenntnisse, die mir durch bloßes Denken nicht faßbar geworden wären, es mußte das Schreiben dazukommen. Also: ich schreibe für mich und zu meiner eigenen Belehrung.«

In dieser christlich-katholischen Tradition, deren Vorläufer den konservativen Teil der romantischen Bewegung bilden, steht entsprechend das Novalis-Wort, welches im vierten Flugblatt der »Weißen Rose« zitiert wird: »Nur die Religion kann Europa wieder aufwecken und das Völkerrecht sichern und die Christenheit mit neuer Herrlichkeit sichtbar auf Erden in ihr friedensstiftendes Amt installieren.« Zur Jahreswende 1941/42, wenige Monate bevor Hans Scholl diese Zeilen für die Öffentlichkeit abschrieb, belegt ein Brief an Carl Muth die innere Intensität, mit der die christlichen Gedanken in dem Studenten arbeiteten, wobei persönliche Zäsuren und die Katastrophe des Krieges mit einflossen: »Zwei tiefe Erlebnisse, von denen ich Ihnen noch erzählen muss, und schließlich der Krieg, dieser Moloch, der von unten herauf in die Seelen aller Männer schlich und sie zu töten versuchte, machten mich noch einsamer. Eines Tages ist dann von irgendwoher die Lösung gefallen. Ich hörte den Namen des Herrn und vernahm ihn. In diese Zeit fällt meine erste Begegnung mit Ihnen. Dann ist es von Tag zu Tag heller geworden. Dann ist es wie Schuppen von meinen Augen gefallen. Ich bete.«

Nicht zufällig gehörten die *Bekenntnisse* des Augustinus zur Handbibliothek des Kreises um die Geschwister Scholl. Otl Aicher erinnert in seiner Autobiographie *Innenseiten des Krieges* jenen Passus, in dem der Kirchenvater nach zehn Jahren inneren Zweifels von einer Stimme aus dem Nachbargrundstück unverhofft das »Nimm und lies« vernimmt, die Bibel aufschlägt und vom göttlichen Wort so getroffen wird, dass sein Leben durch den christlichen Glauben ein anderes wird. Hans Scholl bezeichnete Augustinus gegenüber der Mutter später als »leidenschaftlichen Gottsucher«.

In der Forschung hat die Tatsache, dass die »Weiße Rose« stark von den katholischen Denkern Carl Muth und Theodor Haecker beeinflusst wurde, kirchenpolitische Spekulationen befördert. So vertrat Barbara Schüler in der Detailstudie »*Im Geiste der Ermordeten …*«: *Die »Weiße Rose« und ihre Wirkung in der Nachkriegszeit* mit Vehemenz die These: »Erst unter den Bedingungen eines katholischen Milieus, das den Mitgliedern Halt und Standfestigkeit gab, erst nach Entdeckung des katholischen Glaubens an die Auferstehung, konnte es zum Widerstand der ›Weißen Rose‹ kommen.« Mir scheint, die Fixierung auf das konfessionelle Moment verkennt gerade den individualistischen Kern der religiösen Ambition, welche neben Hans und Sophie Scholl sowohl Alexander Schmorell als auch Willi Graf besaßen.

Es ist an Alfred v. Martins Studie zur *Religion Jacob Burckhardts* zu erinnern, die im Horizont des modernen Individualismus verfasst ist. Für Burckhardt bildete die Moral eine selbständige »Tochter der Religion«. Sie konnte im Sinne von Kants rein moralischer Ansicht einer persönlichen Gewissenhaftigkeit, wie er sie in *Die Religion in den Grenzen der bloßen Vernunft* darlegte, unter dem politischen Druck nach 1933 zwischen den weltanschaulich geschiedenen Regimegegnern Brücken schlagen. Sowohl von der Antike wie auch dem Christentum inhaltlich bestimmt, setzte man auf das einzelne Individuum und seine Gewissensentscheidungen, mochte es sich einem konfessionellen Verband zuzählen oder nicht.

VI.

Ein weiteres Moment, das es nach Burckhardt möglich macht, als moderner Mensch der Religion weiterhin etwas abzugewinnen, ist die anthropologische Tatsache des Leidens: »Irgendwie aber wird sich das Christentum zurückziehen auf seine Grundidee vom Leiden dieser Welt.« Auch die Briefe von Hans Scholl prägt diese christlich-grundgelegte Perspektive; er sucht »inmitten einer Welt der brutalen Negation [...] das Leid zu erkennen als allergrößten, wahrhaften Wert des europäischen Menschen.« An die Mutter schreibt er Anfang 1940, noch ganz unspezifisch in der protestantischen Kulturtradition Bachs: »Nun habe ich am gestrigen Todestag Christi die Matthäus-Passion erlebt. [...] Du wirst ahnen, dass diese Musik sehr tief in mich drang und manches umpflügte und erlöste, wenigstens für die Zeit des Zuhörens.«

Im November 1941 sind die Aufzeichnungen für den Freundeskreis schon geprägt von den Kriegserfahrungen, welche mit Bildern der Passionsgeschichte und Christi Hadern am Ölberg als notwendiges Leiden gedeutet werden: »Der Krieg wird uns alle sehr arm machen. Dennoch wünschen wir, der Kelch möge nicht an uns vorübergehen. Er soll bis zur Neige ausgetrunken werden. [...] Nur so wird künftig eine falsche Glorifikation der Geschichte unmöglich sein.«

Als der Vater während der Famulatur in Russland eine Gefängnishaft abbüßen muss, versucht Hans Scholl die Mutter zu trösten, indem er auf die kathartische Wirkung und anthropologische Bedeutung des Leidens hinweist, wiederum in Bezug auf Christi Passion: »Er wird diese Zeit überstehen. Das echte Leid ist wie ein Bad, aus dem der Mensch neu geboren hervorgeht. […] Wir wollen ihm nicht entrinnen, nicht bis an unser Ende. Wird nicht Christus stündlich tausendfach gekreuzigt? Und werden die Bettler und Kranken nicht heute wie immer von allen Schwellen verstoßen? Dass die Menschen gerade das nicht sehen, was sie zu Menschen macht: die Hilflosigkeit, das Elend, die Armut.« Zugleich reflektiert der Student die melancholische Anlage als eine, die empfänglich für die Leidenserfahrungen machen kann: »Derjenige, dessen Seele bei zunehmendem Sturme stiller und stiller wird und schließlich in einer tödlichen Verharrung scheinbar ruht, ist der Schwermütige, der tiefe und große Mensch.«

Obwohl diese Perspektive den jugendlich überschäumenden und weltbejahend zupackenden Charakter von Hans Scholl nicht allein bestimmt, erhielt sie unter dem Druck der Zeit eine herausgehobene Bedeutung. Ideenhistorisch steht der Student in einer Tradition, die Erich Auerbach als Romanist jüdischer Herkunft nicht zufällig in den Jahren seiner erzwungenen Emigration 1939 nachging. Das römisch-griechische »passio (páthos)« hat nach Auerbach ursprünglich eine rein passive Bedeutung, vor allem mit »Krankheit, Schmerz, Leiden«. Zugleich lag in der Weise, wie der »Leidend-Befallene« reagierte, ein aktives Moment. Vor allem Augustinus verknüpfte nach Auerbach die jüdisch-christlichen Deutungsbilder der irdischen Passion figural mit der antiken Literatur. Diese Tradition findet im ausgehenden Mittelalter in Franz von Assisi einen Vertreter, der, wie die *Legenda Aurea* berichtet, die Wundmale Christi empfängt, und über die symbolische Stigmatisierung das Leiden des Ausgestoßenen mit einer leidenschaftlichen Aktivität übernimmt. Literaturhistorisch zeigt er, wie sich das figurale Deutungsmotiv über Dante bis hinein in den modernen Realismus in säkularen Varianten fortsetzt.

In literarischer Hinsicht lassen sich bei Hans Scholl, der über die Begeisterung für Stefan Georges Übersetzung zum Leser der *Göttlichen Komödie* wurde, Spuren von Dantes nüchternem Realismus erkennen. So heißt es in Variation einer Strophe dieses berühmten Versepos angesichts des Krieges: »Jede Hoffnung auf ein beglückendes Ende müssen wir fahren lassen.«

Auch faszinierte Scholl der mit dem Passionsmotiv verbundene Realismus der klassischen russischen Literatur, den Auerbach in seinem Hauptwerk *Mimesis. Dargestellte Wirklichkeit in der abendländischen Literatur* hochschätzt. Während der medizinischen Famulatur im Feldlazarett in Russland heißt es im Sommer 1942: »Wir Deutschen haben weder Dostojewsky noch Gogol. Weder Puschkin noch Turgenjew.« Scharf setzt Hans Scholl den Kontrast zur klassischen Tradition Deutschlands: »Wir haben das Recht, wenn wir Dostojewsky gelesen haben, an Goethe Kritik zu üben.« Dies tut Scholl mit drei schneidenden Fragen: »Hat Goethe jemals die tiefste Not gelitten? Hat er nur einmal das Elend gekostet? Ist er nicht jeder Krankheit, allem Hässlichen und dem Bösen in der Welt ängstlich aus dem Weg gewichen?« Der figurale Bezug zur biblischen Kreuzigungsgeschichte zeigt sich in dem Bild, das Scholl wählt, um dem deutschen Klassiker Goethe Erfahrung des Leidens zu vermitteln: »Ich möchte ihm meine Lanze in die Seite stoßen, ich will ihn verwunden, ich möchte ihn bluten sehen – dann könnte ich Mitleid mit ihm haben und ihn lieben.«

Aber Hans Scholl kritisiert Goethe nicht nur; zugleich rechtfertigt er den Dichter auch emphatisch: »Er hat vielleicht als einziger unter den Menschen die ganze Schöpfung in seinem ungetrübten Blick erfasst, und ergriffen bis in den letzten Hauch seiner Seele, hat er die Schönheit des Kosmos besungen.« Seine Betrachtung verschränkt Leidens- und Schöpfungsgedanken, die unmittelbaren Eindrücke der Lazarettarbeit und der russischen Landschaft, und stellt sich deren unlösbaren Widersprüche sich vor Augen: »Hier sterben täglich zehn, das ist noch nicht viel, und es wird kein Aufhebens davon gemacht. Wie viel Blumen werden achtlos zertreten? Wird nicht Christus stündlich hundertfach gekreuzigt? Und doch blühen Kinder auf, unaufhaltsam, wie junge Birken, zart, mit glänzenden Augen?«

Im Nationalsozialismus berief man sich oft auf Friedrich Nietzsche und sein aus den Nachlassfragmenten kompiliertes Werk *Der Wille zur Macht*. Der Philosoph war durch einseitige Auslegung gut vor den Karren der staatlichen Ideologie zu spannen. Die Stichworte des »Herrenmenschen« und der »blonden Bestie« boten sich hierzu an, wie Otl Aicher resümierte. Im Freundeskreis der Geschwister Scholl las man Nietzsche dagegen als Philosophen der geistigen »Freundschaft« und entdeckte in ihm den gesellschaftskritischen Aufklärer. Er schrieb in Ahnung der eskalierenden Ideologisierung im 20. Jahrhundert schon 1874: »Die Gewässer der Religion fluthen ab und lassen Sümpfe oder Weiher zurück; die Nationen trennen sich wieder auf das feindseligste und begehren sich zu zerfleischen. Die Wissenschaften, ohne jedes Maass und im blindesten Laisser faire betrieben, zersplittern und lösen alles Festgeglaubte auf; [...]. Alles dient der kommenden Barbarei, die jetzige Kunst und Wissenschaft mit einbegriffen.« Auf der anderen Seite findet sich in den nachgelassenen Schriften Nietzsches, so in *Der Antichrist*, eine Tendenz, ein aristokratisches Herrenmenschentum unter dem Begriff »Pathos der Distanz« zu proklamieren und das christliche Mitleiden abzuwerten. Ganz anders deutet Theodor Haecker, der Nietzsches Denken gut kannte, die Tatsache, dass das Leben nicht ohne Leiden zu denken ist. Er betrachtet den Gedanken der Theodizee, die Frage, wie angesichts des Leidens der göttliche oder höhere Sinn in der Welt zu rechtfertigen wäre. Haecker verbindet das christliche Denken mit der antiken Vornehmheit des römischen Humanismus, was für den späten Nietzsche nicht möglich schien. So arbeitet sein Buch *Vergil – Vater des Abendlandes*, das zum Lektürepensum des Schollkreises gehörte, die unsentimentale Ernstnahme, die der römische Dichter dem menschlichen Leiden und Unglück zukommen lässt, als Signum seines Realismus heraus. Vergils Halbvers »sunt lacrimae rerum«, den er mit »sind Tränen der Dinge« übersetzt, schafft im Blick von Haecker eine Kontinuität des tragischen Leidensgedankens, indem er den heidnischen Humanismus Roms mit dem Judentum und dem kommenden Christentum verknüpft. Haecker schreibt in der Zusammenschau des römischen und christlichen Humanismus: »Wehe dem, der keine Träne hat. Die Träne hat fast die Kraft der Rechtfertigung.« Die Studenten der »Weißen Rose« kannten seine Gedanken zur Theodizee. Noch am 4. Februar 1943 las Haecker im Atelier des Malers Eickenmeyer aus seinem Buch *Schöpfer und Schöpfung. Versuch einer Theodizee.*

VII.

In dieser Zeit war es nicht mehr nur der Gedanke an Schuld und Leid sowie der nie erfüllbare Wunsch nach einer intellektuell kohärenten Gesamtdeutung der Wirklichkeit, die Hans Scholl beschäftigten. Über das Wintersemester 1942/43 hatte ihr publizistischer Widerstand eine politisch aktivere Tendenz angenommen, die einmal in der gemeinsamen Russland-Erfahrung der Medizinstudenten begründet lag und zudem auf neue Kontakte zu primär politischen Widerstandskreisen zurückging. Zudem war Kurt Huber zu ihrem Verbündeten geworden, der das fünfte Flugblatt redigierte und das sechste nach der Kapitulation von Stalingrad Anfang Februar 1943 selbst schrieb.

Das vierte Flugblatt hatte noch ohne spezifische Ausrichtung mit alttestamentlicher Emphase die moralische Besinnung gefordert. »Überall und zu allen Zeiten der höchsten Not sind Menschen aufgestanden. Propheten und Heilige, die ihre Freiheit gewahrt hatten, die auf den Einzigen Gott hinwiesen und mit seiner Hilfe das Volk zur Umkehr mahnten.« Wie schon im zweiten Flugblatt setzte man auf die innere Umkehr, die »klare Erkenntnis aller Schuld«, die zu einem gesellschaftlichen Reinigungsprozess und einer moralischen »Wiedergeburt« führen sollte. 1946 wird Karl Jaspers in *Die Schuldfrage* rückblickend ähnlich argumentieren. Gegenüber Hannah Arendt spricht der Philosoph später davon, dass die Geschwister Scholl wegen ihrer moralischen Integrität innerhalb des deutschen Widerstandes »reine Lichtpunkte« gewesen seien.

Tatsächlich war die zweifache Nennung des Holocaust, dass seit der »Eroberung Polens dreihunderttausend Juden in diesem Land auf bestialische Weise ermordet« wurden, im zweiten Flugblatt und die Erinnerung an das »Schicksal [...], das den Juden widerfahren ist«, im fünften Schreiben in jener Zeit die eindringlichste Nennung der mörderischen Wirklichkeit, welche seit 1941 systematisch in der Vernichtung der europäischen Juden im Schatten des Krieges im deutschen Namen betrieben wurde. Dagegen wichen die verschiedenen Bemerkungen zu moralischer Schuld und Umkehr in den Flugblättern weithin konkreten politischen Aussagen über aktiven Widerstand und mögliche Neuordnungspläne Deutschlands. Ihr Duktus bestätigt, was Hannah Arendt anders über die »Phantasien des Kreisauer Kreises« schrieb. Es handelte sich um wenig konkrete und fundierte Vorstellungen über einen sozialistischen Föderalismus mit nationalkonservativem Ton, der sich Hubers Einfluss verdankt. Entscheidend war, um mit Arendt zu sprechen, die »verzweifelte Geste«, die nackten Tatsachen des Völkermordes und des ungerechten wie sinnlosen Krieges öffentlich zu benennen. Die moralische Unbedingtheit der Studenten verdichten Worte von Sophie Scholl, geschrieben im Sommer 1940: »Wie könnte man da von einem Schicksal erwarten, dass es einer gerechten Sache den Sieg gebe, da sich kaum einer findet, der sich ungeteilt einer gerechten Sache opfert.«

Es bleibt eine offene Frage, ob sich aus dem Kontakt, den die Studenten im November 1942 über Falk Harnack zur politisch

links orientierten Widerstandsgruppe »Rote Kapelle« ange-
bahnt hatten, in ihren Aktionen andere Tendenzen, die in Hans
Scholl als politisch Denkendem angelegt waren, noch hätten
entfalten können. Am 8. Februar fand mit dem Dramaturgen
des Weimarer Staatstheaters, dessen schon inhaftierter Bruder
Arvid die Gruppe Harnack/Schulze-Boysen in Berlin geleitet
hatte, ein Treffen in München statt: Man erörterte impulsiv
grundsätzliche Fragen der Neuordnung Deutschlands. Hans
Scholl sollte am 25. Februar um 18:00 Uhr an der Berliner Ge-
dächtniskirche sein, um das Gespräch mit der politischen Widerstandsgruppe um die großbürgerlichen Brüder Bonhoeffer und
Hans von Dohnanyi aufzunehmen.

Der eine von ihnen, Dietrich Bonhoeffer, junger Pfarrer
und Professor im kirchlichen Untergrund, schrieb, nachdem
er wenig später aufgrund seiner Widerstandtätigkeit ebenfalls
gefangen genommen worden war, aus der Haft theologische
Briefe an einen Freund. Seine persönlichen Reflexionen erschienen später unter dem Titel *Widerstand und Ergebung*; sie geben
Einblick in die Wandlungen, die Bonhoeffers Denken in dieser
Zeit erfuhr. Eine einschneidende Zäsur war seine Erkenntnis,
dass weniger die Frage, welche konfessionelle Gesinnung ein im
Widerstand Aktiver besaß, ausschlaggebend war; vielmehr fiel
ins Gewicht, inwieweit er bereit war, auch unter dem Einsatz
des eigenen Lebens konkrete Verantwortung zu übernehmen.
Unter dem Eindruck, dass gerade die kirchlichen Kreise beider Konfessionen politisch versagt hatten und sich dagegen im
Berliner Widerstand Vertreter aller gesellschaftlichen Gruppen
fanden, schrieb Bonhoeffer: »Der Mensch wird aufgerufen, das
Leiden Gottes an der gottlosen Welt mitzuleiden.« Die Unterscheidung zwischen »Christen und Heiden« war, folgt man
dem gleichnamigen Gedicht Bonhoeffers, im gemeinsamen
Widerstand gegen Hitler zweitrangig geworden. »Christen und
Heiden stehen bei Gott in seinem Leiden.«

In diesem Sinne schrieb Hans Scholl, kurz bevor die »Weiße

Rose« ihre letzten Flugblattaktionen unternahm, an eine Freundin, die in die Untergrundtätigkeit nicht eingeweiht war und ihm zu einem »beschaulichen Insichgehen« geraten hatte, in kaum verhüllter Form: »Wenn die wilden Tiere ihren Gewahrsam gesprengt haben und unters Volk gelaufen sind, muss eben jeder, der einen starken Arm hat, nach der Waffe greifen, gleichgültig welchen Standes und welcher inneren Berufung er ist.« Hans Scholl lebte mit dem Übermut seiner Jugend, ohne dass das Leiden die einzige Kategorie gewesen wäre, die sein Leben bestimmt hätte.

Werner Krauss, ein Überlebender der Berliner »Roten Kapelle«, teilte seinem Lehrer Erich Auerbach 1946 mit, dass alle Mitglieder der »Weißen Rose« 1943 zum Tode verurteilt worden waren. Ende 1946 hielt Karl Vossler, der Erich Auerbach und Werner Krauss gefördert hatte, als Rektor der Universität München eine Gedenkrede. Darin bewundert er den kämpferischen Idealismus der Studenten, zu dem er in seiner bürgerlichen Vorsicht nicht fähig gewesen war: »Es ist aber ein hohes Vorrecht der Jugend, das Unmögliche zu wagen und vor keiner Gefahr zurückzuweichen, wenn es einen idealen Wert zu retten oder zu erkämpfen gilt. Einer dieser höchsten Werte, die Freiheit des menschlichen Gewissens und Willens, war aufs schwerste bedroht und mußte, darüber waren sich die Sieben, deren wir heute gedenken, klar und einig, verteidigt werden um jeden Preis.« Auch stellte Vossler die besondere Bedeutung der privaten Künstlerzirkel heraus, die abseits vom akademischen und öffentlichen Leben die Mitglieder der »Weißen Rose« in ihrem schriftlichen Widerstand motiviert hätten: »Über den Begriff der menschlichen Willensfreiheit diskutierten sie bei ihren Zusammenkünften in einem Schwabinger Atelier oder in ihren Studentenzimmern viel untereinander. Sie hatten zunächst keinen politischen Plan, keinerlei feste Organisation, kein bestimmtes religiöses Bekenntnis hielt sie zusammen. Protestanten, Katholiken, Freidenker, auch ein Angehöriger der griechisch-orthodoxen Kirche gehörten zu ihrem Kreis. Manche fernerstehenden Bekannten, die wie sie von der starren Beschränktheit des vorgezeichneten Parteidenkens angeödet waren, fanden sich bei ihnen ein zu zwangloser Aussprache über künstlerische, religiöse, ethisch politische und wissenschaftliche Fragen.«

Der Hinweis auf die drei Mentoren, Theodor Haecker, Carl Muth und Kurt Huber, ergänzt diese Soziologie des Widerstands. Sie erklärt nichts, kann aber doch verständlich machen, was eigenwillige Intellektuelle vermögen, die auf ganz unterschiedliche Weise Jüngere bewegen, im kulturellen Leben ein Reservoir an Ideen und Vorstellungen zu entdecken, das zur spontanen Kritik an der stabilen Macht des Staates führen kann. Hatte Kurt Huber lange zu Mäßigung und Vorsicht aufgerufen, war die vernichtende Niederlage bei Stalingrad für ihn das Ereignis, das ihn selbst das Wort auf einem Flugblatt führen ließ. Vossler hält sich und den übrigen, welche in der Reserve der »Inneren Emigration« geblieben waren, am Ende seiner Rede den Spiegel vor, wenn er an die Worte erinnert, die Sophie Scholl vor dem Volksgerichtshof Roland Freisler ins Gesicht gesagt haben soll: »Was wir geschrieben haben, das denkt Ihr alle ja auch, nur fehlt Euch der Mut, es auszusprechen.«

Der verschwundene Zeuge
Felix Hartlaub

I.

Als in den 1950er Jahren Aufzeichnungen und Briefe von Felix Hartlaub erschienen, schrieb der Schweizer Kritiker Max Rychner: »Er gehört zu den Frühvollendeten, zu jenen jugendlichen Vielversprechenden, denen man ihrem frühen Tode ein allenfalls zu ihren Möglichkeiten gehöriges, ungeschriebenes Lebenswerk zuschreibt.« Der junge Historiker hatte zuletzt mit das Kriegstagebuch der deutschen Wehrmacht geführt und dabei im äußeren Sperrkreis des Führerhauptquartiers Stoff für seine genauen Beobachtungen gesammelt, die er in einsamen Nächten zu dichterischer Prosa werden ließ. Im April 1945 kehrte Felix Hartlaub nach einem letzten Urlaub, den er mit Freunden in Berlin verbracht hatte, nicht mehr auf seinen Posten zurück. Ein merkwürdiges Leben endete, dessen literarische Spuren Vater und Schwester in Auszügen veröffentlichten, bevor ein halbes Jahrhundert später der Ruhm des Dichters einsetzte. Wissenschaftliche Editionen der zu Lebzeiten nie veröffentlichten Texte und Briefe erlaubten, dass Matthias Weichelt jüngst den Versuch wagte, mit *Der verschwundene Zeuge* die verschlungenen Wege des jungen Bildungsbürgers in seiner inneren Emigration nachzuzeichnen.

Ohne Zweifel stand Felix Hartlaub kritisch zum nationalsozialistischen Regime, schon allein aufgrund seiner Zugehörigkeit zum liberalen Bildungsbürgertum der Weimarer Republik. Die Eltern schickten den Fünfzehnjährigen 1928 auf die Odenwaldschule, eine Lebens- und Lerngemeinschaft im Geist der idealistischen Jugendbewegung. Von dort schrieb er in leichter Ambivalenz: »Nun, die Schule sucht ja die Eigenart jedes Individuums auszubilden [...] und so hält sie alle uniformierenden

Einflüsse von den Schülern fern. Darum sind auch alle Lehrer extreme Individualisten, oft ganz verschlossene Eigenbrötler.« Zeichnerisch und dichterisch begab bleibt Felix Hartlaub in dieser Gesinnungsgemeinschaft eine Randfigur: »Äußerlich geht alles reibungslos, Kameraden und Mitarbeiter sind freundlich und herzlich [...]. Aber ich laufe doch wie irgendein weinerlicher Fremder herum.« So berichtete er aus Italien mit Distanz, als man gemeinsam mit Zelten das Land bereiste: »Die Lebensform der OSO wirkt hier irgendwie leer und lächerlich.« Zur Zeit des Abiturs ist das Bedürfnis stärker geworden, diese heile Welt rational zu entzaubern: »Die Reinigung des mit humanistischer Weltweisheit und vorlauter Phantasie verbarrikadierten Gehirns durch die Bescheidenheit des naturwissenschaftlichen Denkens wäre mir sehr erwünscht.« Gleichwohl glüht Felix Hartlaub vor Idealismus, dem Vater scheu die erste große Liebe gestehend, die er während eines Aufenthalts in Amsterdam erlebt hatte: »ich weiß, daß mir eine derartige, den innersten Seelenkern entflammende Begegnung kein zweites Mal beschert sein wird.« Der künstlerisch begabte Schüler legt bald auch ein Bekenntnis zu Platon ab, pathetisch überzeugt, nach der Schule den Weg in ein verantwortungsvolles Leben im Dienst der Gemeinschaft anzutreten: »Der Akt der Wahl ist ja auch eine Tat, die Beherrschung, Ordnung der eigenen Seele bedeutet. [...] Der tüchtige Bürger wird zur Leitung emporgehoben, der laue, seinen Begierden nachgehende sinkt in den untersten Stand. Auch der Staat hat das Ziel, der Tugend im Weltganzen zum Sieg zu verhelfen durch Bildung der Menschen.«

Zwei Jahre zuvor hatte Felix Hartlaub seine Mutter verloren, als sie nach schweren Depressionen in der klinischen Behandlung an einem unerkannten Blinddarmdurchbruch verstarb. Sie war ihm »der Inbegriff einer selten glücklichen Kindheit, eines wunderbaren Einklangs von äußerem Geschehen und innerem Erleben, einer traumhaft raschen Kommunion mit der ganzen Welt in Nähe und Ferne«. Zu dieser Zeit war Felix Hartlaub

1930 gerade für einige Monate in Straßburg, zu Gast im Haus des bekannten Soziologen Maurice Halbwachs. Dort wandelte er auch auf den Spuren des jungen Goethe, der angesichts des Münsters emphatisch »Von deutscher Baukunst« geschrieben hatte: »[E]s ist wundervoll zu merken, wie der Turm einen magnetisch aus dem heillosesten Gassenlabyrinth heraussaugt, überhaupt in geheimnisvoller Weise jeden Müßiggänger durch die Straßen dirigiert.« Aber in der hoch gebildeten Familie, die ihn freundlich in die klassische Literatur Frankreichs einführte, blieb Felix Hartlaub wiederum Außenseiter, der enttäuscht über seine Tage im elitären Lycée schrieb: »Wie Öl unvermischt auf Wasser schwimmt, so wandle ich stumm von Klasse zu Klasse, durch Schulhof und Gänge, während das Schulleben an mir vorüberflutet, ohne mich anzurempeln, aber auch ohne mich mitzureißen.«

Die enorme Eigenwilligkeit ihres Sohnes war den Eltern früh aufgefallen und gerade vom Vater stark gefördert worden. So integrierte er als Direktor der Kunsthalle Mannheim in die Ausstellung »Der Genius im Kinde« auch Bilder des achtjährigen Sohnes und schrieb stolz im Katalog der Ausstellung: »Zeichner ist Sohn eines Kunsthistorikers. Verarbeitet sind allerlei heroische Erinnerungen aus der Lektüre von Sagen und Märchen.« Auch machte sich in vielen »Bilderbriefen« des Jungen stärker sein sprachliches Talent bemerkbar. Auf die besorgte Frage, ob das Wunderkind nicht auch gefährdet sei, sich im Labyrinth der künstlerischen Empfänglichkeit zu verlieren, antwortete der befreundete Psychiater Ludwig Binswanger beruhigend: »Felix ist zum Glück überhaupt kein psychiatrischer Fall, ein Fall wäre er höchstens für die Begabungsforscher. […] Felix scheint mir in jeder Hinsicht ganz Auge zu sein, auch in seiner Schriftstellerei. Am auffallendsten ist natürlich seine innere Distanz zu den Dingen, die muss aber durchaus nicht krankhaft sein, sondern kann durchaus Einfluss seiner künstlerischen Einstellung zur Welt sein.«

II.

Das Ende der Schulzeit nutzt Felix Hartlaub im Herbst 1932 für eine längere Reise nach Zürich. Im Frühjahr 1933 reist er, unentschlossen, wohin ihn sein Interesse zwischen rationaler Wissenschaft und literarischer Betrachtung beruflich führen wird, über die Alpen und gelangt bis in den Süden Italiens, die klassische Wahrnehmung gegen den Strich bürstend: »Auch Goethe war in den Monaten März-April hier in Neapel. Aber er findet hier den ewigen Sommer und paradiesische Heiterkeit, sieht Schönheit in jedem einzelnen Gegenstand [...], kein Wort von dem schrecklichen Eindruck der in allen Farben der Nässe und Fäulnis gesprenkelten Häuserwüste unter dem schweren Regenhimmel.« Allerdings weckt das bunte Treiben der Stadt, deren Bucht den malerischen Blick auf den Vesuv öffnet und Capri ahnen lässt, auch seinen Widerstand, so dass er dem jüngeren Bruder Michael zur Konfirmation schreibt: »Weißt Du, hier unten, wo einen das Heidentum ewig anlächelt und der katholische Barock seine Hände theatralisch gen Himmel reckt, bekommt man manchmal direkt etwas Sehnsucht nach Protestantismus.« Die Distanz zur römischen Antike und zur Gegenreformation wird ergänzt durch eine implizit politische Polemik gegenüber dem politischen Glauben der Zeit: »Die Beziehung zu Gott ist es, die das Wesen des Menschen ausmacht, also tritt er ein in die geschichtlich gewordene Organisation dieser Beziehung, in die Kirche.«

Die Kritik an rein irdischen Lebenszielen schlägt sich besonders in den Aufzeichnungen nieder, die Felix Hartlaub nach Besuchen im Nationalmuseum und in den römischen Relikten von Pompeji niederschreibt. Er fühlt sich plötzlich knapp zwei Jahrtausende in jenen Augenblick zurückversetzt, da die Naturkatastrophe in der Provinzstadt alles Leben erstarren ließ. Der Blick des Künstlers verharrt nicht an den beeindruckenden Oberflächen, sondern er liest diese mit historischem Sinn als erschütternde Zeugnisse vergangenen Lebens. Im Brief an den Vater ist die Rede von der »lauten, staubigen Werkstatt des Weltgeistes«. Und zugleich schaut er mit akutem Interesse: »Wo bleibt gegenüber diesem sich täglich verbreitenden Trümmerfeld die Sinngebung, die Deutung, die Wertung, der Vergleich mit dem Heute? […] Man muss die Vergangenheit wieder nach Gut und Böse beurteilen können, muss um ein Geschichtsziel wissen.«

Bevor Hartlaub in dem folgenden Essay nach Gut und Böse fragt, schaut er im Museum gebannt auf Figuren des Leidens: »Da steht in einem Winkel des dämmrigen Atriums eine Glasvitrine am Boden, drinnen eine verzerrte Gestalt aus bestaubtem Gips, ein Ausguss des Hohlraumes, den ein erstickter Mensch, der beim Flüchten gestürzte Hausherr, in der Asche hinterlassen hat, die Pompeji verschüttete. […] Die meisten Besucher berührt es wenig, so am Todeskampf des Hausherrn vorbeizustreifen. […] Sie suchen den Sarkophag, nicht die Asche.« Dagegen bekennt sich Felix Hartlaub zum Pathos des Mitleidens: »Wir aber wollen für einen Augenblick die Rührung und Erschütterung teilen, die jene frühen Ausgräber und mit ihnen die gebildete Welt empfand, als zum ersten Male beim Wegräumen der Verschüttungsmassen der Abdruck einer weiblichen Brust gefunden wurde.« Dabei sieht er in dem Mann aus Pompeji nicht allein das Opfer eines grausamen Naturgeschehens: »Aber wir möchten auch erkennen, was war die ureigene Grundempfindung seines Lebens, was blieb ihm davon im Bündel, als er so schrecklich herausgerufen wurde zur letzten Reise.« Er wird ernster und kontrastiert in knappen Zügen die bequeme Welt des Bürgers von Pompeji mit der heroischen Haltung früher Christen, welche in Feuer und Sturm mit Chorälen auf den Lippen untergegangen seien, und ruft zudem die alttestamentliche Gotteserfahrungen auf: »Als sei da keine Seele gewesen, die sich mit ihrem verborgenen Inhalt von Erinnerungen und Prophezeiungen plötzlich erleuchtet, keiner

der in dem grässlichen Feuerschein die Flammensäule wieder-
erkannte, in der Gott der Welt voraufwandelt. […]. Pompejis
von Asche erfüllter Mund ist stumm geblieben.« Das römische
Dasein verfügt nicht über eine höhere Vision des Lebens, welche den aus dem Judentum erwachsenen Gottesglauben oder
die humanistische Leidenschaft Griechenlands prägt: »Wer
noch im Anblick des Todes die innere menschliche Freiheit zu
bewahren vermag, der muss auch in sich die Idee des Menschen
tragen […]. Solche Gewissheit aber hat entweder, wer an einen
Gott glaubt und wer sich selber als das einzige mit Gotteser-
kenntnis begabte Wesen erkennt, welches durch Schläge und
Plagen nur zu eifrigerem Dienst ermahnt werden soll – oder der
klassische Heide, der Grieche mit seinem stolzen Gefühl.«

Diese Gedanken waren vom Betrachten einer kleinen Platte
entzündet worden, einem »Gekritzel – hastig hineingekratzt
in eine Häuserwand […]: ›Sodoma Gomora‹.« Die biblische
Assoziation reicht bis zur letzten Missionsreise des Paulus, der
vor dem Ausbruch des Vesuvs wohl diesen Weg nach Rom genommen habe. Aber Hartlaub ist nicht so tollkühn, den Apostel
direkt mit der kurzen Inschrift zu verbinden. Als geborener Erzähler erfindet er einen jüdischen Mann, umgibt ihn mit einer
Gemeinschaft der Verfolgten, die 60 nach Christi Geburt nur
kaum gelittene Außenseiter, ewige Exilanten im Römischen
Reich waren: »Unser Judäer wurde wohl nur durch die einzelnen Naturerscheinungen des Ausbruches, durch Feuerregen,
Schwefelgase beim Anblick der Fliehenden mit jäher Gewalt
an jene ungeheure Geschichte erinnert, die in seinen heiligen
Büchern geschrieben stand. – ›Sodoma – Gomora‹ […]. Wir
glauben ihn zu sehen, unseren Mann, wie […] er jäh anhält,
den Griffel aus dem Gürtel zerrt – schreibt, ohne hinzusehen.
[…] Aller Schrecken ringsum erfüllt ihn eher mit Zuversicht.
Er weiss: wieder einmal giebt Gott seinem Volke ein Zeichen,
auszuziehen aus dem zur Vernichtung reifen Reich, anderswo
Hütten zu bauen, in der immer gewissen, niemals zu enttäu-

schenden Erwartung des Heils. […] Er ist der, welcher beraubt, eingekerkert, gequält wird – aber er hat es auch stets erlebt, wie Gott die Mächtigen fällte ihm zum Schauspiel.« Der Essay wird zum historischen Fanal, das drängt, die Worte an der Wand als Menetekel über die eigene Zeit zu lesen.

Felix Hartlaub entwickelt zugleich eine Theodizee des jüdischen Gottes, der Leiden zwar zulässt, zuletzt aber jene erhebt, die fest im Glauben bleiben: »Diese Erde, aus deren Gold sich die Könige Kronen machen, das ist der eine Arm Gottes, der immer auf den Menschen einschlägt. – Schläge, die die Weltgeschichte verzeichnet. Aber der andere Arm ist die Offenbarung, den streckt er der Welt entgegen und zieht zu sich, wer gläubig einschlägt in seine Hand.« Sein Text beschwört eine Zuversicht, die alle Verzweiflung angesichts der Katastrophe überwinden lässt: »Da darf man nicht, wie die Pompejaner ringsum, fluchen, um sich schlagen und so die grausame Neugier reizen. Sondern man muss die Seele, die sich verstummend, erwartungsvoll losmachen will, ins Hirn zurückraffen, ihr den Namen Gottes abpressen und ihn den Hütern zuschreien, damit sie den Sterbenden aufnehmen und über den Rest der Bahn der Gnade des Zielrichters entgegentragen.« Im Blick auf sein kommendes Leben wirkt der Essay auf unheimliche Weise prophetisch, als habe Felix Hartlaub schon früh geahnt, welches Schicksal ihn als verhüllten und verschwundenen Zeugen des Unrechts erwarten sollte: »Darum soll sich ein Mensch – meint unser Fremdling – so wenig wie möglich einlassen mit einem Ort, auf den er gestellt worden ist, nomadenhaft soll er stets auf dem Durchmarsch sein, die Früchte nur verstohlen brechen ohne Rechtsanspruch: – denn diese Erde ist ja stets furchtbar bereit, gegen ihn zu zeugen.«

Auf der Rückreise nach Deutschland macht der Bildungsreisende einige Monate nach den Tagen von Pompeji Station in Perugia, um seine mageren Italienischkenntnisse anzureichern. Plötzlich rückt die vorgestellte Rolle des Fremden, des Paria,

ganz nahe: »Wie oft werde ich für einen Hebräer genommen!«
Es sind äußere Schemata, seine gebogene Nase und der dunkle
Teint, die gerade im Verkehr mit Deutschen Anlass zu abschätzigen Äußerungen geben. Dabei ahnt niemand etwas von der
inneren Vorstellungswelt des jungen Mannes. Felix Hartlaub
selbst hatte noch kein Vertrauen in die Qualität seiner Aufzeichnungen: »Einst wird kommen der Tag, wo ich doch noch
mal etwas Vernünftiges schicke, im Augenblick misslingt mir
alles.«

III.

Nicht nur, was Felix Hartlaub in Neapel sah, beförderte seinen wachen Sinn für Katastrophen, sondern auch, was er aus
Mannheim hörte. Denn das soziale Prestige, das der Vater über
Mannheim hinaus in der Kunstwelt erworben hatte, nachdem
er den Begriff »Neue Sachlichkeit« begründet hatte, war nach
der »Machtergreifung« bedroht. Nun galt die moderne Kunst
der Weimarer Republik als »Kulturbolschewismus« und ihre
Vertreter als Volksfeinde. Im März 1933, als er nach Neapel
aufgebrochen war, hatte sich Felix Hartlaub in der Ferne noch
familiären Illusionen hingegeben: »Die feste Einordnung in
die gesellschaftliche Gegebenheiten unseres Wohnortes, die gewisse Sicherung gegenüber einer doch voraussichtlich ziemlich
feindlichen Zukunft, der Haushalt, der autonom und nicht
durch alle Augenblickslaunen beeinflussbar ist, das sind, wenn
man es auch nicht immer zugeben möchte, doch ganz unschätzbare Gewinne für uns Kinder. Ich für meinen Teil wenigstens
brauche unbedingt diese bürgerliche Sekurität oder mindestens die Fiktion davon.« Aber zugleich zeigte er auch einen
»gewisse[n] Realismus, der sich wohl ganz von selbst aus den
sich verschärfenden Zeitumständen ergeben« habe: »Während
sonst das Elternhaus dem Sohn die Härten des Daseins immer

etwas verschleiert, werde ich ein bisschen darauf aufmerksam gemacht.« Kaum einen Monat später finden sich die skeptischen Ahnungen weit übertroffen: »Was sind denn das noch für neue Aktionen gegen Pappi und die Kunsthalle, noch Schärferes und Durchgreifenderes kann ich mir schlecht vorstellen!«

Man hatte Gustav Friedrich Hartlaub schon vor der Verabschiedung des neuen Gesetzes zum Berufsbeamtentum als Direktor der Kunsthalle entlassen und rasch eine neue Leitung eingesetzt, die aus den Beständen des Museums eine Ausstellung »Kulturbolschewistischer Bilder« machte, einen Vorläufer der großen Schau zur »Entarteten Kunst«, wie Matthias Weichelt in seiner Biographie zeigt. Die expressionistischen Kunstwerke wurden – ihrer Rahmen entkleidet – in wahlloser und gedrängter Hängung gezeigt. Auch trug man Marc Chagalls Gemälde eines ostjüdischen Rabbiners als Symbol des »ewigen Juden« hämisch durch die Straßen Mannheims, wohl zu der Zeit, als Felix Hartlaub in Neapel seine Apologie des jüdischen Exils schrieb. Als es im Spätsommer langsam an der Zeit ist, über die Rückkehr nachzudenken, scheut er den Schritt ängstlich: »An und für sich wäre ja nichts dagegen zu sagen, wenn ein Philologe sich aus Studienzwecken längere Zeit im Ausland aufhält und dabei den Nebengedanken verfolgt, sich, da er ein empfindlicher und erregbarer Mensch ist, die Schroffheiten der ersten Revolutionszeit etwas zu ersparen.« Und zugleich sprach sich Felix Hartlaub Mut zu, die historische Exkursion zu beenden und sich mit der heutigen Realität zu arrangieren: »[M]eine innere Auseinandersetzung mit dem neuen Deutschland ist in vollem Gange, es wird mir nichts Wesentliches erspart bleiben, ob ich nun jetzt oder ein halbes Jahr später zurückkomme.« Auf dem Weg gen Norden scheint ihm das faschistische Rom einigen Eindruck gemacht zu haben, wie die gesellschaftliche Umwälzung in Deutschland aussehen könnte: »Das Ineinanderwachsen von kaiserlichem und faschistischem Rom ist schon sehr beeindruckend […]. Überhaupt, die Parallele zwischen uns und der römischen Kaiserzeit ist schon sehr berechtigt. Z. B. die Machtergreifung des Augustus entspricht unheimlich der Aufrichtung des autoritären Staates und der Gleichschaltung.« Er spricht von der »Austreibung aller von dem unmonumentalen Neapel erzeugten morgenländischen Auffassungen von Vergänglichkeit und Liquidierung von Weltgeschichte« und bekennt »heilige Schauder von Staat, Zentralisierung und Verantwortung«.

Obwohl Felix Hartlaub mit Studienbeginn in Heidelberg der S. A. beitrat, gibt er ein Jahr später die ängstliche Anpassung auf und fasst den Mut, den Schritt wieder rückgängig zu machen. Diese Entscheidung mag die Nietzsche-Vorlesung befördert haben, die der junge Philologe im Sommersemester 1934 bei Karl Jaspers hörte. Der Existenzphilosoph konturierte den zeitgemäßen Denker des »Willens zur Macht« mit leicht subversivem Geist als tiefsinnigen Nihilisten, der alle möglichen Weltanschauungen mit Lust als zuletzt vordergründige Illusionen entlarve. Im Nietzsche-Buch lässt sich diese Positionsbestimmung nachvollziehen, in der sich der Student wiedererkannt haben dürfte. Jaspers vollzieht eine radikale Desillusionierung der abendländischen Metaphysik, die Hartlaub im Jahr zuvor noch gepriesen hatte. So heißt es: »Das ist nach Nietzsche die große platonisch-christliche Fiktion, die in ihrem Zusammenbruch erst den abgründigen Nihilismus erzeugte.« Aber Jaspers schließt das Kapitel »Geschichte und gegenwärtiges Zeitalter« mit der seltsam anmutenden Zuversicht, dass die schonungslose Erfassung dieser geistigen Situation nicht im Bodenlosen endgültig enden müsse: »All sein Infragestellen ist der Drang zu Ursprung, Echtheit, Grund. Wenn das Ja nicht gelingt in positiver Aussage, so bleibt immer noch eine bejahende Stimmung dieses Denkens, auch noch in seiner radikalen Zersetzung des Zeitalters.« Man kann vermuten, dass diese Deutung den Studenten ansprach und dessen skeptische Suchbewegungen jenseits einer festen weltanschaulichen Wahrheit förderte. Die Neuausgabe des *Nietzsche* von 1946 enthält auch einige zeitkritischen Gedanken, die aus politischen Gründen nur in der Vorlesung zu hören gewesen waren und mit Hartlaubs neapolitanischen Aufzeichnungen korrespondieren: »In jenem Augenblick von 1934 und 1935 wollte das Buch zugleich gegen die Nationalsozialisten die Denkwelt dessen aufrufen, den sie zu ihrem Philosophen erklärt hatten. Es ist aus Vorlesungen hervorgegangen, in denen manche Hörer verstanden, wenn ich Nietzsche zitierte: ›Wir sind Emigranten ...‹, ein Zitat, das ich im Buch ebenso wie seine liebenden Sätze über die Juden wegließ.« Dass Felix Hartlaub noch während des Krieges den Vater mehrfach bat, er möge ihm das Nietzsche-Buch von Jaspers senden, spiegelt, wie wichtig ihm diese frühe ideologiekritische Orientierung gewesen sein muss. Gerne wäre er dem Existenzphilosophen auch öfter begegnet: »Hoffentlich wiederholt sich das Zusammensein mit Jaspers, um das ich Pappi sehr beneide.«

IV.

Jaspers gehörte zum weiteren Zirkel um Max Weber, der auch um 1910 Beziehungen zu Stefan George und seinen Schülern pflegte; so vermittelte der Germanist Friedrich Gundolf zu jener Zeit Gespräche zwischen dem »Meister« und dem Soziologen. Max Weber starb 1920 und hinterließ eine treue Gemeinde kulturkonservativer Liberaler. Stefan George war noch Zeuge der historischen Ereignisse vom Januar 1933, die er mit Schweigen quittierte, während seine nationalkonservativen Schüler die politische Entwicklung auch mit großer Sympathie betrachteten. In der Odenwaldschule inkarnierte diese zeitgemäße Synthese Werner Meyer, der ehemalige Lehrer Felix Hartlaubs, nachdem er deren Leitung 1933 übernommen hatte. Aber der Nationalsozialismus führte auch zu einem politischen Riss im *Kreis ohne Meister*, zumal viele der treuesten Jünger – wie

Karl Wolfskehl und Ernst Kantorowicz – jüdischer Herkunft und genötigt waren, ins Exil zu gehen. Italien war das bevorzugte Fluchtland, so dass der junge Hartlaub im Sommer 1933 aus Perugia dem Vater berichtete: »Hier endlich einige neue interessante Bekanntschaften, Leute aus Heidelberg, Bekannte von Elli Gundolf und vielen anderen Berühmtheiten, aber alles Juden, Emigrantenstimmung, aber politische Zuverlässigkeit.«

Zu den dortigen Deutschen jüdischer Herkunft, die im Geiste des George-Zirkels dichterische Ambitionen hegten, gehörte der Medizinstudent Richard Kiewe. Mit ihm schloss Felix Hartlaub eine vertrauensvolle Freundschaft, die erlaubte, bei aller Bewunderung für die meisterliche Lyrik auch weltanschauliche Bedenken mitzuteilen: »Unheimlich ist mir nur die Betonung der Lebensform, die faustdicken Voluntarismen, Bewußtsein überall. [...] Durch diese feste Bindung und Verpflichtung ersparen sich die Georgianer, scheint mir, wesentliche Bitterkeiten.« Im Geist der Nietzsche-Vorlesung entfaltet der Brief aus dem Jahr 1934 einen alternativen Blick auf die Wirklichkeit, fern von idealen Ideenbildungen: »Der heutige Dichter muß sich, scheint mir, dem Leben ausliefern, sich vielfältig blamieren und vergreifen, er darf keinen Wert darauf legen, ›Figur zu machen‹, Fuß zu fassen. ›Wer sein Leben retten will, wird es verlieren‹, sagt das Evangelium.« Wiederum fällt auf, mit welch prophetischer Ahnung, blickt man zurück, der junge Student zu ahnen schien, was ihn erwartete. Felix Hartlaub blieb bis Ende des Krieges ohne jede literarische Resonanz, aber intensivierte sein Schreiben im inneren Rückzug, je stärker er äußerlich in die Kriegsmaschinerie eingebunden war und so die Einsamkeit doppelt um ihn anwuchs. Gegenüber dem Freund bekundete er zehn Jahre zuvor: »Ich habe nur ein scharfes, oft überscharfes Auge und eine erstaunlich kundige und etwas ruchlose Imagination.«

Den ersten Schritt auf dem Weg zu solch illusionslosem Schreiben vollzog Felix Hartlaub mit der Entscheidung, dem starken Einfluss des Elternhauses zu entfliehen, indem er zum weiteren Geschichtsstudium nach Berlin ging. Dort erkundete er literarische Kultorte der Weimarer Republik, so das Romanische Café, oder anrüchige Plätze wie die von Prostituierten bevölkerten Lokale um die Friedrichstraße. Auch begegnete er – eine alte Freundschaft aus der Odenwaldschule erneuernd – einer großbürgerlich jüdischen Familie, deren liberale Ausrichtung sich deutlich vom konservativeren Bürgertum Heidelbergs unterschied. Richard Kiewe erhielt im März 1936 die lapidare Nachricht: »In Berlin […] habe ich ein reizendes Haus entdeckt, Mutter und Bruder eines verstorbenen Schulfreundes von mir, bei denen ich mich sehr wohl fühle.« Erst neun Monate später eröffnete Felix Hartlaub dem Freund, wie leidenschaftlich sich von seiner Seite aus das Verhältnis zu Erna Gysi gestaltet hatte, die in die Leerstelle eingetreten war, welche der Tod der Mutter hinterlassen hatte: »Jahrelang war ich hauptsächlich etwas wie ihr Patient, das Wort vermittelt aber einen ganz falschen Eindruck. Doch wird mir langsam, langsam klar, daß auf meiner Seite alle Symptome einer ganz großen Liebe gegeben sind.« Dabei bleibt diese Liebe wohl einseitig, denn seit der Scheidung von ihrem Mann lebt die Mutter von Klaus Gysi mit ihrem Vetter zusammen. Im Haus hallt noch der legendäre Flair der 1920er Jahre nach: »Früher großer ›Bekanntenkreis‹, wunderbare Leute darunter, z. B. der Verfasser von ›Berlin – Alexanderplatz‹. Jungens aller Alters- und Berufsklassen, die mit Wahnsinn, Tod, Selbstmord, großer Karriere, Verspießerung abgingen. Mit ihrer Scheidung und dem hiesigen Umbruch hörte es auf.«

Es war nicht allein der Altersunterschied zu der um zwanzig Jahre älteren Frau, welcher den Vater auf Distanz zu dieser Beziehung gehen ließ. Folgt man Weichelt, so hielt Georg Friedrich Hartlaub mit genauem Gespür für den Sohn schon zu Anfang 1936 im familiären Tagebuch präzis fest, wie zerrissen sich der sensible Sohn in den vielfältigen Berliner Einflüssen fühlte, unfähig, selbst eine feste Position zu beziehen: »Felix steht [...] im Zeichen der schier unerträglichen Spannung der Gegensätze: hier die Ideale seines Lehrers Elze und die ganze George-Ideologie, dazu seine eigene Romantik, sein ›mystisches‹ Innenleben, sein Künstlertum, dort der liberal-sozialistisch-internationale (heute würde man sagen ›jüdisch‹-gefärbte ›zersetzende‹) Realismus der in ihrer Weise starken und unbestechlichen Frau G.« In dieser Situation wirkte es beruhigend, dass Felix Hartlaub seine Promotion bei dem angesehenen Historiker Walter Elze schreiben wollte, da dieser nach langen Jahren im George-Zirkel nach 1933 als Parteimitglied akademisch Karriere gemacht hatte. Ihm gegenüber war Festigkeit verlangt. Das übereignete Thema »Don Juan d'Austria und die Schlacht bei Lepanto« verlangte eine heroische Geschichtsschreibung und spiegelt zudem die ideologische Zuspitzung der Zeit im historischen Gewand des Seegefechts, das 1571 zwischen einer christlichen und osmanischen Flotte ausgetragen wurde. Während der Vater sich für solche Stimmungen in Heidelberg durchaus begeistern konnte, zog sich Felix Hartlaub schon vor Beginn des Krieges immer stärker in sich zurück, wie sein Biograph eindrücklich mit einem Brief aus dem Mai 1939 belegt: »Aber um Gottes Willen keine grossen Männer, Helden, Schlachten Fürsten! Davon bin ich nun wirklich geheilt. ›Ich interessiere mich nicht mehr für die Kriege, sondern nur noch für den Menschen‹, sagt Montesquieu. ›Leben auf den Galeeren‹ – hab' Erbarmen! [...] Bitte, bitte, identifiziere mich doch nicht derartig mit dieser unglückseligen Dr.-Arbeit.«

Es waren vor allem die jüdischen Schicksale seines privaten Umfeldes, die Felix Hartlaub nachdenklich stimmten. Auf die hellsichtige Entscheidung Richard Kiewes, in die USA zu gehen, wo er als Psychiater tätig war, reagierte er noch mit hilflosen Sätzen:»Dein Amerikaentschluss wird immer entsetzlicher, wie er so durch meine unendlich lange Leitung hervorgekrochen kommt. [...] Ich bin viel zu kindisch, um die ganze Tragweite ermessen, geschweige denn, um Dich darüber hinwegtrösten zu können.« Aber zwei Jahre später stand ihm klar vor Augen, warum es lebensklug gewesen war, in die Emigration zu gehen. Felix Hartlaub berichtete dem Vater betroffen im Juni 1938 aus Berlin: »In den beiden letzten Wochen herrschte hier dicke Luft, wovon Du hoffentlich gehört haben wirst. Im Zuge der Strassenrazzien auf J[uden] wurde ich infolge meines Aussehens zwomal angehalten und nur auf Vorzeigen meines ar[ischen] Nachweises entlassen. Beim Besuch eines Mitdoktoranden in Pankow sah ich vom Autobus eine richtige Plünderungsszene.« Nachdem Erna Gysi im Oktober des Jahres mit ihrem Lebensgefährten nach Paris geflohen war, schrieb Felix Hartlaub erschüttert dem Freund in Amerika: »In Berlin [...] steht mir absolute Menschenlosigkeit bevor.« Seine Briefe nach Paris sind zwischen leidenschaftlicher Liebe und Verzweiflung ausgespannt. Er benennt die politischen Ereignisse verklausuliert, so die Pogromnacht, die Hartlaub sarkastisch an die Straßenszene erinnert, welche die Liebenden gemeinsam in Pankow beobachtet hatten: »Die Regieproben haben wir damals vom Neunerbus aus gesehen. Einige Einfälle sind noch dazu gekommen, z. B. auf sakralem Gebiet.«

Als der Vater von den privaten Veränderungen erfährt, notiert er im Tagebuch der Familie mit kalter Erleichterung: »Felix' Probleme wurden ›bereinigt‹, so gut es geht. Frau G. ist in Paris.« Auch nach dem November-Pogrom blieb er sich im Diarium erbarmungslos treu: »Feuer und Trümmer bei den Juden.« Im Brief an den Sohn relativiert er den »Mitleidsstandpunkt«: die Vorkommnisse hätten »Jacob Burckhardt gewiss keine schlaflose Nacht bereitet«. Der Gegenbrief setzt angesichts des großen Unglücks der deutschen Juden, welches mit dem Pariser Attentat propagandistisch begründet wurde, auf die notwendige Empathie: »Meine Fähigkeiten zum Mitleiden sind äußerst begrenzt. Allerdings glaube ich durchaus, dass Leid addiert werden kann. Wer Phantasie besitzt und als Historiker, als Schriftsteller bemüht ist, ist verpflichtet, das fremde Leid an sich zu ziehen.«

V.

Der Ausbruch des Krieges verschafft Felix Hartlaub an unterschiedlichsten Stellen die bedrückende Gelegenheit, das Leiden zu beobachten, das Deutschland in Europa verursacht. Anfangs wird er vor allem in Paris stationiert, nachdem man den Erbfeind im triumphalen Gestus gedemütigt hatte und die Bevölkerung weiterhin die unerbittliche Macht der Sieger zu spüren bekam. Als Historiker soll er die diplomatischen Dokumente im eroberten Außenministerium sichten. Er täuscht sich in der Hoffnung, dass sein Status als Zivilist den Umgang mit den Franzosen erleichtern könnte. Besonders die erneute Begegnung mit Maurice Halbwachs und seiner Familie ernüchtert Felix Hartlaub, der als eine unglückliche Figur zwischen allen Fronten erscheint. Seine Aufzeichnung »Weltwende im Puff« zeigt in brillanter Selbstironie, wie ungeschickt sein Protagonist die Rolle desjenigen spielt, der in Paris auch in eroticis seinen herrischen Willen ausleben soll. Er quält sich mit dem Gedanken an »muskelbepackte Landser«, welche man von der Besatzungsmacht doch auch »in zivilen Hoheitsträgern kräftig und gestählt« erwartet. Die Monate an der Seine lassen aus Felix Hartlaub keinen Ernst Jünger werden, der mit weltmännischem Geschick die kulturelle Bohème für sich gewinnt. Auch wenn er die *Marmorklippen* schätzt, Jüngers vieldiskutierten Versuch, sich 1939 verhüllt vom verbrecherischen Regime zu distanzieren. vermag er es nicht, die souveräne Distanz des alten Frontkämpfers zu entwickeln. Felix Hartlaub verhielt sich weithin unsicher tastend, eine fragwürdige Gestalt, die 1942 mit *Straßen und Gärten* begierig den ersten Band der Pariser Impressionen Jüngers liest. Der Vater kommentiert: »Lange Vorlesung aus

diesem Tagebuch: von F[elix] anscheinend mit einiger Über-
raschung aufgenommen.«

Seit der Promotion kam es immer wieder zu Spannungen mit
dem Vater, der seinen Sohn auf solche Heroik festlegen wollte.
Aber dieser schrieb abwehrend, unfähig, Auftragsarbeiten innerlich ernst zu nehmen:»Bei der Arbeit handelte es sich ja nur
um Wiedergabe spannender Ereignisse, und auch das hat mich
eine ganz unvorstellbare Mühe gekostet. […] Alles ›über‹, alles
Vermittelnde und Zusammenfassende macht mir die grössten
Schwierigkeiten.« Seinem leidenschaftlichen Wunsch, Schriftsteller zu werden, begegnete der Vater dagegen ernüchternd
mit dem pragmatischen Hinweis auf das Staatsexamen, ohne
das es keine Aussicht auf eine sichere Stellung gäbe. Der Sohn
gibt sich trotzig, ohne die väterliche Vormundschaft hinter sich
zu lassen, zumal sie mit finanziellen Zuwendungen verknüpft
ist:»Etwas verstimmt war ich hingegen über die etwas frostige
Art, mit der Du meinen Wünschen eigene Schriftstellerei betr.
entgegenkamst – weil sie auch zu früheren Äusserungen im
Widerspruch stand. Ich glaube doch, dass dort meine eigentliche Aufgabe liegt, dass ich Anderes nur mittels einer Art von
Spaltung der Persönlichkeit bewältige […]. Viele können ihre
schriftstellerischen Dinge nebenher abmachen, dazu bin ich
aber, mindestens am Anfang, nicht im Stande.«

Aber schon die Berliner Aufzeichnungen, die während Studium und Promotion entstanden waren, zeigen ebenso wie
die späteren Beobachtungen des Pariser Militärhistorikers
sein brillantes Vermögen, fern von weltanschaulichen Rastern
vieldeutige Alltagsszenen in realistischen, sarkastischen oder
ironischen Sätzen zu verdichten. Und auch während der kommenden Kriegsjahre, als Felix Hartlaub im Tross des Führerhauptquartiers gezwungen war, täglich bestellte Ware für das
Tagebuch der Wehrmacht zu liefern, schuf er literarisch her-
ausragende wie sachlich ernüchternde Innenansichten aus dem
Wehrmachts-Zirkel um Hitler.

Felix Hartlaub entwickelte ein kafkaeskes Doppelleben, das ihm aber zunehmend schwerfiel, wie er dem Rechtshistoriker Gustav Radbruch mitteilte, der zum vertrauten Kreis um Marianne Weber gehörte: »Das Schwer- und Eigengewicht der Institution lastet immer stärker auf einem, sie formt einen immer mehr nach ihrem Bilde, macht einen zu dem geölten und glatten Automaten, den sie braucht. [...] Persönlich stagniert man ziemlich vor sich hin; gelegentlich kommt man zu einem Buch, einem Entwurf, aber es hat sich alles masslos verlangsamt und rarifiziert.« Im Brief entlarvt Hartlaub auch seinen Vorgesetzten, den Göttinger Historiker Percy Ernst Schramm. Dieser gehörte auch nach dem Krieg zur protestantischen Funktionselite, welche die eigene Linientreue geschickt im Nimbus des hohen Amtes zu überstrahlen wusste: »Über die Person meines Chefs wäre allerlei zu sagen, über die Verbindung von mächtigem, grosszügig gehandhabten Wissen und Weltkennen mit Partien kaum fassbarer Blindheit und Verhärtung und über das rettungslose Verhaftetsein gerade des Geschichtsprofessors eines sehr gängigen Typs an das pouvoir etabli.« Aber deutlicher konnte Hartlaub nicht werden. Er sehnte sich nach offenen Gesprächen und klagte einmal gegenüber dem Vater: »An R[adbruch] muss ich viel denken, schrieb ihm gerne einmal, aber ich habe den sybillinischen Stil jetzt satt. Verfolgst Du die Vorgänge um Benedetto Croce etc.?« Der kurze Hinweis auf den neapolitanischen Philosophen spricht für sich, hatte der bekannte Privatgelehrte doch nach Mussolinis Entmachtung in Italien versucht, das Land im Geist seines liberalen Idealismus zu beflügeln.

Allerdings begegnete Felix Hartlaub den väterlichen Berichten aus der abgehobenen Bildungswelt mit leiser Ironie. Ihm missfiel deren aufgesetzte Souveränität gegenüber dem geschichtlichen Geschehen, die sich nicht zuletzt den bequemen Verhältnissen Heidelbergs verdankte. So spießte er im Frühjahr 1944 regelrecht höhnisch auf, dass der Vater schockiert und verunsichert auf die Nachricht seiner unverhofften Einberufung reagiert hatte. Der Sohn schrieb, dass »bei durchgebildetster geschichtspessimistischer Katastrophenstimmung die Empfindlichkeit und Verletzlichkeit der eigenen bürgerlichen Epidermis […] noch ganz die die alte« sei. Die Rede von der »Würde«, welche der Vater seiner eigenen Haltung attestiert hatte, erschien dem Sohn schlicht fadenscheinig: »Denn das Recht auf die Heiligkeit und Würde dieser bürgerlichen Integrität haben wir ja alle, einerlei welchen Alters und Ranges, längst verwirkt, u. a. schon deshalb, weil wir sie ja selbst bei anderen nie respektiert haben (mit ›wir‹ meine ich jetzt das Volk, das kriegsführende).«

Auch später reagierte er auf einen brieflichen Bildungsbericht, der unter anderem Ernst Beutlers *Essays um Goethe* pries, mit sublimer Ironie: »Traumhaft, dass das Semester in H[eidelberg] wieder mit so viel anziehenden Nummern begonnen hat, ich bewundere Euch alle sehr, dass Ihr noch so stetig und bewusst weiter am geistigen Leben teilnehmt. Deine Lektüre enthält ja auch des Gewichtigen eine beträchtliche Menge.« Dagegen äußerte Felix Hartlaub den Wunsch, mit *Buddenbrooks, Zauberberg* und *Josephs-Legende* die »großen repräsentativen Romane der drei ersten dt. Jahrzehnte« lesen zu wollen. Der Spalt zwischen dem konservativen Vater als Vertreter des inneren Rückzugs und dem liberalen Sohn, der an exponierter Stelle ein literarisches Doppelleben führte, klaffte merklich. Seine eigenen Texte meiden das bildungsbürgerliche Pathos, sondern versuchen, die geschichtliche Absurdität im Stil der klassischen Moderne zu meistern. Nicht zufällig ließ Felix Hartlaub sich auch Erzählungen Franz Kafkas schicken.

Und trotzdem blieb er lebensweltlich auch dem konservativeren Umkreis des Vaters verhaftet. So schreibt Felix Hartlaub Ende Januar 1945 vom neuen Standort bei Berlin: »Ich kann Euch garnicht sagen, wie dankbar ich für die Heidelberger Tage bin, sie haben das Gefühl völliger Harmonie in mir hinterlassen.

Die Erinnerung wird sicher oft darauf zurückgreifen. Der Eindruck der unversehrten Stadt, des unversehrten Hauses und des noch funktionierenden menschlichen Austausches waren regelrechte Seelenspeise.« Zu dieser Vertrautheit gehört, dass der Vater bis zuletzt auch von allen persönlichen Hoffnungen und Sorgen erfährt. So schildert Felix Hartlaub andeutungsweise das »große Ereignis«, das gescheiterte Attentat vom 20. Juli, das er »aus einer ziemlichen Nähe und mit vielen aufregenden Details miterlebt« hatte.

In der fatalen Lage wird die Berliner Freundin Melita Laenebach, die er in den Vorjahren über Klaus Gysi kennengelernt hatte, zum erotischen Notanker: »Gerade vor dem Hintergrund der in den letzten Briefen geschilderten trostlosen Erfahrungen hier ist mir wieder klar geworden, was für ein einzigartiges Glück es für mich war, in diesen schwierigen Jahren diese Frau gefunden zu haben. Die Nachfolgerin sehe ich noch in keiner Weise; dabei müsste sie sich baldigst einstellen, denn die Beziehung steht nach wie vor durchaus auf Abruf.« So heißt es im Brief an den Vater über die wenigen Tage mit Melita Laenebach: »Wirklich unterhalten konnte ich mich nicht viel, man stösst da bald an eine Grenze, die ich diesmal besonders schmerzlich empfand, da sich natürlich bei mir allerhand angesammelt hatte in der langen Zeit. Trotzdem ist die allgemeine Aufgeschlossenheit gerade gegenüber meiner ja wirklich nicht sehr geläufigen und einfachen Art sehr weitgehend: ich sehe, wie gesagt, nicht, wo ich heute so etwas anderweitig finden könnte, gerade nach den jüngsten Erfahrungen mit dem gesunden Durchschnitt.« Dem Verhältnis fehlt, was im erotischen Zusammensein mit Erna Gysi so überwältigend gewirkt hatte, die umfassende Anziehung von Körper und Geist.

VI.

Die eigentliche Erleichterung in der prekären Lebenssituation
bieten die nächtlichen Notate, welche die beklemmenden Empfindungen in große Prosa verwandeln. Dabei gehen natürlich
persönliche Züge ins vielschichtige Schreiben ein, mit dem
Felix Hartlaub sich selbst und seine Umwelt in einem ständig
wechselnden Kaleidoskop verwunderlicher Eindrücke erfasst
und das lebensweltliche Stroh zu literarischem Gold spinnt.

Dies gilt in besonderem Maße für die späten Aufzeichnungen aus dem Führerhauptquartier, der »Wolfsschanze«, die
heute unter dem Titel »Im Dickicht des Südostens« Teil der
wissenschaftlich edierten Werkausgabe sind. Das Romanfrag-
ment verdichtet einzigartig die surreale Atmosphäre um Hitler,
fern aller hagiographischen Aura und äußerst anschaulich in
der abgründigen Gedankenlosigkeit des Protagonisten. Dieser
ist ein harmloser Deutscher guten Willens, dessen Arbeitsraum
ein schmuckloses Bild des Führers samt Mädchen im Dirndl
ziert; zudem finden sich an der Wand ein heroisches Konterfei
des Bamberger Reiters und eine dralle Blondine aus der NS-
Werbung. Die nationale Ergebenheit mündet in ein naives wie
enthusiastisches Bekenntnis zum großartigen Dienst für Führer
und Vaterland: »Für einen jungen Historiker wie mich wäre
es natürlich ein ungeheurer, einzigartiger Eindruck … Diesen
Mann einmal erleben zu dürfen, dieses gegen alle Schläge ge-
feite Herz, diesen unermüdlich nach Auswegen suchenden nim-
mermüden Geist.« Die ironisch stilisierte Karikatur des jungen
Adepten, der nolens volens ins Machtzentrum des »Dritten Reiches« geraten ist, überlappt sich partiell mit der Vita des Autors:
»Ich bin kein … Ich habe nie der Partei angehört, in der S. A.
war ich nur vorübergehend, weil ich sonst nicht immatrikuliert
worden wäre. Ich bin völlig unpolitisch, mein Gott, 33 war ich
ja noch auf der Schule. Aber, dass er der Mann der Geschichte
ist, der Zeiger an der Weltenuhr, der anzeigt, dass nunmehr

die Weltenstunde der Deutschen endlich geschlagen hat, ja, das ist für mich eine Überzeugung, die fast religiöse Züge ... ich weiss nicht, wie ich das ausdrücken soll. Und die erschütternde Einsamkeit um diesen Mann, die echte Einsamkeit des wirklich Schöpferischen.«

Hartlaub überzeichnet die weltanschauliche Empfänglichkeit ins Groteske, als sich sein merkwürdiger Held über die desolaten Zustände im Zentrum der historischen Macht emotionslos wundert: »Fanatiker gehören hierher, wilde besessene Arbeitsnaturen, meinetwegen ungeschliffene, ungerechte, rücksichtslose Menschenverbraucher. Statt dessen gibt es nur den einen Fanatiker und einen Haufen gefälliger Kautschukzwerge, dazu vielleicht noch ein paar halbblinde Arbeitselefanten und eine Koppel scharfer Doggen.« Auch gibt der Protagonist ein plakatives Bild des geläufigen Brunstverhaltens, eine erniedrigende Realität, weit unter den eigenen Träumen der großen Liebe: »Frauen wollen genommen werden, [...] diese Frauen sind alle Kinder der Epoche des Blitzkriegs, sie wollen überrumpelt werden, allerdings auf eine geregelt solide Art. [...] Sie wollen nicht hinaus auf das weltentlegene unbekannte Eiland, wo jede Bewegung neu versucht, jedes Wort aus der Tiefe des Unaussprechlichen hinaufgewunden werden muss, oh nein! Das Eiland, das sie meinen, liegt garnicht so weit ab, nur gerade ausser Hörweite des Stammtisches, des Geschäftszimmers, des soliden, eingespielten männlichen Stallbetriebs.«

Zur erotischen Desillusionierung des komischen Historikers kommt die politische Ernüchterung. Die großartige Vision eines geistigen Deutschland, die 1933 auch nationalkonservative Geister erfüllte, ist spätestens nach dem 20. Juli 1944 in nichts zerronnen. Diese Situation spiegelt Hartlaub vor allem im ehemaligen Deutschlehrer seines Helden, der Ähnlichkeiten mit Werner Meyer hat, indem er seine Begeisterung für den Geist Stefan Georges mit dem neuen Reichsgedanken verknüpft. Der Lehrer fühlt sich als Deutscher nun »ausgestossen aus der abendländischen Völkergemeinschaft, [...] ausgeschieden aus der großen Entwicklung, [...] vom Humanismus über Reformation, Aufklärung und deutsche Bewegung«. Sein Schüler kommentiert: »In jahrelangen schweren inneren Auseinandersetzungen hatte er sich zum Nationalsozialismus durchgerungen. Aber nun, wie er den Bericht über die Verhandlung vor dem Volksgerichtshof las, die Bilder sah mit dem Generalobersten in der Strickjacke, mit den rutschenden Hosen und so weiter, und dazu die Stimme von Fr[eisler] in der Wochenschau, da war alles wieder futsch. ›Dieser Mann ist doch der Leibhaftige oder der Gesalbte des Leibhaftigen, du kannst sagen was du willst, und unser herrliches Volk ist verworfen vor dem Antlitz des Herrn, das Volk der Dichter und Denker‹.« Aber der junge Held selbst betrachtet die neue Situation merkwürdig unbeteiligt, unwillig, dem weltanschaulichen Desaster heroisch zu begegnen: »Sich an die Front melden, wo doch jeden Tag die Abstellung kommen könnte, da hörte die Freundschaft wirklich auf, wozu denn dem Schicksal vorgreifen; und das gute Essen konnte er auch noch gut gebrauchen nach der langwierigen Gelbsuchtgeschichte.«

Hartlaub befreit seinen eigentlich unzeitgemäßen Historiker von dem fatalistischen Blick seines Lehrers und lässt ihn mit ironischer Gelassenheit auf den geschichtlichen Tumult blicken: »Natürlich ist es etwas Dämonisches um diesen Mann, etwas tief Befremdendes, ohne weiteres zugegeben. Aber wir dürfen ihn nicht mit unserer bürgerlichen Masstäben messen, mit unserer humanistischen Sensibilität aus dem 19. Jahrhundert, da müssen ganz neue Masstäbe her, die aus diesem Jahrhundert gewonnen sind, dem Jahrhundert der großen grausamen Weltanschauungskriege, das steht ja alles schon bei Nietzsche.«

Aber die erstaunliche Pointe des Fragments liegt in der unverhofften Begegnung mit dem »Führer«, die Hartlaub in situativer Komik bricht. Nicht fern von Charlie Chaplins *Der große Diktator* scheint es, wenn der ältere dem jüngeren Gefreiten im

Sanctum seiner Macht, dem »F[ührer]-Bunker«, hilfesuchend seine Ratlosigkeit gesteht: »Tiefe Polstersessel, ein Strauss Gladiolen, das Bismarckbild mit den sprühenden Augenbrauen, den durchwachsenen Augenbällen, die Rute des Wolfshundes klopft den Teppich: ›Also, ich schaffe es nicht mehr, ich bin am Ende. Sagen Sie mir, wie Sie es sich denken.‹« Mit diesem Satz bricht die Erzählung ab.

Als das wirkliche Ende im Berliner Bunker naht, befindet sich der Autor bei den Freunden am Schlachtensee. Er verbringt mit Klaus Gysi und Irene Lessing, die als Mitglieder des kommunistischen Widerstands 1940 aus Paris zurückgekehrt waren und in der elterlichen Villa überlebten, die letzten freien Tage. Der Militärhistoriker soll sich, so schildern es die Biographien, am S-Bahnhof Nikolassee mit dem Schwejk-Zitat verabschiedet haben: »bis nach dem Krieg um sechs«. Aber die Tarnkappe der komischen Existenz, die ihn im äußeren Sperrkreis um Hitler geschützt hatte, nützt dem Rückkehrer im wirren Endkampf um Berlin nichts mehr. Sein Vorgesetzter Percy Ernst Schramm überlebt und gibt später das *Kriegstagebuch des Oberkommandos der Wehrmacht* heraus, in dem nicht wenige Seiten von seinem unauffälligen Mitarbeiter stammen.

VII.

Das schillernde Doppelleben als nationaler Historiker und liberaler Schriftsteller erinnert als solches und stilistisch auch an Leben und Werk Gottfried Benns, der nach der »aristokratischen« Emigration in die Wehrmacht vorerst für die Schublade schrieb. Wie in Sachen Benn entbrannte in der Nachkriegsliteratur auch ein Streit um Felix Hartlaub, dessen schriftstellerische Existenz in der Maske des Militärhistorikers widersprüchliche Urteile zwischen moralisch fragwürdig bis literarisch tollkühn provoziert hatte. Der junge Hans Magnus Enzensberger äußerte damals noch erhebliche Zweifel an Felix Hartlaub und änderte als wandlungsfähiger Intellektueller ein halbes Jahrhundert später seine Meinung grundlegend: »Ungewöhnlich ist der blitzschnelle Perspektivwechsel des Beobachters. Avancierte, im Kontext der Nazizeit vergessene Technik wie die ›erlebte Rede‹, den ›inneren Monolog‹, den ›Bewusstseinsstrom‹, das versteckte usw. beherrscht er mit lässiger Selbstverständlichkeit. Die Rollenprosa treibt er bis zur Stimmenimitation, ja bis zur Bauchrednerei. Dazu gehören auch die gezielt falschen Töne, das hohle Pathos der linientreuen Beteuerungen, wenn der Schreiber mit seinen Adressaten sprachlich in Deckung geht. Immer wieder erzielt er kalte, komische Effekte im Kontext des Monströsen.«

Kulturhistorisch lässt sich die einsame Virtuosität, welche Felix Hartlaub in seinen erzählerischen Aufzeichnungen zeigt, genauer im Horizont Jacob Burckhardts verstehen. Der Kunst- und Kulturhistoriker des späten 19. Jahrhunderts ist keineswegs nur der konservative Bürger, der sich gegen alle modernen Umwälzungen in italienische Ansichten ewiger Schönheit flüchtet. Schon auf den jungen Nietzsche wirkten dessen *Weltgeschichtlichen Betrachtungen* gerade auch in ihren subversiven Noten. Denn gegen die stabilen Potenzen von Staat und Religion setzte Burckhardt in seiner berühmten Vorlesung besonders auf die spontane und subversive Größe der Kunst, welche dem Einzelnen erlaube, andere als öffentlich erwünschte Interessen für sich geltend zu machen: »Künstler, Dichter und Philosophen, Forscher und Entdecker kollidieren nämlich nicht mit den ›Absichten‹, wovon die Vielen ihre Weltanschauung beziehen, ihr Tun wirkt nicht auf das ›Leben‹, d. h. den Vor- und Nachteil der Vielen, man braucht nichts von ihnen zu wissen und kann sie daher gelten lassen.« Burckhardt traut der zeitkritischen und anarchischen Potenz der Kunst, welche vom Individuum ausgeht, zu, die stabilen Einrichtungen des Lebens – Staat und Religion – zumindest im Bewusstsein der Menschen ins Wanken zu bringen. Ihre »kritische Macht und Kraft für sich« beruhe vor allem auf der »hohen und unabhängigen Eigentümlichkeit« der Kunst, dem Umstand, dass »sie eigentlich mit Allem auf Erden nur temporäre Bündnisse schließt«.

In diesem Horizont steht die künstlerische Spontaneität, die Felix Hartlaub erlaubte, gegen alle äußeren Hindernisse seine literarischen Aufzeichnungen zu schaffen. Er behauptete seine geistige Unabhängigkeit im privaten Schreiben. Dies stand eigenwillig neben den offiziellen Verlautbarungen, den Chroniken der Macht. So demonstriert gerade die zu Lebzeiten unveröffentlichte Erzählung »Im Dickicht des Südostens« die Möglichkeit, unter diktatorischen oder dogmatischen Verhältnissen der wachen Leserschaft eine Wahrnehmung der Wirklichkeit anzubieten, welche deren Fragwürdigkeit sehen lässt. In seinen Fragmenten war Felix Hartlaub dem liberalen Individualisten Jacob Burckhardt näher, als der briefliche Disput mit dem Vater ahnen ließ. Dieser hielt sich vor allem an die konservative Seite des Kulturhistorikers, indem er den idealistischen Restbestand eines Glaubens an ewige Werte unterstrich, welche in der tiefgründigen Geschichtsbetrachtung über die wechselvolle Geschichte erheben können. Dagegen stand der Sohn, ohne dies vielleicht zu bemerken, als Künstler dem provokativen Burckhardt nahe, welcher die großen Nationalgeschichten des 19. Jahrhunderts im Namen des leidenden Individuums relativiert, darin das religiöse Passionsmotiv ins Säkulare umdeutend: »Unser Ausgangspunkt ist der vom einzig bleibenden und für uns möglichen Zentrum, vom duldenden und handelnden Menschen, wie er ist und immer war und sein wird; daher unsere Betrachtung gewissermaßen pathologisch sein wird.«

Man kann von daher *Das kurze Leben des Felix Hartlaub*, wie Matthias Weichelt es jüngst eindringlich geschildert hat, als Erzählung im Geiste Burckhardts lesen. Und in diesem Leben als Schriftsteller entstehen für die eigene Person und die beobachtete Lebenswelt suggestive Skizzen, deren Realismus – mit Erich Auerbach gesprochen – ihren Autor zur klassischen Moderne eines James Joyce, Marcel Proust oder einer Virginia Woolf zählen lassen. Die französische Rezeption durch Jean-Paul Sartre in *Temps Modernes* und Patrick Modianos Aufmerksamkeit für Felix Hartlaub verlängern diese Traditionslinie.

In diesem Sinne ist auch die literarische Affinität zu Thomas Mann zu verstehen, dessen große Romane Felix Hartlaub in seiner letzten Lebenszeit gerne hatte lesen wollen. So scheint es kein Zufall zu sein, dass die späten Aufzeichnungen zu jener Zeit im Umkreis des Führerhauptquartiers entstanden, als das Manuskript des *Doktor Faustus* in Pacific Palisades stetig anwuchs. Zwischen *Das Leben des deutschen Tonsetzers Adrian Leverkühn* und »Im Dickicht des Südostens« sind vielfältige Verschränkungen in der Entschlüsselung der Realität festzustellen, deren gemeinsame Projektionsfigur Friedrich Nietzsche darstellt. Schon dass der Philosoph der desillusionierten Moderne wie die Protagonisten von Thomas Mann und Felix Hartlaub lebensweltlich eine komische Figur bleibt und beide das Künstlerschicksal mit Einsamkeit und Fremdheit im Leben bezahlen, ist auffällig. Die schöpferische Erfahrung kann sowohl Adrian Leverkühn als auch Hitlers jungen Historiker partiell über das Lebensopfer hinwegtrösten. Sie werden darin zugleich zum Spiegel ihrer Erschaffer, die im Bild ihrer Figuren verhüllt ihr eigenes Schicksal spiegeln.

Von daher sei ein letzter Blick auf Adrian Leverkühn geworfen, der als Student in Halle am Klavier von allen beäugt wird, als er frei seine »Phantasien« entwickelt und sich gegenüber den Corpsstudenten in die vieldeutigen Worte flüchtet, »daß es wirklich nichts war, in jedem Sinn«. Mit der folgenden Diskussion über das »Creative« gibt Thomas Mann den ihn selbst bewegenden Glauben an das höhere Glück des einsamen Künstlers zu erkennen: »daß das Menschlich-Schöpferische denn endlich doch als ein ferner Abglanz göttlicher Seinsgewalt, als ein Widerhall des allmächtigen Werdens, und die produktive Eingebung allerdings als von oben kommend theologisch anerkannt« werden kann.

Diese Dimension klingt auch in der Weise an, wie Felix Hartlaub seinen Protagonisten schildert. Er sitzt in einsamen Schreibstunden bei lauem Bohnenkaffee in seinem Quartier, das er als künstlerisches Gehäuse dem dröhnenden Gemeinschaftsleben im Kasino der Wolfsschanze vorzog. Dieser Rückzug bescherte ihm ein tieferes Glück als die verunglückten Versuche erotischer Eroberung, die er herrlich und wehmütig zugleich in der Gestalt seines Helden und der verehrten Sekretärin Rauschkohl karikiert. Selbstironisch versteckt sich der Autor im Tagesablauf seines Helden, dessen pflichtbewusste Alltäglichkeit durch seltene Augenblicke des Außergewöhnlichen bereichert wird. Felix Hartlaub jagt den Träumen seiner Jugend nach, ohne die ernüchternde Wirklichkeit zu vergessen, welche seine Worte assoziationsreich zu verwandeln suchen: »Da war immer dieselbe Kurve mit ganz geringen Abweichungen. Morgens ein unregelmässiges Oszillieren, die Post und die Eingänge, zerfahrenes Blättern, Überfliegen, Zerknittern und Zerreissen, dann langsam ein gleichmässiges Ansteigen, das waren die besten Arbeitsstunden, die Zeit bis zur Lagebesprechung. [...]. Und dann ein tiefes wannenförmiges Tal, die Mittagspause [...], darauf wieder eine ruhige Strecke, das Diktat, kleine Schwankungen, das ist Frl. Rauschkohl. Am Abend dann wechselnde Gebilde, da besteht doch ein wenig Freiheit. [...] Nachtarbeit, deren Resultat man am nächsten Morgen meist mühselig zusammenstreichen oder zurechtflicken muss. Manchmal noch ein paar unvermutete steile Zacken, um Mitternacht herum, unvollendeter Münsterturm am Strand.«

II.

Die Zitadelle
Stefan Zweig

I.

Die Welt von Gestern, die Autobiographie von Stefan Zweig, ist auch eine melancholische Erinnerung an das bürgerliche Europa um 1900, das im Habsburger Reich seine Blütezeit hatte und mit dem Ersten Weltkrieg unterging. Schon damals übte der Schriftsteller nach anfänglicher Begeisterung für die nationale Sache im Drama *Jeremias* verhüllt Kritik an der Zeit. Zweig entdeckte seine eigene jüdische Haltung. Sie half ihm auch, als 1933 erneut der brachiale Machtwille erwachte, seine moralische Distanz zur gewaltbereiten Zeit zu artikulieren, nun im Spiegel einer humanistischen Figur. Er sieht sich in Erasmus von Rotterdam, der sich von allem Streit und aller Gewalt fernzuhalten sucht. In der Autobiographie blickt er auf beide Werke und die Zeiten ihrer Entstehung – 1917 und 1934 – zurück, die ihn beim Schreiben aus dem Tumult hoben: »Indem ich versuchte, den andern zu helfen, habe ich damals mir selbst geholfen: zu meinem persönlichsten, privatesten Werk neben dem ›Erasmus‹, in dem ich mich 1934 in Hitlers Tagen aus einer ähnlichen Krise emporrang. Von dem Augenblick an, da ich versuchte, sie zu gestalten, litt ich nicht mehr so schwer an der Tragödie der Zeit.«

Als Stefan Zweig 1941 in den Urwäldern Brasiliens *Die Welt von Gestern* beendete, erfüllte er zuden das Versprechen, mit *Brasilien. Ein Land der Zukunft* als Exilant seinem Dank für die Aufnahme in das Land zu erstatten. Allerdings wurde das Buch in der weltweiten Emigration als Auftragsarbeit für das autoritäre Regime von Präsident Vargas betrachtet. Der Schriftsteller war zwischen die Fronten geraten und vereinsamte zunehmend. Seine letzte Erzählung *Schachnovelle* spiegelt die vernichtende

Situation politisch bedingter Isolation im Schicksal eines bürgerlichen Intellektuellen, der sich in privilegierter Gestapo-Haft vor dem Wahnsinn der Zeit vergeblich ins Schachspiel zu retten sucht. Am 23. Februar 1942 nahm Stefan Zweig sich gemeinsam mit seiner zweiten Frau Lotte das Leben. Noch am Vortag hatte er an Friederike, seine erste Frau, geschrieben: »Ich mochte zwar Petropolis gern, vermisste hier jedoch die Bücher, die ich für meine Arbeit brauchte, und die Einsamkeit, die anfänglich eine spürbare Beruhigung bewirkte, begann in Bedrückung umzuschlagen [...]. Ich bin mir sicher, dass Du einmal bessere Zeiten erleben wirst und dafür Verständnis hast, dass ich mit meiner ›schwarzen Leber‹ nicht länger auszuharren vermochte.«

Die Nachricht vom Tode Stefan Zweigs verbreitete sich wie ein Lauffeuer über die Welt, und besonders unter den deutschen Exilanten war in vielen Resonanzen auch Reserve gegenüber dem Erfolgsautor spürbar, der nicht gewillt gewesen war, sich politisch in den Widerstand gegen den Nationalsozialismus einzureihen. So schrieb Arnold Zweig mit herber Anteilnahme: »Er hatte trotz klarer Erkenntnis immer davor gescheut, sich kämpferisch zu exponieren. Er sei kein Polemiker, verteidigte er sich einmal, als er von links her angegriffen wurde – mit gutem Grund.« Der nach Palästina ausgewanderte Schriftsteller warf dem Namensvetter implizit auch vor, die jüdische Sache im Stich gelassen zu haben: »Hatte er doch auch, trotz des Wohlwollens, das er einst von Theodor Herzl empfing, den Weg nach Palästina abgelehnt, dem ›Land der Väter‹, mit dem er sich innerhalb seines Dichtens so gut verstand. [...] Das ist das Ende des geistigen Menschen, dem der Schritt zu den Entrechteten nur literarisch gelingt [...].«

Ähnlich skeptisch urteilte Hannah Arendt, die im Pariser Exil lange für zionistische Organisationen gearbeitet hatte. Im New Yorker Exil besprach sie die englische Ausgabe von *Die Welt von Gestern* und zeichnete scharf den Kontrast zwischen der erfolgreichen Assimilation an die bürgerliche Welt und der plötzlichen Katastrophe, die nach 1933 die privilegierten Juden Westeuropas aus den abendländischen Träumen gerissen hatte: »Stefan Zweig war ein Literat und schildert uns in seinem letzten Buch die Welt der Literaten, in welcher er Ruhm erworben hatte und Bildung; ein freundliches Schicksal hatte ihn vor Armut, ein guter Stern vor Anonymität bewahrt. […] Bevor Stefan Zweig seinem Leben ein Ende bereitete, hat er mit jener erbarmungslosen Genauigkeit, welche der Kälte der echten Verzweiflung entspricht, aufgezeichnet, […] wie er aus dem Paradies vertrieben wurde; dem Paradies des gebildeten Genusses […]. Die sehr vergoldeten Gitterstäbe dieses eigenartigen Naturschutzparkes waren sehr dicht und benahmen den Insassen jeden Blick und jede Einsicht, die ihrem Erleben und Genießen hätte störend werden können […].«

Unmittelbar nach dem Suizid äußerte sich Thomas Mann im New Yorker *Aufbau*, dem Blatt des künstlerischen und politischen Exils, mit leichter Verhaltenheit: »Der Tod Stefan Zweigs reißt eine schmerzliche Lücke in die Reihen der europäischen literarischen Emigration. Sein Weltruhm war wohlverdient, und es ist tragisch, daß die seelische Widerstandskraft dieses hochbegabten Menschen unter dem schweren Druck dieser Zeit zusammengebrochen ist. Was ich am meisten an ihm bewunderte, war die Gabe, historische Epochen und Gestalten psychologisch und künstlerisch lebendig zu machen. Dies künstlerische Verstehen kam aus einer tiefen und sanften Humanität, einer Güte, die Vielen zu leben geholfen hat. Desto kummervoller ist es, daß sie selbst nicht robust genug war, die Finsternis zu überleben und den Tag zu sehen.« Aber im Brief an Friederike Zweig, ein halbes Jahr später verfasst, wird die tiefe politische Ambivalenz Thomas Manns erst gänzlich deutlich: »War er sich keiner Verpflichtung bewußt gegen die Hunderttausende, unter denen sein Name groß war, und auf die seine Abdankung tief deprimierend wirken mußte? […] Durfte er dem Erzfeinde den

Ruhm gönnen, daß wieder einmal Einer von uns vor einer ›gewaltigen Welterneuerung‹ die Segel gestrichen hatte?«

II.

Die Idee, über Erasmus von Rotterdam zu schreiben, kam Stefan Zweig schon vor 1933, als sich die politischen Wolken über Europa immer dunkler zusammenzogen. An Romain Rolland, den eng befreundeten Humanisten und Sozialisten, schrieb er, fasziniert von dessen politischer Unentschiedenheit: »Sein Schicksal ist das unsere. Wie einsam er an seinem Lebensende war, weil er weder für die Reformation noch dagegen Partei ergreifen wollte und weil er den Haß wegen dieser belanglosen Fragen nicht verstand. Ich werde Ihnen eines Tages einige seiner Briefe in Kopie senden.« Zwei Jahre später erschien *Triumph und Tragik des Erasmus von Rotterdam* als humanistisches Manifest, das die »Gesinnungsunduldsamkeit das Erbübel unserer Welt« nennt: »Darum bekämpfte Erasmus jedweden Fanatismus, ob auf religiösem, ob auf nationalem oder weltanschaulichem Gebiete, als den gebornen und geschornen Zerstörer jeder Verständigung, er haßte sie alle, die Halsstarrigen und Denkeinseitigen, ob im Priestergewand oder Professorentalar, die Scheuklappendenker und Zeloten jeder Klasse und Rasse, die allorts für ihre eigene Meinung Kadavergehorsam verlangen und jede andere Anschauung verächtlich Ketzerei nennen oder Schurkerei.«

Zugleich gibt das Porträt zu bedenken, dass ein vorsichtiges Abwägen fragwürdig werden kann, wenn ein entschiedenes Wort hätte weichenstellend wirken können, das zu sprechen Erasmus allerdings auf dem Reichstag zu Augsburg versäumt habe: »Es müßten keine Scheiterhaufen brennen, Index und Inquisition brauchten nicht ihre grausamen Brandmale auf die Freiheit des Geistes zu drücken, unermeßliches Elend würde dem geprüften Europa erspart.« Stefan Zweig hält im Bild des Erasmus schon Gericht über sich selbst, bevor es Freunde und Bekannte unter den Exilanten tun werden: »Tragisch wiederholt sich die Form des erasmischen Schicksals, daß es diesem vorausschauenden und doch nie sich vorwagenden Manne immer nur gegeben war, welthistorische Augenblicke wie kein anderer zu erkennen und doch die Entscheidung durch persönliche Schwäche, durch eine unheilbare Mutlosigkeit zu versäumen: hier erneuert sich« seine historische Schuld.« Er ahnt in dieser »verschleierten Selbstdarstellung«, wie er in *Die Welt von Gestern* den *Erasmus* nennt, dass die Rechtfertigung des vorsichtigen und unentschiedenen Humanisten viel politische Kritik auf sich ziehen würde: »Diese Haltung des Erasmus, diese seine Unentschiedenheit oder besser sein Sich-nicht-entscheiden-Wollen haben die Zeitgenossen und Nachfahren höchst simpel Feigheit genannt und den klarsinnig Zögernden als lau und wetterwendisch verhöhnt. In der Tat: [...] dies furchtlos Heroische war nicht seine Art.«

Aber der Schriftsteller war durchaus entschieden, diese Position kämpferisch zu verteidigen. Schon Ende 1933 reagierte Stefan Zweig empört auf Klaus Mann, da dessen Zeitschrift *Die Sammlung* entgegen der ursprünglichen Zusicherung, rein literarischen Zielen zu dienen, im Querido Verlag sofort eine politische Richtung eingeschlagen hatte. Deshalb zog er im September 1933 gegenüber dem Verleger seine Zusage zurück, als Mitarbeiter der Zeitschrift ein Kapitel des *Erasmus* zu liefern: »Die ausdrückliche Voraussetzung, unter der ich seinerzeit jenes Bruchstück in Aussicht stellte, ist also weggefallen. Ich habe bereits an den Herausgeber der ›Sammlung‹ geschrieben, daß ich unter diesen Umständen an der Zeitschrift keinesfalls mitarbeiten würde, und ersucht, meinen Namen in der Liste der Mitarbeiter nicht mehr anzuführen, was er mir zugesagt hatte.« Als diese Zeilen durch eine Indiskretion öffentlich wurden, fand sich Stefan Zweig plötzlich am Pranger der linksliberalen Intellektuellen im Exil. So warf ihm der renommierte Ernst Fischer in den Prager *Neuen Deutschen Blättern* vor, sein Quietismus stütze den Nationalsozialismus. Zweigs Replik, veröffentlicht im November in der Wiener *Arbeiterzeitung*, erwähnt auch das kommende Porträt des Erasmus: »Richtig ist [...], dass ich nicht nur in diesem Falle der ›Sammlung‹, sondern seit langem grundsätzlich ablehne, an gemeinsamen politisch-polemischen Manifestationen teilzunehmen, und dies insbesonders, wie ich seit Monaten an einem Buch arbeite, das mir Gelegenheit gibt, meine Einstellung zum Problem der Politik und Humanität persönlich und für mich allein verantwortlich darzutun.«

Klaus Mann, der Romain Rolland zu einer kritischen Resonanz in *Die Sammlung* hatte bewegen können, notierte nach Erscheinen des Buches im Juli 1934 im Tagebuch: »Gelesen: ›Erasmus.‹ Stets der etwas zweitklassige Glanz seines Stils. Sehr grosse Intelligenz. Oft sehr deutliche Rechtfertigungsversuche der eigenen schwankenden Haltung – durch Verklärung (kritische, dezente Verklärung) des Erasmus. –« Selbst ein Freund wie Joseph Roth, den Zweig im Pariser Exil finanziell unterstützte, schrieb entsetzt im persönlichen Brief: »Unter gar keinen Umständen darf ein aufrechter Mann die ›Politik‹ fürchten. Wir haben ganz große Beispiele in der Literatur. Es ist ein *Hochmut*, olympischer sein zu wollen, als Hugo und Zola. Aber ich gebe zu, daß es Temperamentssache ist, ob man eingreift oder nicht.« Als der *Erasmus* erschienen war, ließ Roth trotz zarter Vorbehalte keinen Zweifel daran, wie sehr er beglückt war von dem Versuch, die eigene Haltung im Baseler Humanisten erkennbar werden zu lassen: »Das ist das nobelste Buch, das Sie je geschrieben haben. Das ist die Biographie ihres Spiegelbildes – und ich gratuliere Ihnen zu Ihrem Spiegelbild. / [...] Spiritualisierte Geschichte.«

Kurz darauf besprach Ludwig Marcuse, vor 1933 bei Martin Heidegger geschult, in *Das Neue Tage-Buch* deutlich verärgert diese »Rechtfertigungsschrift eines Wiener Neutralen«, die ihm ein allzu großes Lob der humanistischen Weltferne auszusprechen schien. Im Geist des literarischen Exils, das vornehmlich in Frankreich lebte und seine intellektuellen Kräfte im Amsterdamer Verlag konzentrierte, heißt es bissig: »Wenn auch der Insel-Verlag die Werke des gebrandmarkten Stefan Zweig nicht mehr druckt, so wäre es dennoch ein geradezu unhumanistischer Fanatismus, zum Querido-Verlag zu gehen. Besser wartet man auf den Ararat der unbelasteten Wiener Verlages Herbert Reichners, bis sich die Wasser verlaufen. Das ist die Anwendung des Erasmischen auf den Alltag.«

Thomas Mann, der damals selbst zu jenen gehörte, die nicht gerne die politische Ausrichtung der *Sammlung* sahen, noch besorgt, durch scharfe Urteile sich der Möglichkeit des deutschen Publikums zu berauben, sah zuerst nur die fatale Adelung des Diktators: »Ich las in Zweigs Erasmus-Buch. Die historische Anspielung und Parallele ist schon unerträglich, weil sie der Gegenwart zuviel schwächliche Ehre erweist. ›Luther der Revolutionär, der dämonisch Getriebene dumpfer deutscher Volksgewalten‹. Wer erkennt nicht Hitler?« Aber eine Woche später betrachtet er das Buch in neuem Lichte: »Der ›Erasmus‹ von Zweig hat mir doch manches gegeben. […] Die ›Wiederkehr‹ ist insofern anzuerkennen, als der antirationale und antihumane, auf Blut und Tragödie versessene Nationalsozialismus […] die tumultöse und blutige Rolle des Luthertums wieder spielen wird.«

III.

Nach den literarischen Kritiken und Ambivalenzen, mit denen das deutschsprachige Exil auf sein Erasmus-Porträt reagiert hatte, brachte eine Schweizer Resonanz Stefan Zweig auf den Gedanken, eine wesentlich mutigere Figur aus der Zeit der Religionskriege darstellen zu wollen. Im Juni 1934 berichtete er

Romain Rolland: »Ich habe einen neuen Helden entdeckt, oder vielmehr, ich machte ihn nicht selbst ausfindig. Ich erhielt zwei Briefe von Personen, die ich nicht namentlich erwähnen kann, weil sie offizielle Stellungen in Genf innehaben. Sie sagten mir, daß ich den Kampf beschrieben hätte, den Erasmus für die Freiheit des Denkens geliefert hat; daß es aber jemanden gäbe, der im Verborgenen und mit unerhörtem Mut (sein Leben dabei aufs Spiel setzend) Calvin einen solchen geliefert habe. Es ist Sebastien Castellion, der nach dem großen Verbrechen gegen Servet die Stimme gegen den omnipotenten Calvin erhoben hat, den Diktator roher Gewaltanwendung, und Meinungsfreiheit verlangte, der es ablehnte, daß man einen anderen, der nicht die eigene Meinung vertritt, einen Häretiker nennt.« Getragen von einem Enthusiasmus, der bald jede Zeile des Buches erfüllen wird, fährt Zweig fort: »Ich las diese Schriften, sie sind von einer Kraft und Seelenreinheit, die erstaunlich sind – welch ein unbekannter Vorreiter unserer besiegten Ideen, welch ein stiller Held (Schriftsetzer in einer Druckerei, Wasserträger, bevor er Professor in Basel wurde, in seinem Leben bedroht und durch die grimmige Wut der protestantischen Priester erdrückt, selbst ein Reformierter).« Stefan Zweig ist überzeugt, in Castellio und seinem Schicksal die eigene Zeit genauer begreifen zu können. Denn die Verve, mit der sein moralischer Wagemut die Grenzen seiner eigenen Person weit überschreitet, lässt erkennen, wie fanatische Wahrheitsansprüche sich politisch prekär auswirken: »Welche Ähnlichkeit zu unserer Epoche, welche zu Hitler, dieser todernste Calvin, Feind der Freiheit (außer jener, die er selbst predigt und in ein hartes Gesetz verwandelt) – und welch ein *freier* Geist, dieser Castellion, dieser Arme, dieser Isolierte, dieser Erasmische ohne den beizenden Spott, ohne dessen Schwäche.«

Dem Genfer Pastor Jean Schorer, der ihn auf Castellio aufmerksam gemacht hatte, erläutert Stefan Zweig seine Idee, nicht nur eine mit einem Vorwort versehene Neuauflage der lange verschollenen Schriften Castellios zu unternehmen: »Vielleicht kann ich daraus sogar ein Buch machen, denn das Duell zwischen Calvin und Castellion scheint mir dem zwischen Erasmus und Luther nicht nachzustehen.« Tatsächlich nutzt er einen Aufenthalt in Zürich, der im Frühjahr 1935 auch mit der Feier von Thomas Manns 60. Geburtstag verbunden ist, um weitere Forschungen in den Bibliotheken anzustellen und in Basel den Nachlass von Castellio zu sichten. An einen Pariser Freund schreibt er im Juli des Jahres, überrascht, mit dem Porträt eine politisch umfassende Ideologiekritik der Zeit schreiben zu können: »Ich wundere mich selbst, wie all diese Diktaturen exakt in dem kleinen Genfer Spiegel geformt waren; absolute Reglementierung des Lebens, Vereinheitlichung des Glaubens, des Denkens, sogar der Speisen auf dem Tisch. Du weißt, daß ich nicht die Gabe der Polemik besitze. Ich kann meinen Widerspruch und meine Meinungen nur durch Symbole zum Ausdruck bringen wie im ›Erasmus‹ und dieses neue Buch wird viel gegenwärtiger.«

Wenige Wochen später artikuliert sich dies Unbehagen an den totalitären Tendenzen der Zeit im Brief auch angesichts der utopischen Inszenierungen des Stalinismus, nachdem Romain Rolland zuvor ziemlich begeistert von seiner Reise in die Sowjetunion auch Folgendes berichtet hatte: »Insgesamt habe ich mich bei meiner ersten Begegnung mit der UdSSR nicht allzu schlecht aus der Affäre gezogen. [...] Ich habe sehr aufschlußreiche Gespräche mit Stalin, mit Bucharin, mit Jagoda und den meisten führenden Politikern geführt. [...] Am 30. Juni habe ich auf dem Roten Platz an dem begeisterndsten Volksfest teilgenommen, das ich mir hätte vorstellen können. 130000 junge Arbeitersportler aus Betrieben und Gewerkschaften defilierten halbnackt [...]. Kein Zweifel, die Revolution hat tiefe Wurzeln im arbeitenden Volk geschlagen.« Zweig erscheint diese großartige Zurschaustellung sozialistischer Einheit fragwürdig: »Ich [...] fürchte nur, daß dieselbe Triebkraft auch die Hitlerische und die faschistische Jugend braucht. [...] Ich hege immer die Angst, daß alle diese wundervollen Jugendlichen in ihrer gemeinsamen Begeisterung nicht mehr denken, die ihnen eingeimpft wird. [...] Wer wird es wagen, aus den Reihen auszuscheren, wenn er die Marschrichtung plötzlich nicht mehr billigt? [...] Ich schätze immer noch und weiterhin die großen Einzelgänger, die für die großen Ideen gekämpft haben, dabei aber ablehnten, sich in Reih und Glied und in Uniform pressen zu lassen; mein Buch über Sébastien Castellion wird davon ein Zeugnis ablegen.«

Während im Porträt des Erasmus die Begriffe »Scheiterhaufen«, »Index« und »Inquisition« noch am Rand standen, bilden sie in *Castellio gegen Calvin* den tragischen Fluchtpunkt der Darstellung. Zweig preist Castellios Verdienst, von Basel aus gegen »fanatische Rechthaberei eines Menschen [...] die Gewissensfreiheit« behauptet zu haben, und spiegelt in den Genfer Verhältnissen die diktatorische Realität des heutigen Europas: »Dank einer großartigen organisatorischen Technik ist es Calvin gelungen, eine ganze Stadt, einen ganzen Staat mit tausenden bisher freien Bürgern in eine starre Gehorsamsmaschinerie zu verwandeln, jede Selbständigkeit auszurotten, jede Denkfreiheit zugunsten seiner alleinigen Lehre zu beschlagnahmen. Alles, was Macht hat in Stadt und Staat, untersteht seiner Allmacht [...]. Seine Lehre ist Gesetz geworden, und wer wider sie gelindesten Einspruch wagt, den belehren baldigst Kerker, Verbannung oder Scheiterhaufen.« Eingehend untersucht Zweig die fatale Dynamik einer ursprünglich befreienden Idee, getragen vom protestantischen Gewissen. Denn mit dem politischen Erfolg der neuen Konfession wird die anfängliche Haltung, die neue Wahrheit für sich sprechen zu lassen, oftmals aufgegeben: »Ewig erneut sich dieser Fluch aller religiösen und politischen Ideologien, daß sie in Tyranneien ausarten [...]. Gleichgültig, welche Idee immer – jede und jedwede ist von der Stunde an, da sie zum Terror greift, um fremde Überzeugungen zu uniformieren und zu reglementieren, nicht mehr Idealität, sondern Brutalität. Selbst die reinste Wahrheit, wenn andern mit Gewalt aufgezwungen, wird zur Sünde wider den Geist.«

Zweig zeigt im Spiegel der russischen Literatur, wie tyrannische Herrschsucht auf devote Sehnsucht jener zählen kann, die eine entlastende Autorität suchen, um nicht frei entscheiden zu müssen. So begegnet bei Dostojewskij ein spanischer Inquisitor der Figur Jesu selbstbewusst mit der Einsicht: »Ich sage dir, der Mensch kennt keine qualvollere Sorge, als jemanden zu finden, dem er möglichst bald jenes Geschenk der Freiheit übergeben könnte, mit dem er, dieses unglückselige Geschöpf, auf die Welt kommt.« Entsprechend heißt es in *Castellio gegen Calvin*: »Dostojewskis Großinquisitor hat es mit grausamer Dialektik bewiesen, daß die Mehrzahl der Menschen die eigene Freiheit eigentlich fürchtet, und tatsächlich sehnt sich aus Müdigkeit angesichts der erschöpfenden Vielfalt der Probleme, angesichts der Kompliziertheit und Verantwortlichkeit des Lebens die große Masse nach einer Mechanisierung der Welt durch eine endgültige, eine allgültige, eine definitive Ordnung, die ihr jedwede Denkarbeit abnimmt. Diese messianische Sehnsucht nach einer Entproblematisierung des Daseins bildet das eigentliche Ferment, das allen sozialen und religiösen Propheten die Wege ebnet.«

Insofern ist es für Zweig beglückend, mit Sebastian Castellio an einen religiösen Humanisten erinnern zu können, der einer inquistorischen Wahrheit todesmutig die Stirn bietet: »Denn wenn Castellio den von Calvin hingeopferten Servet allen Theologen der Welt zum Trotz einen unschuldig Gemordeten nennt, wenn er allen Sophismen Calvins das unsterbliche Wort entgegenschleudert: ›Einen Menschen verbrennen heißt nicht, eine Lehre verteidigen, sondern: einen Menschen töten‹, wenn er in seinem Manifest der Toleranz (lange vor Locke, Hume, Voltaire und viel großartiger als sie) ein für alle mal das Recht auf Gedankenfreiheit proklamiert, dann setzt dieser Mann für

seine Überzeugung sein Leben als Pfand.« Tatsächlich starb
der Gegenspieler Calvins, dem ein Ketzer-Prozess drohte, mit
48 Jahren in Basel, völlig entkräftet. Er hinterließ Schriften zu
religiöser Pluralität und Toleranz, die rasch auf den protestantischen Index kamen, bevor sie im 17. Jahrhundert in den liberalen Niederlanden veröffentlich wurden.

Gegen die dogmatische Disziplin, die Calvin brillant in seinen Schriften begründet, verteidigt Castellio passioniert die
unvermeidliche Pluralität von Meinungen: »Die Wahrheit der
Religionen sind ihrer Natur nach geheimnisvoll und bilden
noch nach mehr als tausend Jahren den Gegenstand eines unendlichen Streites, in welchem das Blut nicht aufhören wird zu
fließen, sofern nicht die Liebe die Geister erleuchtet und das
letzte Wort behält.« Gedankliche Einheit ist in dieser Welt nicht
zu erzielen: »Wären alle Dinge so klar und offenbar, wie es klar
ist, daß es einen Gott gibt, so könnten alle Christen leicht über
alle Dinge einer Meinung sein.« So führt Castellio zuletzt die
Vorstellung ad absurdum, man könne eindeutig von »Ketzern«
sprechen: »Wenn ich nachdenke, was eigentlich ein Ketzer sei,
finde ich nichts anderes, als daß wir alle jene als Ketzer bezeich-
nen, die nicht mit unserer Meinung übereinstimmen.« Zweig
lässt dem Humanisten, welcher den beherzten Zweifel als notwendiges Medium der Vielfalt beschrieb, auch das weitere Wort,
das auch jeden Zeitgenossen ansprechen soll: »Die Menschen
sind so sehr von ihrer eigenen Meinung oder vielmehr von der
falschen Gewißheit, die sie von ihrer Meinung haben, überzeugt, daß sie hochmütig die anderen verachten […]. Und von
daher stammen alle diese Verbannungen, Exile, Einsperrungen,
Verbrennungen, Hängungen, diese ganze niederträchtige Wut
der Hinrichtungen und Folterungen.«

Über zweihundert Jahre vor Lessing und seiner Ringparabel
reklamiert Castellio einen Geist gegenseitiger Duldsamkeit, der
auffordert, sich durch die guten Früchte des eigenen Glaubens
zu bewähren, während der äußere Streit um die Wahrheit zu

keinem guten Ende führe. Stefan Zweig lässt eine Passage eines späten Traktates sprechen, die sich direkt an Calvin richtet: »So bitte ich Euch um der Liebe Christi willen, respektiert meine Freiheit und stehet endlich ab, mich mit falschen Anschuldigungen zu überhäufen. Laßt mich meinen Glauben ohne Zwang bekennen, so wie man Euch den Euren verstattet und wie ich meinerseits ihn Euch willig zuerkenne. […] Gewiß ist einer von uns beiden im Irrtum, aber lieben wir doch darum einer den andern! Der Meister wird einst dem Irrenden schon die Wahrheit dartun. Das einzige, was wir mit Sicherheit wissen, Ihr und ich, oder wenigstens wissen sollten, ist die Verpflichtung zur christlichen Liebe. Üben wir sie aus und indem wir sie üben, laßt uns dieserart allen unseren Gegnern den Mund verschließen.«

Mit *Castellio gegen Calvin* ist Stefan Zweig ein Klassiker der literarischen Ideengeschichte gelungen, dem das Verdienst zukommt, den religiösen Ursprung der Idee der Toleranz einem größeren Publikum veranschaulicht zu haben. Sein Schreiben war indes angetrieben von dem Verlangen, in der finsteren Zeit erinnernd ein Licht zu entzünden. Der Schriftsteller schloss mit dem emphatischen Ausblick: »Alle Despotien veralten oder erkalten in kürzester Frist, alle Ideologien und ihre zeitlichen Siege enden mit ihrer Zeit; nur die Idee der geistigen Freiheit, Idee aller Ideen und darum keiner erliegend, hat ewige Wiederkehr, weil ewig wie der Geist. Wird ihr äußerlich zeitweilig das Wort genommen, dann flüchtet sie zurück in den innersten Raum des Gewissens, unerreichbar für jede Bedrängnis. Vergeblich darum, wenn Machthaber meinen, sie hätten den freien Geist schon besiegt, weil sie ihm die Lippe versiegeln. Denn mit jedem neuen Menschen wird ein neues Gewissen geboren.«

IV.

Im Mai 1936 konnte Stefan Zweig dem alten Freund in Genf den Abschluss des Buches mitteilen, sehr nachdenklich, auf welche Resonanz es in der Sowjetunion stoßen würde: »Es ist ein Glaubensbekenntnis geworden. Ich bin sicher, er wird nicht nur in Italien und Deutschland verboten werden, sondern auch in Rußland (was ich bedaure). Aber ich mußte gegenüber mir selbst Stellung beziehen. Keine Wahrheit, auch nicht die göttlichste, entschuldigt in meinen Augen die Unterdrückung des freien Wortes, ich weiß, das ist in der heutigen Welt unmöglich zu verwirklichen, aber ich halte an meinem Credo fest.« Nach der sofortiger Lektüre des Buches bleibt Romain Rolland bei einem allgemeinen Lob des Autors, den er zum Vorläufer des eigenen Humanismus macht: »Castellio nimmt seinen Platz in unseren Reihen ein – an unserer Spitze, wie es einem um 400 Jahre Älteren zusteht!« Aber die Antwort wich der politischen Brisanz aus und spielte nur auf religiöse Widerstände an: »Ihr Buch kommt gerade recht zur Vierhundertjahrfeier (25. Mai) der Reformation in Genf. [...] Wenn die französische Ausgabe erscheint, werden Sie in Stücke zerrissen. Nie wird man Ihnen den Angriff auf Calvin verzeihen.«

Als im folgenden Jahr an den 20. Jahrestag der Russischen Revolution international unter den Gegnern des Hitler-Regimes erinnert wird, löckt Zweig nochmals gegen den Stachel, nachdem er Rolland zugestanden hatte, »daß ich die Größe voll anerkenne und daß ich für die Zukunft der Sowjets alles wünsche, was man wünschen kann.« Aber dann heißt es: »Wenn nur Stalin uns die Aufgabe nicht so schwer machte durch seine massenhaften Erschießungen! Mein Freund, ich weiß, daß Sie bis ins Herz betrübt sein müssen – denn wer will sagen ›Verräter‹? Das ist der alte ›Ketzer‹-Schrei, und ich habe in meinem ›Castellio‹ dazu gesagt, was zu sagen war. Ich fühle mich durchaus nicht von Ihnen entfernt, wenn ich diese ›Säuberungen‹ und die

Art, wie man sie kundtut, als meiner Auffassung von Freiheit wiedersprechend bedaure – und ich weiß, Sie wünschen wie wir alle, daß dieser Terror endlich aufhört.« Die Freundschaft wird über diesen politischen Differenzen abflauen, folgt man dem spärlicher werdenden Briefwechsel zwischen Zweig und Rolland.

Anders reagierte der von Zweig unterstützte Prager Arzt und Literat Ernst Weiß, der sich im Pariser Exil als Romancier mühsam über Wasser hielt: »Wenn heute Bücher überhaupt noch wirkten könnten, müßte auf dieses Buch ein gewaltiger, welterschütternder Schrei kommen, von beiden Seiten. Eines scheint mir sicher. Hätte man ein Buch wie dieses *vor* dem Machtantritt der Diktatoren (besonders in Deutschland) besessen, wäre es nicht so weit gekommen. […] Und sicher scheint es mir, daß gerade aus dem faulenden Urgrunde der agonisierenden christlichen Kultur, alle diese Miasmen der Gewaltanbetung kommen, weil die Massen eben irgend etwas mythomanisch anbeten müssen, und da ihnen das Christentum den Mythos nicht mehr gibt, sind es die ›Ersatzchristusse‹ wie Hitler etc.«

Als drei Jahre später die Sowjetunion kurz vor dem Überfall auf Polen ihren Nichtangriffspakt mit dem Deutschen Reich schließt und die großartige Illusion zerstört, dass Stalin der Hoffnungsträger im Kampf gegen Hitler sei, kann sich Stefan Zweig in seiner ahnungsvollen Skepsis nur bestätigt fühlen. Nach Ausbruch des Krieges schreibt er in England an Felix Braun, einen literarischen Jugendfreund, der ebenfalls sich hatte auf die Insel retten können: »Das Bündnis Hitlers mit Stalin endet die bisherige Form der Welt und, so neugierig ich auf die neue im abstracten Sinn wäre, so furchtbar graut mir vor den Krisen des Übergangs.« Als »Jude ohne den religiösen Glauben und den Willen, Jude zu sein« und als »Pacifist, d[er] nicht widersprechen d[arf], wenn man gegen das Untier rüstet und kämpft« findet er dramatische Worte für die prekäre Lage des heimatlosen Intellektuellen: »Wie bequem wäre es Zionist oder Bolschewik oder sonst ein festgelegter Mensch zu sein, statt wie eine getriebene Planke in der Sturzflut herumgeworfen zu werden, schon halb zerstoßen und zermürbt! Ein Königreich für eine Illusion! Ich finde keine.«

In dieser Zeit bedrückte Zweig auch die traurige Tatsache, dass mit Sigmund Freud wenige Wochen zuvor sein großer Mentor in London verstorben war. Der Begründer der Psychoanalyse stellte seit den Wiener Jugendjahren die integre Autorität dar, die seine intellektuelle Leidenschaft für das Innenleben der historischen und poetischen Figuren immer gefördert hatte, auch den Glauben, dass die menschliche Rationalität mit der Zeit erlaube, den Dämon des Irrationalen zumindest in Schach zu halten. Zweig besuchte Freud, der sich im Frühjahr 1938 noch ins englische Exil hatte retten können, dankbar mehrfach in London und erinnerte in *Die Welt von Gestern* das Tröstende ihrer Gespräche: »Im Augenblick, da man in sein Zimmer trat, war der Wahnsinn der äußeren Welt gleichsam abgetan. [...] Zum ersten Mal erlebte ich den wahrhaft Weisen, den über sich selbst erhobenen, der auch Schmerz und Tod nicht mehr als persönliches Erlebnis empfindet, sondern als überpersönliches Objekt der Betrachtung, der Beobachtung: sein Sterben war nicht minder eine moralische Großtat als sein Leben.«

Zweigs resignative Stimmung spiegelt sich auch in Zeilen, in denen er Rolland von einem entstehenden Porträt Ciceros berichtete: »Ich sitze hier fest in Bath, und außer dem einen Mal, als ich am Grabe Freuds war, bin ich nicht fort gewesen und will nicht einmal mehr fort sein. [...] Noch kann ich nicht arbeiten. Ich habe eine historische Miniatur geschrieben, eine ›Sternstunde‹, wie meine anderen – den Tod Ciceros, des ersten Humanisten, der von einer Diktatur zertreten wurde. Man hat Cicero immer kleiner gemacht, um Cäsar größer erscheinen zu lassen [...]. Er ist *unser* Mann, der für unsere Ideen starb, in Zeiten, die grausam den unseren gleichen.« Tatsächlich spiegelt sich in dem Essay, der 1940 erstmals auf Englisch erschien und erst sechzig Jahre später in die *Sternstunden der Menschheit* aufgenommen wurde, Zweigs melancholischer Habitus. Häufig taucht im Porträt das Wort »müde« auf, um den römischen Rhetor als »müdgehetztes Tier« zu charakterisieren. Stefan Zweig imaginiert für den Verfolgten im Geiste der eigenen Resignation ein inneres Szenario der »Todesbereitschaft«: »Nur noch ein paar Tage Rast begehrt der müde Gewordene von seinem schon erledigten Dasein. Nur noch ein wenig still nachsinnen, noch ein paar Briefe schreiben, ein paar Bücher lesen – möge dann kommen, was ihm bestimmt ist.« Die suizidale Stimmung ist mit Händen zu greifen, wenn er sich in den römischen Rhetor weiter einfühlt: »Eine Müdigkeit, die nicht bloß eine der Glieder, der Nerven ist, sondern eine Müdigkeit des Lebens und ein geheimnisvolles Heimweh nach dem Ende, nach der Erde hat ihn übermannt. Nur rasten noch einmal. Noch einmal die süße Luft der Heimat atmen und Abschied nehmen, Abschied von der Welt, aber ruhen und rasten, sei es ein Tag oder eine Stunde nur.«

Aber das Porträt vergisst auch nicht den letzten Trost zu erinnern, den sich Cicero in der politischen Bedrängnis erlaubt, indem er eine wesentlich jüngere Frau mit Leidenschaft begehrt. Die biographische Parallele ist evident. Denn nach der Scheidung von seiner Frau Friederike, die über lange Jahre seine äußeren Geschäfte und den Hausstand geführt hatte, trotzt Stefan Zweig selbst der Zeit und dem Alter mit der Heirat seiner Sekretärin Lotte Altmann, wozu sein *Cicero* einen selbstironischen Kommentar anbietet: »Der Sechzigjährige begeht noch die süßestes Torheit des Alters, er nimmt eine junge Frau, jünger als seine Tochter, um als Künstler des Lebens Schönheit statt in Marmor und Versen auch in ihrer sinnlichsten und bezauberndsten Form zu genießen.«

V.

Aber die literarische Tätigkeit bleibt der wichtigste Trost, den Zweig in jener Zeit auch anderen empfiehlt. So riet er einem exilierten Freund noch vor Kriegsausbruch in London: »Ich glaube, das rein äußere Faktum eines gedruckten Buches, das in sich ja sichtbare Bestätigung der eigenen Existenz ist, würde Dich innerlich festigen und Dir das Gefühl von Einsamkeit nehmen, das in Zeiten wie diesen doppelt gefährlich ist.« Der Vorschlag, »ein Bildnis Wiens und unserer Jugend zu geben«, an Felix Braun gerichtet, regte ihn selbst an, mit *Die Welt von Gestern* wenigstens rückblickend das eigene Leben elegisch in einen sinnvollen Zusammenhang zu stellen: »Ich will selbst einmal ein solches Buch schreiben, nicht als Autobiographie, sondern als Abgesang jener österreichisch-jüdisch-bürgerlichen Kultur, die in Mahler, Hofmannsthal, Schnitzler, Freud kulminierte.«

Die leidenschaftliche Arbeit an den *Erinnerungen eines Europäers* beruhigte den politisch Verzweifelten und rastlos Reisenden vorerst. In der Folge erscheint nach einer zweiten Vortragsreise in Südamerika das Land Brasilien unverhofft als Alternative zum Leben in Nordamerika, gleichsam als sein tropisches Tusculum, zumal Lotte Zweig in New York sehr mit ihrem Asthma zu kämpfen hatte. Schon im Vorfeld der Entscheidung für Petropolis schreibt Zweig Anfang 1940 noch aus dem englischen Domizil Bath an Felix Braun in London über ein inspirierendes Buch, das für seine letzte literarische Tätigkeit entscheidend werden wird: »Vielleicht bist Du noch zu kurz hier, um unter dieser Flachheit der öffentlichen Aussprache sosehr zu leiden wie ich; glücklicherweise ersetzt mir die Lectüre viel. Ich las jetzt wieder Montaigne, eine wahrhafte Erlabung für unabhängiges Denken.« Der Zufall wollte es, dass er Ende 1941 in Petropolis in seinem Haus eine Montaigne-Ausgabe finden sollte. Nach dem unverhofften Hinweis auf Castellio war es dieser überraschende Fund in Brasilien, der seinem Schreiben ein neues Ziel setzte. Im Oktober 1941 schreibt Zweig seiner geschiedenen Frau Friederike: »Mich lockt sehr über Montaigne zu schreiben, den ich jetzt viel und mit größtem Genuß lese, ein anderer (besserer) Erasmus, ganz ein tröstlicher Gast. Aber hier gibt es soviel wie nichts über ihn und ich weiß nicht einmal ob ich in America die Bücher anschaffen könnte.« Sein Wunsch war ihr Befehl, und so erhielt er zum 60. Geburtstag am 28. November aus den Vereinigten Staaten Montaigne-Literatur zum Geschenk.

In der Folge gab Zweig Hermann Kesten, dem kosmopolitischen Diplomat des Exils in die Vereinigten Staaten, einen ersten Bericht über den werdenden *Montaigne*, der ein »Pendant« zum *Erasmus* werden solle: »Es wird natürlich keine konkrete, systematische Biographie und nicht philologisch alle Facetten spiegeln. Mich interessiert vor allem von seinen Problemen nur das eine, das sich uns allen heute mit gleicher Eindringlichkeit und Gefährlichkeit wie damals stellt: wie bleibe ich frei, wie erhalte ich die Klarheit des Hirns in einer schmerzlichen und fanatisierten Zeit?« Zu Beginn seines Essays bedenkt Zweig erstaunt, wie er als Jugendlicher mehr lustlos Montaignes Gedanken zu Cicero gelesen habe, jetzt erst könne er wirklich schätzen, wie dieser zur Zeit religiöser Meinungskriege freisinnig gedacht habe: »Nur wer in der eigenen erschütterten Seele eine Zeit durchleben muß, die mit Krieg, Gewalt und tyrannischen Ideologien dem Einzelnen das Leben und innerhalb seines Lebens wieder die kostbarste Substanz, die individuelle Freiheit, bedroht, nur der weiß, wieviel Mut, wieviel Ehrlichkeit und Entschlossenheit vonnöten sind, in solchen Zeiten der Herdentollheit seinem innersten Ich treu zu bleiben.«

Zu dieser Freiheit gehört Montaignes Fähigkeit, sich in der Einsamkeit des Turmes, fern des politischen Getümmels, die wenigen Bücher zu intensiven Gesprächspartnern werden zu lassen: »Bücher sind für ihn nicht wie Menschen, die ihn bedrängen und beschwatzen und die man Mühe hat loszuwerden. Wenn man sie nicht ruft, kommen sie nicht; er kann dieses oder jenes zur Hand nehmen, je nach seiner Laune.« Aber die *Essais* drängten sich Stefan Zweig nicht auf; vielmehr wurde ihm in der Einsamkeit Montaigne als Gesprächspartner lebensnotwendig. Denn er sah in dem längst Verstorbenen »den Menschen in nuce, [...] den nackten und überzeitlichen Menschen«: »Nicht ein Buch ist mit mir, nicht Literatur, nicht Philosophie, sondern ein Mensch, dem ich Bruder bin, ein Mensch, der mich berät, der mich tröstet, ein Mensch, den ich verstehe und der mich versteht. Nehme ich die ›Essais‹ zur Hand, so verschwindet im halbdunklen Raum das bedruckte Papier. Jemand atmet, jemand lebt mit mir, ein Fremder ist zu mir getreten und ist kein Fremder mehr, sondern jemand, dem ich mich nahe fühle wie einem Freund.«

Dass Montaigne einer privilegierten Familie entstammt, der die Assimilation an den französischen Adel gelang, und dass er mütterlicherseits eine sephardische Herkunft aufweist, die von Verfolgung und Exil weiß, sind nicht zufällig biographische Fakten. So konnte Zweig zuletzt alle Spannungen und Widersprüche seiner jüdischen Existenz in diesem Fragment implizit zur Sprache bringen, viel mehr, als dies in den Büchern über Erasmus oder Castellio möglich gewesen war. Aber Montaigne teilte mit beiden den radikalen Individualismus inmitten einer religiös fanatischen Welt, die 1572 in der Bartholomäusnacht eine diesen unbekannte, neue Zäsur der Gewalt setzt: »›In dieser Verwirrung, in der wir uns seit dreißig Jahren befinden, sieht sich jeder Franzose stündlich einer Lage gegenüber, die eine völlige Umkehrung seines Schicksals bedeuten kann.‹« Darauf folgt auch für Zweig die Notwendigkeit des bei Montaigne vorbildlich genutzten Rückzugs aus dem öffentlichen Raum in die geistige Privatheit: »Man muß daher suchen, solche Sicherheit außerhalb dieser Welt zu finden, abseits des Vaterlandes; man muß sich weigern, mitzutoben im Chor der Besessenen, und jenseits der Zeit sein eigenes Vaterland, seine eigene Welt sich schaffen.«

So wird Montaignes einsames Leben im Turm, in dem er von Büchern und Zitaten umgeben ist, für Stefan Zweig in der politischen Bedrängnis der Jahreswende 1941/42 zum Sinnbild der ersehnten Lebensführung, sich vor der wirren Welt in sich selbst literarisch verschanzen zu können: »Montaigne wußte zu gut, eine wie ungeheure Aufgabe schon dies allein bedeutet: in sich selbst innere Selbständigkeit zu bewahren. So beschränkt sich sein Kampf ausschließlich auf die Defensive, auf die Verteidigung jener inneren Schanze, die Goethe die ›Zitadelle‹ nennt und zu der kein Mensch einem anderen Zutritt verstattet.« Dass ein solcher Mensch auch im privaten Leben darauf achtgibt, möglichst unbelastet von Erwartungen und Forderungen zu bleiben, ist Stefan Zweig vertraut: »Montaigne hat nicht auf den öffentlichen Dienst verzichtet, um jetzt als Familienvater täglich kleinere Sorgen um sich zu haben. […] Was Montaigne sucht, ist sein inneres Ich, das nicht dem Staat, der Familie, der Zeit, den Umständen, dem Gelde, dem Besitz gehören soll, jenes innere Ich, das Goethe seine ›Zitadelle‹ nannte.« Auch in *Die Welt von Gestern* tauchte schon Goethes Metapher auf, als Zweig bewundernd auf den standhaften Benedetto Croce blickte, der in Neapel Mussolini trotzte, indem er sich in seine Welt der Bücher zurückzog: »[S]o stark war seine Autorität, daß die sonst unerbittliche Zensur auf Befehl Mussolinis vor ihm Halt machte, während seine Schüler, seine Gesinnungsgenossen völlig erledigt wurden. Ihn aufzusuchen forderte für einen Italiener und sogar für einen Ausländer besonderen Mut, denn die Behörden wußten wohl, daß er in seiner Zitadelle, seinen mit Büchern überfüllten Zimmern ohne Maske und Schminke sprach.«

VI.

Aber der eigene Rückzug in Petropolis führte nicht zur ersehnten Beruhigung des Lebens. Dass sich Ende 1941 nach dem
japanischen Angriff auf Pearl Harbor der Krieg ausweitete und
Zweig in der Vorstellung bedrohlich nahe kam, tat ein Übri-
ges. Die *Schachnovelle*, die in der letzten Lebenszeit entsteht,
wird zum Spiegel der prekären Einsamkeit des von fanatischer
Gewalt Umzingelten. Schon dass sein Held von Hitler seines
Berufes und seiner Sprache beraubt wurde, schafft biographische Parallelen. Auch hier ist es der zufällige Fund eines Buches,
der die innere Lage vorerst wendet. Ein Schachbuch, das der
Angeklagte vor einem Verhör findet, erlaubt dem bürgerlichen
Helden dem gähnenden Nichts der Tage geistig zu entfliehen,
bevor das Nachspielen der Meisterpartien zur stupiden Ge-
wohnheit wird und er in eine tiefe psychische Krise stürzt, unfähig, den agonalen Dialog der schwarzen und weißen Figuren
in der eigenen Vorstellung weiter zu simulieren. Die abstrakte
Schilderung spiegelt die konkrete Situation des Schriftstellers,
der Ende Dezember einem fernen Freund anvertraut, wie wenig das einsame und abgeschottete Leben den schöpferischen
Geist anregen kann: »Daß es mir noch nicht ganz gelingt, spüre
ich an der Arbeit. Mir fehlt bei gewisser Regelmäßigkeit der
Fortführung der beschwingende Moment des Fanatismus und
der fördernde Wahn der Wichtigkeit für die Zeit. Ich habe immer das Gefühl eines Virtuosen, der in einem Saal mit schlechter Resonanz und verfälschender Akustik musizieren soll und
darum von vornweg nicht die ganze notwendige Feurigkeit
aufbringt.«
Allerdings erfuhr Zweig nie die Härte einer Isolationshaft,
wenn auch das Exil ihm das Leben in beengten Räumlich-
keiten aufdrängte, verglichen mit seinem früheren Leben. So
entsprach in der brasilianischen Abgeschiedenheit sein Raum
halbwegs dem einfachen Hotelzimmer, in das man Dr. B. ge-

sperrt hatte. Die *Essais* sind der Strohhalm, an dem er sich nach Abschluss der Novelle noch festklammern kann: »Dazwischen halte ich mich an Montaigne, der in einer genau so dreckigen Zeit wie der unseren versucht hat, unabhängig zu bleiben und auch unter der Gasmaske klar zu denken. Die Notizen wachsen, vielleicht gibt es ein Buch, ein durchsichtiges Selbstporträt meiner Zeitanschauung wie seinerzeit der Erasmus.«

Aber als Stefan Zweig der Einsamkeit tatsächlich einmal entflieht und im Februar 1942 mit seiner Frau einer Einladung zum Karneval folgt, erfährt er in Rio de Janeiro von der japanischen Einnahme Singapurs; für ihn ist dies ein Zeichen, dass sich der kriegerische Ring noch enger um ihn und seine Frau schließen wird. Mit der plötzlichen Rückkehr nach Petropolis ist wohl entschieden, nun gemeinsam aus dem Leben zu gehen. Der Schriftsteller Ernst Feder, der zu den wenigen Freunden gehörte, berichtete vom letzten Abend vor dem Selbstmord, als er mit seiner Frau bei Zweigs eingeladen war: »Die vier Bände meines Montaigne, die er entliehen hatte, gab er mir zurück. / [...] In den Bänden [...] waren zwei Stellen angestrichen. Die eine beschrieb Montaigne am königlichen Hof, ›in der Menge verdrängt, beobachtend‹. In der anderen wurde der Essayist selbst zitiert; indem er zwischen Montaigne dem Menschen und Montaigne dem Bürgermeister von Bordeaux unterscheidet, schreibt er: ›Meines Erachtens sollte man den Mitmenschen leihen und nur sich selbst wirklich geben.‹«

Aber Montaignes Freiheit zur ruhigen Beobachtung und jene, sich allein mit sich selbst zu beschäftigen, besaß Stefan Zweig nun nicht mehr in ausreichendem Umfang, zunehmend eingeschränkt durch die extreme Lebenslage und seine melancholischen Konstitution. Die wenige Tage vor dem Selbstmord an seine Verleger im Manuskript versandte *Schachnovelle* spiegelt, wie intensiv sich der Schriftsteller alle psychischen Abgründe, welche Psychiatrie und Psychoanalyse seiner Zeit kannten, für seinen Helden vor Augen geführt hatte. Der isolierte Bürger, der zuletzt die einsame Vorstellungswelt ohne ein reales Gegenüber nicht mehr aushält, kann fiktiv bei einem verständnisvollen Arzt in einer Nervenklinik Schutz finden. Diese Möglichkeit bot sich Stefan Zweig nicht. Es fehlte ihm auch der menschliche Halt in Friederike Zweig, den die wesentlich jüngere Lebensgefährtin Lotte in dieser Hinsicht nicht bieten konnte.

Zweigs Beschäftigung mit den *Essais* weist auf die Selbsttötung als Möglichkeit hin, einen solch unerträglichen Zustand beenden zu können: »Wenn man diese Leiden nicht beseitigen kann, dann muß man mutig und rasch ein Ende machen, das ist die einzige Medizin, die einzige Richtlinie und Wissenschaft.« Donald Prater hat in *Das Leben eines Ungeduldigen* minutiös die suizidalen Gedankenbewegungen verfolgt, welche die Lektüre Montaignes hinterließ. Eine weitere Spurenlese lautet: »Es ist nicht das Rezept gegen eine einzige Krankheit, der Tod ist Rezept gegen alle Krankheiten … Der freiwillige Tod ist der schönste. Das Leben hängt vom Willen der anderen ab – der Tod von unserem.« Diese Passage findet in einem seiner Abschiedsbriefe Resonanz: »Das Leben hängt vom Willen anderer ab, der Tod von unserem. Der gute Ruf hat nichts dabei zu suchen, es ist eine Torheit darauf Rücksicht zu nehmen. Leben – heißt dienen, unter der Bedingung, daß einem das Sterben freisteht.«

Stefan Zweig besaß zuletzt nicht mehr die Kraft, um die Anfänge einer Welt von morgen abzuwarten, auch wenn seine Erklärung für die Nachwelt den Traum von einer utopischen Humanität nicht aufgegeben hatte. So schrieb er, nicht ohne dankbares Pathos gegenüber dem Land, welches ihm ein letztes Refugium geboten hatte: »Ehe ich aus freiem Willen und mit klaren Sinnen aus dem Leben scheide, drängt es mich eine letzte Pflicht zu erfüllen: diesem wundervollen Lande Brasilien innig zu danken, das mir und meiner Arbeit so gute und gastliche Rast gegeben. Mit jedem Tage habe ich dies Land mehr lieben gelernt und nirgends hätte ich mir mein Leben vom

Grunde aus neu aufgebaut, nachdem die Welt meiner eigenen Sprache für mich untergegangen ist und meine geistige Heimat Europa sich selbst vernichtet. / Aber nach dem sechzigsten Jahr bedürfte es besonderer Kräfte, um noch einmal völlig neu zu beginnen. Und die meinen sind durch die langen Jahre heimatlosen Wanderns erschöpft. So halte ich es für besser, rechtzeitig und in aufrechter Haltung ein Leben abzuschließen, dem geistige Arbeit immer die lauterste Freude und persönliche Freiheit das höchste Gut dieser Erde gewesen. / Ich grüße alle meine Freunde! Mögen sie die Morgenröte noch sehen nach der langen Nacht! Ich, allzu Ungeduldiger, gehe ihnen voraus.«

»Was wusste ich schon vom Exil?«
Inge Jens im Gespräch über Thomas Mann

Matthias Bormuth   Frau Jens, mit Ihnen über Thomas Mann und das Exil zu sprechen, liegt nahe. Mehr als eine Dekade haben Sie seine Tagebücher ediert, die seine späteren Jahre in den Vereinigten Staaten und der Schweiz betreffen. Wie kamen Sie zu dieser editorischen Herausforderung?

Inge Jens   Es war mehr ein Zufall, dass S. Fischer mir diese schwierige Arbeit anvertraute. Alles begann mit einem Anruf des Verlags. Auf die Frage, ob ich ein Nachwort zu einem Thomas Mann-Band schreiben könne, antwortete, da ich nicht zu Hause war, mein Mann, seine Frau werde daran bestimmt kein Interesse haben. Als man daraufhin erschrocken fragte, was mich denn interessiere, verwies mein Mann auf die Tagebücher, deren Edition bis dahin in den Händen von Peter de Mendelssohn lag. Natürlich hatte er Recht, denn ich bin keine Schriftstellerin, sondern eher Historikerin mit einer Vorliebe für Biografisches.

Bormuth   Was geschah dann?

Inge Jens   Erst einmal nichts, aber nachdem Peter de Mendelssohn verstorben war, kam die Verlagsleitung mit Monika Schoeller nach Tübingen, um mir die Herausgabe der weiteren Tagebücher anzutragen. Ausschlaggebend war wohl meine Edition der Briefe Thomas Manns an Ernst Bertram gewesen. Friedrich Sieburg hatte sie Jahre zuvor als Starkritiker in der *FAZ* über den grünen Klee gelobt.

Bormuth   War hierbei auch Ihre Studie zur Berliner Dichter-Akademie eine Hilfe?

Inge Jens   Sie schuf fraglos einen zeit- und literaturhistorisch guten Hintergrund, um Thomas Manns Ansichten nach 1933 verstehen zu können. Zur Preußischen Akademie der schönen Künste und ihrer Sektion Dichtkunst gehörte zu dieser

Zeit fast alles, was Rang und Namen hatte. Sie war in den Weimarer Jahren mit Hilfe von Thomas Mann begründet worden.

Bormuth   Wie begann Ihre Arbeit mit den Tagebüchern?

Inge Jens   Ich erhielt den Text in einer vorläufig gesetzten Fassung, wobei ich beim Abgleichen Thomas Manns Handschrift gut lesen lernte. Es war eine tolle Arbeit. Nie wieder habe ich etwas gemacht, das mich so begeisterte. Denn die Tagebücher dokumentieren vor allem das Leben, das Thomas Mann seit 1933 im Exil führte.

Bormuth   Wie war es, sich in das einzudenken, was Thomas Mann über die Jahre in der Emigration erlebt und gedacht hatte?

Inge Jens   Tatsächlich waren die Voraussetzungen nicht einfach. Am Anfang seines Exils war ich selbst sechs Jahre alt. Die deutschen Verhältnisse lernte ich nur langsam kennen. Ich kam nicht aus einem Nazi-Haushalt, meine Eltern waren bürgerlich und vorsichtig. Es galt die Haltung: »Die Kinder müssen nicht alles von den Scheußlichkeiten wissen.« Erst gegen Ende des Krieges erfuhr ich etwas, da ich wegen meines Gelenkrheumatismus öfter zu Hause bleiben musste und deshalb Nachrichten und Gespräche meiner Eltern mithörte. Aber da ich zu jung war, kann ich nicht sagen, dass ich als Deutsche direkte Schuldgefühle hatte. Aber es hat mich bedrückt, und ich habe mich nicht unschuldig gefühlt.

Bormuth   Wann setzte dies Bewusstsein ein?

Inge Jens   Die Nürnberger Prozesse, die vor fünfundsiebzig Jahren unter alliierter Leitung stattfanden, brachten die Kriegsschuld und die Untaten der Deutschen erstmals öffentlich vor Augen. Plötzlich wurden mir Zusammenhänge deutlich, die mir natürlich längst hätten klar sein können. Jahrzehnte später boten die Tagebücher Thomas Manns eine besondere Möglichkeit, um die Perspektive der Exilanten genauer zu verstehen.

Bormuth   Mir kommt der Gedanke an Autoren der Gruppe 47 wie Ingeborg Bachmann oder Uwe Johnson, die Sie später kennenlernten und ungefähr so alt waren wie Sie. In ihren Werken wie in jenen vieler anderer Autoren ist die deutsche Schuld Thema; sie schrieben über das, was im Namen der Väter passiert war.

Inge Jens Mein erstes Erlebnis war Ilse Aichinger, die ich über die Ulmer Volkshochschule kennenlernte, wo mein Mann regelmäßig Vorträge hielt. Erst anschließend kamen andere Vertreter der Gruppe 47, nach und nach auch Exilanten wie Hans Mayer, der später lange in Tübingen lebte. Dabei war mein Wissen über die Emigration sehr einseitig. Umso stärker brannte ich darauf, über die Edition der Tagebücher Genaueres über die Zeit zu erfahren. Zugleich beschämte mich, dass all dies passiert war und dass ich es nicht zur Kenntnis genommen hatte.

Bormuth Hatten Sie das Gefühl, Ihre neuen Kenntnisse könnten auch anderen zur Erhellung der jüngsten Vergangenheit dienen?

Inge Jens Mich bewegte der Gedanke der Aufklärung. Und ich arbeitete mich mit großer Leidenschaft in die Zusammenhänge der literarischen Emigration ein. Anfangs ahnte ich ungefähr, was sich mit dem Schicksal der emigrierten Schriftsteller verband. Aber erst die Arbeit an den Tagebüchern, die breite Lektüren notwendig machte, lehrte mich geschichtlich verstehen, dass Thomas Mann ein faszinierendes Zentrum verschiedenster Emigranten-Schicksale bildete.

Bormuth Welche Emigranten meinen Sie?

Inge Jens Es ging seit 1943 vor allem um den Kreis jener, die sich in Kalifornien gesammelt hatten: unter anderem Franz Werfel, Lion Feuchtwanger, Bertolt Brecht, auch Theodor W. Adorno und Max Horkheimer. Sie alle boten wichtige Aufschlüsse im Blick auf Thomas Mann, so dass ich erst einmal anfing, mich einzulesen. Denn: Was wusste ich schon vom Exil?

Bormuth Blickt man auf Ihre späteren Kommentare, lassen diese die Leserschaft die Bedeutung der kurzen Tagebucheinträge besser einordnen. Sie erlauben zu verstehen, auf welche konkreten Ereignisse, Artikel, Bücher, Briefe oder Reden sich Thomas Mann bezog.

Inge Jens Als ich den ersten Band an S. Fischer nach Frankfurt geschickt hatte, gab man mir allerdings zu verstehen, dass die Kommentare zu ausführlich ausgefallen seien. Tatsächlich war der Apparat dreimal so dick wie die Tagebücher. So lernte ich im Austausch mit meiner Verlegerin und dem Lektorat, wie man Wichtiges von Unwichtigem unterscheidet.

Bormuth Dabei denke ich auch an Ihre frühere Edition der Briefe des Germanisten Max Kommerell, deren Genauigkeit und Quellenreichtum. Sie eröffnen der Leserschaft die Möglichkeit, an den gedanklichen Vorgängen Anteil zu nehmen.

Inge Jens Das war lange vor den Tagebüchern. Damals hatte ich keine Ahnung, wie man streng ediert. Ich versuchte durch meine umfänglichen Lektüren und Anmerkungen die historischen Bedingungen der Briefe Max Kommerells etwas plastischer zu machen. Auch wollte ich zeigen, wie er als Mensch unter der Geschichte leidet, in die er vielfach involviert war. So nahm ich in die Kommentare auch Gegenbriefe auf.

Bormuth Max Kommerell kam aus dem engen Zirkel um Stefan George und befreite sich im Namen von Hugo von Hofmannsthal aus der Abhängigkeit von seinem Meister. Um 1933 zeigte er politische Sympathien für das Regime, zog sich aber bald in die Innere Emigration zurück.

Inge Jens Der Gelehrte und Dichter hatte binnen weniger Jahre enorm viel gelernt aus der Geschichte. Meine Edition versucht entlang der Briefe die verschiedenen, widersprüchlichen Positionen durch weitere Quellen zu dokumentieren.

Bormuth Ihr Anliegen, die politischen und persönlichen Wendungen im Leben zu erfassen, etwas vom Nachdenken eines Menschen zu erfahren, zeigt sich in ganz anderem Umfang in Ihrer Edition der Tagebücher Thomas Manns.

Inge Jens Es galt, mit den Kommentaren das geistige Leben in seinen Einflüssen und Umständen zu erfassen, um den gedanklichen Zusammenhang der kurzen Notate deutlich zu machen und auch um Fehlinterpretationen zu verhindern. Erst dann konnte ich zeigen, auf welche Fakten sich welche Ansichten bezogen.

Bormuth   Wie verhielt es sich mit den erotischen Ereignissen, die ihren Niederschlag in den Tagebüchern fanden?

Inge Jens   Mir war es anfangs doch sehr merkwürdig, wenn Thomas Mann von einem Jüngling mit schlanken, hohen Beinen schrieb. Auch das muss einmal kommentiert werden. Jedoch scheint es mir nicht entscheidend, darüber zu spekulieren, welche Jünglinge genau ihn begeisterten, wenn keine eindeutige Klärung möglich ist. Vor allem muss ich möglichst objektiv von seiner Neigung erzählen.

Bormuth   Es ging Ihnen um eine exemplarische Kommentierung, nicht um das Erfassen aller konkreten Zusammenhänge?

Inge Jens   Man muss der Tatsache Rechnung tragen, dass Thomas Mann eine homosexuelle Neigung hatte. Diese Leidenschaft gehört zu seinem Werk. Man schätzt Thomas Mann falsch ein, wenn man das nicht weiß. Aber es geht nicht darum, Intimitäten auszubreiten.

Bormuth   Kommen wir zu den äußeren Bedingungen seines Schreibens, dem Exil, dem Leben, das Thomas Mann nach 1933 außerhalb Deutschlands zuerst in der Schweiz und später an der Ost- und Westküste der Vereinigten Staaten führte.

Inge Jens   Thomas Mann war der maßgebliche Sprecher des amerikanischen Exils; seine persönlichen Umstände waren wesentlich günstiger als jene, unter denen die meisten anderen Emigranten leben mussten. Ihm ging es materiell gut. Seine Bücher verkauften sich sehr gut, und zudem fand er in Agnes Meyer eine reiche Mäzenatin. Meine Kommentare wollen seinen Status als außerordentlich privilegierter Emigrant mit sichtbar machen.

Bormuth   Es wäre auch Lion Feuchtwanger zu nennen, der in Pacific Palisades in direkter Nachbarschaft in der großzügigen Villa Aurora lebte, umgeben von einer wertvollen Bibliothek alter und neuer Literatur.

Inge Jens   Lion Feuchtwangers Romane verkauften sich sogar wesentlich besser als die Bücher von Thomas Mann. Beide hatten mit Alfred Knopf in New York einen der bekanntesten amerikanischen Verleger. Für andere Emigranten interessierte sich Knopf kaum, die hatten meist keinen Namen und verkauften sich nicht. Immerhin bot Hollywood finanziell einige Hilfen, auch wenn die wenigsten Schriftsteller Drehbücher schrieben, die angenommen wurden.

Bormuth   An der Ostküste verfügte Thomas Mann auch über gute Kontakte an den großen Universitäten von Columbia, Princeton, Yale und Harvard, die mit dem führenden Bürgertum verbunden waren.

Inge Jens   Agnes Meyer protegierte ihn nicht nur finanziell, sondern machte Thomas Mann auch in höchsten Kreisen bekannt, sogar bei Präsident Theodor Roosevelt.

Bormuth   In Kalifornien lebte er stärker in der Welt der deutschen Emigranten, vermisste am Pazifik aber die heimische Lebens- und Bildungswelt. Wie erging es den erwachsenen Kindern? Ich denke neben Erika an die Brüder Klaus und Golo, die viel im Osten und im Westen des Landes unterwegs waren.

Inge Jens   Man kann Klaus und Golo nur schwer vergleichen. Während Klaus wie seine Schwester das unstete Leben eines Literaten führte, war Golo als strebsamer Gelehrter eine vollkommen andere Existenz. Auf den hoch gebildeten, aber kaum geliebten Golo war immer Verlass. Er versprach nie mehr, als er halten konnte, und versuchte, sich als Dozent in kleinsten Colleges unabhängig vom Elternhaus zu machen.

Bormuth   Golo Mann machte nach dem Tod des Vaters als Historiker und Schriftsteller in der Bundesrepublik spät Karriere. Er lebte zuletzt im Elternhaus in Kilchberg bei Zürich. Sie lernten ihn dort kennen, als Sie mit der Edition der Tagebücher begannen.

Inge Jens   Im Laufe der Jahre wurde Golo Mann mir zu einem Freund, das kann ich nicht anders sagen. Wenn ich in Zürich war, um im Thomas Mann-Archiv zu arbeiten, besuchte ich ihn meist draußen in Kilchberg. Er half mir oft bei der Suche nach Materialien, nachdem er gesehen hatte, wie ich ediere. Uns verband die Neugierde des Historikers, der wissen will, welche relevanten Quellen man finden kann, um eine Sache in ihrem geschichtlichen Zusammenhang zu verstehen. Golo Mann mochte es auch, dass die Frage, wer mit wem ein Liebesverhältnis hatte, mich nur insoweit interessierte, als darüber grundsätzlich etwas zum Verständnis Thomas Manns neu zu gewinnen war. Im Sinne solcher Diskretion hielt er selbst auch Abstand zum Literaturklatsch, den Peter de Mendelssohn in seine Kommentierung hatte weidlich einfließen lassen. Allerdings unterstreichen dessen Anekdoten, die auf persönlichem Wissen beruhen, natürlich zutreffend, dass Thomas Mann auch in dieser Welt stark verhaftet gewesen war.

Bormuth   Das literarische Exil in der Enklave Kalifornien förderte auch Tratsch-Geschichten.

Inge Jens   In dieser kleinen Welt sprach und schrieb Thomas Mann immer gerne über sich selber. Aber die Tagebücher zeugen auch von seiner Sonderstellung als Nobelpreisträger. Neid und Argwohn lagen da nicht fern.

Bormuth   Thomas Mann besaß ein genuines Gefühl für die eigene Bedeutsamkeit?

Inge Jens   Von Ruhm als Schriftsteller hat Thomas Mann immer viel gehalten. Er begleitete ihn auch in die Vereinigten Staaten.

Bormuth   Fühlte er sich nicht auch über seine Zeit erhoben, seitdem er im Exil mit *Lotte in Weimar* offenkundig eine Selbstbespiegelung in Goethe geschrieben hatte?

Inge Jens Thomas Mann dachte im Horizont dieser literarischen Ewigkeit in Anführungsstrichen. In den *Betrachtungen eines Unpolitischen* sieht man am deutlichsten, wie fern er sich vom Tagesgeschehen fühlte, trotzdem er seit der Weimarer Republik die Tagespolitik verfolgte. Bei aller Offenheit für das Politische hatte Thomas Mann seine innere Haltung später eigentlich nicht grundlegend geändert. So fühlte er sich in den Vereinigten Staaten und ihrer demokratischen Zivilisation auch als privilegierter Bürger nicht wirklich zu Hause.

Bormuth Als er die große *Joseph*-Trilogie dort zum Frühjahr 1943 beendet hatte, begann Thomas Mann nach kurzem Zögern den *Doktor Faustus* zu schreiben, seine Auseinandersetzung mit der Zeit des Nationalsozialismus. Tauchen in diesem Buch nicht die Sichtweisen der *Betrachtungen eines Unpolitischen* wieder verstärkt auf? Er rückt sich und die Deutschen im Geiste der Romantik in die Nähe des genialen wie kranken Tonkünstlers Adrian Leverkühn, dessen Vorbild in manchen Zügen Nietzsche ist.

Inge Jens Das kann man so sehen. Wobei für Thomas Mann selbst die tragische Komponente von Nietzsche wegfällt. Er war ein lebenskluger Schriftsteller und nicht zuletzt durch seine Frau abgesichert. Katja wusste, wenn etwas schiefging, immer einen Ausweg, angefangen bei der täglichen Lebensführung als Schriftsteller.

Bormuth Überstand Thomas Mann das Exil vor allem aufgrund der Hilfe seiner Frau?

Inge Jens Mich hat Katja Mann sehr beeindruckt. Ich bin ihr zweimal begegnet und erinnere besonders ein Treffen. Damals fuhr ich mit dem Verleger Neske nach Zürich, um ihr vor der Edition der Briefe an Ernst Bertram meine Aufwartung zu machen. Wir haben uns auf Anhieb gut verstanden, obwohl wir völlig verschieden sind. Katja Mann mochte mich. Das war natürlich wunderbar. Auch sprach sie nie herablassend, nie entwürdigend, von ihrem Mann, immer liebevoll und doch auch sehr kritisch. Sie war eine durch und durch nüchterne Frau.

Bormuth   Hatte Katja Mann ein gutes Verständnis für den schwierigen Künstler?

Inge Jens   Sie kam selbst aus einem künstlerisch stark bestimmten Haushalt, der von ihrer zupackenden Mutter geführt wurde. Dies lässt sich auch aus ihren Briefen ersehen, die vor allem in das Buch *Frau Thomas Mann* eingingen. Katja Mann war nie eine typische Dichterfrau. Sie war sich selbst genug. Dabei sprach sie liebevoll und freundlich und natürlich auch bewundernd von ihrem Mann. Aber sie fühlte sich ihm nicht unterlegen.

Bormuth   Ohne sie hätte er das Exil nicht bestanden?

Inge Jens   Unmöglich. Sie kannte seine Vorlieben, gerade im Blick auf das Schreiben. Dies lässt sich an seinem Schreibtisch zeigen. Seine Schwiegermutter brachte ihn auf Reisen, als Thomas und Katja Mann 1933 aus der Schweiz nicht mehr nach Deutschland zurückkehren konnten. Der Schreibtisch wanderte von München nach Zürich, folgte ihm später auf allen Stationen des Exils. Und in Zeiten, wo dieser nicht zur Verfügung stand, war Katja Mann erfinderisch. So nutzte sie einen Billardtisch mit der ihm vertrauten grünen Oberfläche. Nennen Sie mir einen Emigranten, der von A bis Z immer an dem selben Schreibtisch gearbeitet hätte.

Bormuth   Der Schreibtisch bildete im Exil eine Konstante?

Inge Jens   Mit Hilfe seiner Frau fand Thomas Mann an jedem Ort spätestens einen halben Tag nach Eintreffen seinen geordneten Schreibtisch vor. Ohne Katja hätte er sehr viel weniger zustande gebracht.

Bormuth   An diesem Schreibtisch entstand um 1945 nicht nur der *Doktor Faustus*. Die Berichte und Nachrichten, die Thomas Mann aus Europa erhielt, führten zu vielen Reaktionen, wie Ihre Kommentare der Tagebücher eindrücklich zeigen. Auch versorgten seine Söhne Klaus und Golo ihn als Soldaten des amerikanischen Militärs mit Nachrichten aus dem zerbombten Deutschland. So nahm Thomas Mann 1946 auch wohlwollend wahr, dass Dolf Sternberger, Karl Jaspers, Alfred Weber in Heidelberg mit der Zeitschrift *Die Wandlung* versuchten, sich mit der jüngsten Vergangenheit ins Verhältnis zu setzen und die Voraussetzungen einer möglichen Zukunft zu klären.

Inge Jens   Er fand die Zeitschrift überzeugend, aber die Herausgeber hatten ihm auch keinen Schaden zugefügt. Thomas Mann entwickelte allerdings auch kein besonders nahes Verhältnis zu ihnen.

Bormuth   Sie haben sich unabhängig von Ihrer Kommentierung ausführlicher mit der Kontroverse beschäftigt, die Thomas Mann nach Kriegsende in Briefen mit dem Schriftsteller Walter von Molo führte. Ich zitiere einmal aus Ihrem Essay »Bücher frei von Schuld und Schande«. Thomas Mann sagte in seinem offenen Brief zur Empörung vieler Deutscher: »Es mag Aberglaube sein, aber in meinen Augen sind Bücher, die von 1933 bis 1945 in Deutschland überhaupt gedruckt werden konnten, weniger als wertlos und nicht gut in die Hände zu nehmen. Ein Geruch von Blut und Schande haftet ihnen an und se sollten alle eingestampft werden.«

Inge Jens   Nein, das ist arrogant. Das steht ihm auch nicht an. Das ist nicht gut, und das entspricht auch nicht den Tatsachen. Thomas Mann übersieht den inneren Widerstand in Deutschland, wenn dieser auch gering war. Aber man kann ihn nicht wegleugnen.

Bormuth   Sie zitieren in diesem Sinne den integren Literaten Wilhelm Hausenstein, der bis 1943 in der *Frankfurter Zeitung* geschrieben hatte. Er antwortete auf den Vorwurf Thomas Manns: »Wo wäre an diesen Dingen ein Geruch von Blut und Schande, dergleichen Bücher haben den Menschen guten Willens geholfen, sich gegenüber dem Scheußlichen in der echten Ordnung der Seele und des Geistes zu behaupten.«

Inge Jens   Hausenstein sagte dies völlig zu Recht. Nehmen Sie als Beispiel Ernst Wiechert, der als konservativer Schriftsteller vielleicht aus heutiger Sicht etwas kitschig schrieb, aber sicherlich nicht im Geist des Nationalsozialismus. Thomas Mann hat die Tatsache, dass solche Autoren mit ihren Büchern in Nazi-Deutschland erschienen, nicht wahrnehmen wollen. Es wären viele Namen mehr zu nennen.

Bormuth   Ihr Aufsatz führt auch aus, dass Thomas Mann sehr wohl um Deutsche wusste, die anders dachten, so machte er in einer Rede 1943 auf die Flugblätter der »Weißen Rose« aufmerksam, die bei den Alliierten einiges Aufsehen erregt hatten. Die Münchener Studenten hatten ihre Stimme gegen Hitler, sein Regime und die Vernichtung der Juden erhoben.

Inge Jens   Die Geschwister Hans und Sophie Scholl und Freunde wie Willi Graf, Christoph Probst und Alexander Schmorell haben ihr Leben riskiert und geopfert im Kampf gegen den Nationalsozialismus.

Bormuth   Ihre Editionen der Briefe und Tagebücher der Scholls und Willi Grafs verliehen den studentischen Stimmen schon in den 1980er Jahren einen intimen Ausdruck.

Inge Jens   Leider ist die Hans und Sophie Scholl-Edition miserabel, in erster Linie darum, weil die Familie Scholl mir wichtige Dokumente nicht zugänglich gemacht hat. Auch meine ursprüngliche Einleitung konnte ich nur separat vom Buch als Aufsatz in der *Neuen Rundschau* drucken lassen. Ganz anders verlief die Arbeit an den Briefen von Willi Graf. Sie führte dazu, dass ich mich mit seiner Schwester befreundete, die mir immens half.

Bormuth   Was trotz dieser misslichen Auslassungen an beiden Bände beeindruckt, ist, dass auch sie genaue Einblicke in das innere Leben der Personen erlauben. Nur ist es hier die Innere Emigration, die sie nach anfänglicher Zustimmung zum Nationalsozialismus in den Widerstand führt. Man kann erkennen, wie sie auf historische Ereignisse reagierten, welche Bücher sie lasen, was sie darüber dachten. Bei der »Weißen Rose« sind es Autoren wie Werner Bergengruen, Theodor Haecker, Reinhold Schneider oder Carl Muth, der Herausgeber der katholischen Zeitschrift *Hochland*, die Thomas Mann in seiner Polemik vergessen und verleugnet hatte. Warum hat er so polemisch reagiert, ohne jeden Anspruch auf ein abgewogenes Urteil? Haben ihn seine Emotionen getrieben?

Inge Jens   Thomas Mann hielt sich für den deutschesten aller Deutschen. Dass man ihm 1933 den Stuhl vor die Tür setzte, war eine Schmach, eine tiefe Verletzung seines Ehrgefühls.

Bormuth   Mit anderen, etwas übertriebenen Worten: Man hatte gewagt, ihn, den Nachfolger Goethes, seines Landes zu verweisen. Dass er *Lotte in Weimar* 1938 veröffentlichte, war kein Zufall.

Inge Jens   Natürlich hätte Thomas Mann solch einen direkten Vergleich abgestritten. Aber offensichtlich spielt die ungeheure Kränkung eine Rolle, dass er Emigrant hatte werden müssen. Die Tagebücher sprechen eine deutliche Sprache. Ob er emigriert wäre, wenn er Anfang 1933 in München gewesen wäre, weiß man nicht. Er war zu renommiert, als dass die Nazis ihn sofort in ein KZ gesperrt hätten. Aber so war es sein Glück, gar nicht mehr entscheiden zu müssen.

Bormuth   Dieser Zug der ausgesprochenen Kränkbarkeit erinnert von ferne an Nietzsche, der im *Doktor Faustus* anspielungsreich ein besonderes Denkmal erhält. In dem Buch meint man, viel von Thomas Mann selbst, seinem Empfinden und Denken zu erfahren. Und war diese Form der Verhüllung nicht zuletzt auch eine literarische Strategie der Inneren Emigration? Man übte sich in der Technik des indirekten und vieldeutigen Sprechens, das auf ein gebildetes Publikum setzt, welches die impliziten Botschaften versteht.

Inge Jens   Aber Thomas Mann sprach dieses Recht vornehmlich sich selbst zu, ganz nach dem Sprichwort: »Quod licet Jovi, non licet bovi.« Auch war die Verwundung so stark, dass man ihm Haus und Hof und Heim und alles genommen hatte. So konnte er den Deutschen nicht verzeihen, machte die Inneren Emigranten für diesen Zustand mit haftbar. Noch Katja Mann, die viel lebensklüger war, sagte mir: »Hinausgeworfen hat man uns; und das nach einem ehrenwerten Leben.«

Bormuth   Ihr Aufsatz nimmt auch gebildete Deutsche in den Blick, die nicht zur Inneren Emigration gehörten, sondern im System als Gelehrte eine fatale Rolle einnahmen. So schildern Sie, wie der Philologe Richard Harder das Gutachten über die Flugblätter der »Weißen Rose« schrieb. In dessen formaler und inhaltlicher Beschreibung scheint indirekt auch die Hochachtung vor den studentischen Autoren auf, die wie er dem Bildungsbürgertum zugehören, der Funktionselite des Staates. Eine untergründige Distanz zur herrschenden Ideologie ist in seiner Analyse spürbar, und trotzdem erfüllt Harder gewissenhaft seine Aufgabe, die zur Hinrichtung der Geschwister Scholl führt.

Inge Jens   Thomas Mann hat auch erst lernen müssen, Dokumente, die während der Nazi-Zeit in Deutschland erschienen, richtig zu lesen. Er wollte die vielfältigen Zwischentöne nicht erkennen. Zudem wusste er nicht viel von der sogenannten Sklavensprache, weil sie meist im Sinne des Regimes genutzt wurde.

Bormuth   Das heißt, den tragischem Konflikt, den viele Deutsche durchlebten, hat er gar nicht ausgelotet. Thomas Mann ist in der Kontroverse um die Innere Emigration rasch an die Grenzen seiner Bereitschaft gestoßen, verstehen zu wollen.

Inge Jens   Er hatte im kalifornischen Exil ein festes Bild von Deutschland; und das war Nazideutschland. Das war nicht falsch. Aber er nahm andere Strömungen, Unterströmungen, die es in Deutschland auch gegeben hat, Bemühungen, sich innerlich auf Distanz zu halten, nicht wahr, natürlich angewiesen auf die amerikanische Nachrichtenvermittlung.

Bormuth   Ist seine Entscheidung, am Ende seines Lebens

in die Schweiz zu gehen, ein Zeichen dieser konsequenten Verweigerungshaltung?

Inge Jens   Nein, in Deutschland zu leben, wäre Thomas Mann völlig unmöglich gewesen. Er war emotional angegriffen und litt als Deutscher darunter, als geistiger Repräsentant ungerechterweise vertrieben worden zu sein. Deutscher wollte er niemals mehr werden.

Bormuth   Er kam 1949 und 1955 zu spektakulären Besuchen nach Deutschland. Thomas Mann nahm große Goethe- und Schiller-Jubiläen zum Anlass, um sowohl in West wie Ost das kulturelle Deutschland zu vertreten.

Inge Jens   Das waren gezielte Gesten inmitten des Kalten Krieges. Wenn er 1949 nach Frankfurt geht, dann spricht er auch in Weimar über Goethe. Und 1955 wird Thomas Mann seine Rede über Schiller sowohl in Stuttgart als auch in Weimar halten. Kurze Zeit nach den beiden Reden starb er.

Bormuth   Das ist gut inszeniert. Keiner der beiden neuen deutschen Staaten konnte Thomas Mann für sich alleine reklamieren.

Inge Jens   Thomas Mann war ein großer Diplomat, auch wenn er manchmal wie in der Kontroverse nach dem Krieg ein bisschen zu derbe auftrat. Aber dies hatte auch seine Gründe. Natürlich ist auch gekränkte Eitelkeit mit im Spiel. Aber anschließend war er sich seiner Sache doch sehr sicher.

Bormuth   Der Schriftsteller im Exil blieb der große, in seiner Zeit der größte Repräsentant der bürgerlichen deutschen Kultur. Und in diesem Sinne ist er doch seinen frühen *Betrachtungen eines Unpolitischen* treu geblieben, auch wenn er die politischen Verhältnisse später nicht mehr verachtete.

Inge Jens   Thomas Mann war im Kern ein unpolitischer Mensch, aber er sah sich als Schriftsteller natürlich hoch politisch, als einen politischen Faktor, der zu Buche schlug. Er war durch die Emigration gezwungen worden, deutlich Stellung zu nehmen, was er noch längere Zeit vermieden hatte. Und gerade deswegen wollte er sich nach 1945 nicht festlegen auf den Osten oder Westen. Darauf hat er zeit seines Lebens geachtet. Er wollte der große Neutrale sein, der aber auf der richtigen Seite steht. So war die Schweiz nicht zufällig das Land, in dem er seine letzten Lebensjahre verbrachte.

Figuren der Passion
Erich Auerbach

I.

Am Ende seines Lebens verwies Erich Auerbach auf die biographischen Bedingungen seiner Literaturgeschichte, die einen großen Bogen von Homer und der Bibel über Augustinus, Dante und Montaigne bis hin zu Stendhal und Virginia Woolf spannt: »*Mimesis* ist ganz bewußt ein Buch, das ein bestimmter Mensch, in einer bestimmten Lage, zu Anfang der 1940er Jahre geschrieben hat.« Aber die Einflüsse erschöpfen sich nicht in den Jahren des Istanbuler Exils, sondern reichen weiter zurück bis in die Zeit nach dem Ersten Weltkrieg, als der Soldat nach Berlin heimkehrte. Auerbachs Aufzeichnungen vom Revolutionswinter 1918/19 zeigen, wie die romanische Literatur ihm damals zur rettenden Aussicht wurde: »Die Lage ist schrecklich. Wenn irgendein Leben noch zu führen ist, und irgend ein Ausweg – so sollen diese Zeilen mich erinnern. / Was auch geschieht; es ist bei der Sache zu bleiben.« Die Berliner Lektüren und Studien, die Rolandslied, Chrétien de Tryayes' *Yvain*, Dantes *Divina Comedia*, Boccaccio, Antoine de la Sale, Rabelais, Montaigne und Cervantes umfassten, wurden später zu Kristallisationskernen von *Mimesis*. Die wenigen Notate zeigen zudem, mit welch großer Emphase schon der junge Philologe die historischen Texte auf ihre aktuelle Bedeutung hin las: »In schmutzigen Büchern, in einer schwierigen Sprache, in labyrinthischen, nutzlos verzwickten Gedankengängen liegen die alte Verse, beschmiert von philologischer Kritik von oben bis unten; verzweifelt kramt man herum in alldem Zeug; und mit eins blitzt etwas auf und strahlt und alles wird hell.«

Zugleich kann im Blick auf den frühen Auerbach erstaunen, dass er im Geiste von Thomas Manns *Betrachtungen eines*

Unpolitischen für sich auf gehörigen Abstand zu den radikalen Umwälzungen der Zeit ging. Abschätzig kommentiert er die Aktivitäten seines Freundes Friedrich Burschell, der Adjutant Kurt Eisners in der Münchener Räterepublik war: »Welch entsetzliche Verwirrung. Ich fürchte es ist nichts zu tun. Man muss sie austoben lassen. [...] Alle wollen, und keiner weiss, was.« Als Sohn aus vermögendem jüdischen Elternhaus 1892 in Berlin-Charlottenburg geboren, betrachtete Erich Auerbach die expressionistische Lagebeschreibung skeptisch und snobistisch: »›Der Mensch steht auf.‹ Ach Gott. Mit Sozialismus und dauernder Wählerei. – Sozialismus und Kapitalismus gehören zu einander (wie der Teufel zu seiner Großmutter). Bei beiden dreht es sich um Essen Trinken Wohnen Anziehn; oder noch schlimmer: ums Aufdenkopfspucken können. / Alles sehr wichtig. Aber mich geht's nicht an.«

Allerdings wurde er im Oberseminar von Ernst Troeltsch, einem theologischen Ethiker und liberalen Kulturphilosophen, in der Folge zum Teil eines illustren Intellektuellenzirkels, zu dem auch sein späterer Freund Walter Benjamin gehörte. Man suchte im Rekurs auf die Geistesgeschichte in der vielfach entzauberten Moderne eine geschichtsphilosophisch tragende Sinngebung. Giambattista Vicos Blick für den zyklischen Wechsel zwischen barbarischen und zivilisierten Zeiten faszinierte ihn ebenso wie dessen Vertrauen auf die göttliche Vorsehung, das *Die neue Wissenschaft über die gemeinschaftliche Natur der Völker* prägt. Auerbach übersetzte das Werk und verdichtete seine Examensstudie über Vico in einem Essay für das liberale Journal *Der neue Merkur*. Darin heißt es emphatisch: »Wir hören nicht auf zu wünschen und zu fordern: die erfahrungsmäßige Durchforschung dieser erscheinenden Welt läßt uns leer, wir bleiben fremd und unvertraut auf dem Boden, den wir bewohnen; und, wie es sich schrecklich genug jetzt offenbart, wir sind durch alle äußere Vervollkommnung nicht einmal fähig geworden, die Ökonomie der menschlichen Gesellschaft einigermaßen in Ordnung zu halten, was manchem früherem Geschlecht mit geringeren Mitteln gelang. Über dem allen aber ist die Sehnsucht geblieben, uns eingereiht zu fühlen in einen erhabenen Plan, um dessentwillen das Böse gut, das Klägliche rein, das Entsetzliche groß ist; über Blut und Hunger, über Geschwätz und Verwirrung, über Leben und Tod hinaus einen ewigen Weg der Vorsehung zu finden, damit wir gefaßt ertragen können, was uns geschieht.«

Im späteren Exil sollte *Mimesis* den Denkweg abschließen, welchen die Erfahrungen des Ersten Weltkrieges eröffnet und die philologischen und geschichtsphilosophischen Impulse der frühen Weimarer Republik gedanklich bestimmt hatten. Nach der Vico-Übersetzung tat Auerbach einen zweiten großen Schritt auf diesem Weg, als er 1929 *Dante als Dichter der irdischen Welt* veröffentlichte, eine biographische Studie, welche der Säkularisierung der christlichen Literatur am Beispiel der *Göttlichen Komödie* nachging. Eine kurze Miszelle, 1921 zur Feier von Dantes 600. Todestag in der *Neuen Rundschau* veröffentlicht, enthält schon die wichtigsten Konturen des späteren Dante-Bildes. Es ist der einsame Dichter im Exil, der in allem irdischen Unglück die poetische Vorstellung der himmlischen Welt als höheres Glück erschafft, bestärkt von seinem Charakter. Allerdings ist Auerbach damals noch nicht frei von nationalen Tönen, die nicht zufällig in einem 1922 etablierten deutsch-italienischen Periodikum vernehmbar werden, wenn er begeistert Stefan Georges »Danteübertragung« bespricht: »Inzwischen hat sich vieles geändert; die Verwirrung und Wurzellosigkeit des nationalen Geistes ist öffentlich geworden, und zugleich beginnen Anfänge eines innerlichen Strebens, unsicher, aber nicht mehr verkennbar, in Erscheinung zu treten. Wenn ein Dichter in dieser Zeit, wo unser Volk sich seines nationalen Wesens und seines europäischen Ursprungs bewußt werden oder untergehen muß, auf Dante zurückgreift, ja in ihm sein Ebenbild und sein Vorbild sieht, so hat dies allgemein eine schöne Bedeutung und Berechtigung: daß überdies auch eine geheime Verwandtschaft des Blutes und des Schicksals vorliegen muß, kann nicht bezweifelt werden.«

In *Mimesis* blickt der reife Auerbach kritisch auf die Krisenzeit nach dem Ersten Weltkrieg und solche weltanschaulichen Fluchten zurück, die für die deutsche Politik so fatale Folgen hatten: »Auch sonst wuchs die Sektenbildung, zuweilen sich um bedeutende Dichter, Philosophen und Gelehrte kristallisierend, in der Mehrzahl der Fälle halbwissenschaftlich, synkretistisch und primitiv. Die Versuchung, sich einer Sekte anzuvertrauen, die mit einem einzigen Rezept alle Probleme löste, mit suggestiver innere Gewalt Gemeinschaft forderte und alles ausschloß, was sich nicht fügte und einfügte, diese Versuchung war so groß, daß bei sehr vielen Menschen der Fascismus kaum noch der äußeren Gewalt bedurfte, als er sich in den alten Kulturländern Europas ausbreitete und die kleineren Sekten aufsog.«

II.

Dante als Dichter der irdischen Welt ebnete dem Mitarbeiter der Preussischen Staatsbibliothek den Weg auf eine Professur. Mit Hilfe von Karl Vossler, dem führenden Romanisten Deutschlands, wurde Auerbach zuerst in Marburg Privatdozent und folgte dann 1931 Leo Spitzer auf den dortigen Lehrstuhl. Aber das Glück, ohne eine Assistenzzeit akademisch Erfolg zu haben, währte nicht lange. Dabei tat Auerbach zunächst alles, um seine privilegierte Stellung zu halten, da es nach der »Machtergreifung« durch Hitler noch länger so schien, als ob jüdische Weltkriegsteilnehmer von der Verdrängung aus dem Amt verschont bleiben würden. Er folgte der apolitischen Maxime, die sein Essay »Der Schriftsteller Montaigne« 1932 markiert hatte: »[Montaigne] sucht kein Martyrium, und er würde einem vermeidbaren Übel mit allen Mitteln zu entgehen suchen. Aber wir haben keinen Zweifel, daß er seiner Gesinnung treu geblieben wäre.« Aber die verschärften Gesetze zum »Berufsbeamtentum« zerstörten bald die Illusion, sich in Deutschland mit den neuen Machthabern noch arrangieren zu können. Im Frühherbst 1935 erfuhr Walter Benjamin, der sich in Paris als freier Autor in kärglichen Verhältnissen durchschlug: »Ja, Marburg: [...] Ich lebe dort zwischen lauter Menschen, die nicht unserer Herkunft sind, ganz andere Voraussetzungen haben – und alle so denken wie ich. Das ist schön, aber verführt zur Torheit: es verführt zu dem Glauben, daß das etwas sei, worauf man bauen könne – während es doch auf die Meinungen des einzelnen, und wären es noch so viele, gar nicht ankommt.« Das Unglück war nicht abzuwenden. Auerbach suchte händeringend eine neue Stellung außerhalb Deutschlands. So wendete er sich während dieser Italienreise auch an Fritz Saxl, der in London dem 1933 emigrierten Warburg Institute vorstand: »Zwar bin ich noch immer im Amt, Kollegen und Schüler und andere Freunde benehmen sich anständig, viele vorzüglich – [...] aber so kann es nicht lange weitergehen.«

Tatsächlich konnte er 1936 am Bosporus nochmals Leo Spitzer beerben, der ebenfalls jüdischer Herkunft war und sich über Istanbul auf eine Professur an der Johns Hopkins University in Baltimore hatte retten können. Auerbach berichtete entsprechend erleichtert Benjamin von seinen Anfängen an der neu begründeten Universität Istanbul, deren traditioneller Lehrkörper 1933 entlassen worden war. Denn die junge Republik wollte westliche Akademiker anwerben, um die kommende Elite rasch ins Zeitalter des wissenschaftlichen Fortschritts zu führen: »Spitzer hat mir 7 deutsche Assistenten hinterlassen, davon 6 christlicher Abkunft, [...] jeder auf seine Art vorzüglich und alle durch das gemeinsame Geschick und die gemeinsame Tätigkeit auf die angenehmste Art miteinander verbunden.« Die Standardisierung des Lebens nach Gründung der Republik lässt Auerbach an die fatale Uniformierung denken, die unter ganz anderer Gewaltanwendung die europäischen Diktaturen in jener Zeit durchführten: »Nationalismus im Superlativ bei gleichzeitiger Zerstörung des geschichtlichen Nationalcharakters. Dieses Bild, das in anderen Ländern, wie Deutschland und Italien und wohl auch in Rußland, noch nicht für jedermann sichtbar ist, bietet sich hier in völliger Nacktheit.«

Als Hitler sich im Herbst 1938 Europa endgültig gefügig gemacht hatte, kommentierte Auerbach die politische Eskalation lakonisch gegenüber seinem Förderer Karl Vossler, der an der Münchener Universität seine innere Integrität zu bewahren suchte: »Wir Historiker erleben einen praktischen Kurs wie wir ihn uns nicht träumen liessen – wollte Gott, dass wir noch Musse haben ihn zu verarbeiten und anderen etwas von der gewonnenen Einsicht zu vermitteln.« Das an Vico geschulte geschichtsphilosophische Denken wurde wieder wach. So erklärte Auerbach zu jener Zeit einem besorgten Istanbuler Assistenten, wie schwer es sei, in den umwälzenden Ereignisse ein neues Ziel der Geschichte zu erkennen: »Diese Aufgabe ist nicht all das Böse, was geschieht, zu begreifen und zu verdauen – das macht nicht zu viele Schwierigkeiten – als vielmehr einen Ausgangspunkt für die geschichtlichen Kräfte zu finden, die ihm entgegenzustellen wären. All die, die heut noch dem Recht und der Wahrheit dienen wollen, sind nur im Negativen einig – im Aktiven und Positiven sind sie schwach und zersplittert. Und doch muss und wird das Gemeinsame des Guten wieder Gestalt, Einheit und Konkretion gewinnen, zum sichtbaren Zeichen werden; der Druck ist so ungeheuer stark, dass neue geschichtliche Kräfte aus ihm entstehen müssen.« Ohne seine jüdische Herkunft ausdrücklich zu benennen, bekannte er die existentielle Dimension dieses Nachdenkens: »Aus meiner Biographie, meinem Beruf und meinen Arbeiten ist deutlich, warum mich diese Inanspruchnahme dauernd verfolgt und warum jeder Augenblick meines Lebens sie verstärkt.«

Die Konzentration auf die täglichen Aufgaben half, die politische Lage zeitweise ausblenden zu können. Aber der Lehrbetrieb war unter den türkischen Verhältnissen nicht einfach, wie Karl Vossler 1939 erfuhr: »Ich habe mir einen Haufen Arbeit aufgeladen, eine Art primitiver Ecole Normale für Sprachoberlehrer; das macht bei der hiesigen Ungeschicklichkeit im Organisieren, die fast grotesk ist, eine unsägliche Mühe.« Auch die eigene Forschung war kaum zu leisten: »Und ausserdem kann man nicht wissenschaftlich arbeiten, ohne eine UB. Die Anfänger schon gar nicht. In dieser Hinsicht ist figura wirklich eine Sportleistung – mit meiner Privatbibliothek und einem alten Migne, den ich in einem italienischen Kloster in Galata fand.« In den Winkeln Istanbuls hatte der Apostolische Legat Angelo Giuseppe Roncalli, der spätere Papst Johannes XXIII., dem Philologen Zugang zur Bibliothek der Kirchenväter und lateinischen Autoren des Mittelalters verschafft. Dort entdeckte Auerbach, wie man in und nach der Krise des spätrömischen Reiches die dunkle Geschichte im Zeichen Christi gedeutet hatte, ohne an ihr zu verzweifeln. Schon sein Dante-Buch hatte das »Fragwürdige, Unharmonische und Quälende« in der Passion Christi hervorgehoben. Nun rückte der Aufsatz »Figura« diese nochmals genauer in den philologischen Fokus, sehr darauf bedacht, mit Paulus die Weiterentwicklung der jüdischen Passionsfigur im Christentum anzuzeigen. Die bedeutende Rolle, die Augustinus vor anderen Kirchenvätern der spätrömischen Kirche in der intellektuellen und stilistischen Vertiefung dieser Denkfigur einnahm, erfasste 1941 der Aufsatz »Passio als Leidenschaft« vor allem im Kontrast zur antiken Philosophie: »Stoische und christliche Weltflucht sind tief verschieden. Nicht den Nullpunkt der Leidenschaftslosigkeit außerhalb der Welt, sondern das Gegenleiden, das leidenschaftliche Leiden in der Welt und damit auch gegen die Welt ist das Ziel christlicher Weltflucht.«

Figuraldeutung und Passionsmotiv werden die geschichtsphilosophischen und literaturhistorischen Erkundungen von

Mimesis prägen. Die akute Bedrohung, die bis Ende 1942 mit der möglichen Okkupation der vorderen Türkei durch deutsche Truppen entstanden war, beförderte lebensgeschichtlich den Impuls, eine jüdisch-christlich orientierte Literaturgeschichte zu schreiben. Nicht der Geschichte der Sieger will der realistische Blick auf die abendländische Literatur dienen, sondern *Mimesis* soll die Opfer der Geschichte erheben, welche ihre Haltung aus den Figuren der Passion ziehen können. In dieser geschichtstheologischen Perspektive steht Auerbach nicht jener des späten Benjamin fern. Dieser hatte über den prekären Erfahrungen nach 1933, die zuletzt auch die Hoffnung in das politische Gegengewicht der Sowjetunion zerstörten, die heute berühmten Thesen »Über den Begriff der Geschichte« verfasst. Diese standen ebenfalls im Geiste der geschichtlich Machtlosen, die in den Trümmerbergen des Fortschritts immer weiter vom paradiesischen Ursprung entfernt leben und in Zustände andauernder Leiden gebannt scheinen.

Während der Freund nicht mehr als diese Aufzeichnungen hinterlassen konnte, da ihn das Unglück traf und er sich 1940 auf dem Weg zum rettenden Schiff in Lissabon in den Pyrenäen das Leben nahm, war Erich Auerbach das Glück beschieden, am Bosporus die geschichtstheologischen Fermente seiner Aufsätze in der jüdisch-christlichen Genealogie des abendländischen Realismus wirksam werden zu lassen. Ein Brief an den Marburger Schüler Martin Hellweg legt rückblickend die günstigen Umstände in Istanbul frei: »Uns ist es wider jede Wahrscheinlichkeit gut gegangen, die Ordnung drang nicht bis zu den Meerengen; damit ist eigentlich alles gesagt. Wir haben in unserer Wohnung gelebt und nichts erlitten als kleine Unbequemlichkeiten und Furcht: bis Ende 42 sah es sehr böse aus, aber dann verzog sich die Wolke allmählich.« Erich Auerbach entging am Rand Europas knapp dem Zweiten Weltkrieg und der Vernichtung der europäischen Juden. Seine Literaturhistorie deutete diese bittere Realitäten als historische Prämisse des

Schreibens in der ihm eigenen Tendenz zur Verhüllung nur an, wenn er *Mimesis* auf der ersten Seite lakonisch die sprechende Zeitangabe vorangesetzt: »Geschrieben zwischen Mai 1942 bis April 1945.«

III.

Schon zu Beginn von *Mimesis* greift Auerbach auf frühe Einsichten zur Geschichtsphilosophie zurück. Seit der ersten Vico-Studie suchte er die Idee der göttlichen Vorsehung im Dunkel der Geschichte zu erhellen, forciert von der persönlichen und gesellschaftlichen Krise des Ersten Weltkriegs. 1932 betont Auerbach nochmals die Idee der höheren Providenz, von den Anfängen des jüdischen Exils her bis in die christliche Entfaltung, allerdings gebrochen im Gedanken der Verborgenheit Gottes: »In der geschlossenen christlichen Welt ergibt sich das Sinnganze als der Plan Gottes oder die Vorsehung; es zu erkennen ist unmöglich, denn meine Gedanken sind nicht eure Gedanken, und eure Wege sind nicht meine Wege, spricht der Herr.« Zugleich stellt Auerbach in dem Aufsatz »Vico und Herder« die allzu selbstgewisse Aufklärung in ihrem innerweltlichen Fortschrittsglauben in Frage: »Mit der Auflösung der geschlossenen christlichen Welt in Europa zerfällt die transzendente Sinngebung des menschlichen Lebens [...]. Man hoffte und glaubte [...] reinen Tisch machen zu können mit der Qual des Überlieferten und nach Grundsätzen der natürlichen Vernunft die irdische Welt zu ordnen. [...] erst wo die zivilisatorische Vernunft des Menschen das Geschehen regelt, wird dieses sinnvoll, [...] und niemand wird sich mit den barbarischen Gestaltungen unzivilisierter Epochen – also etwa dem Mittelalter – befassen.« Die polemische Gegenüberstellung von jüdisch-christlicher Tradition und aufgeklärtem Denken prägt dann noch stärker *Mimesis*. Darin wird eingangs die tiefgründig-geheimnisvolle

Bibel von den vordergründig-gefälligen Erzählungen Homers abgehoben. Auch wenn die Begegnung mit der alten Magd bei der Heimkehr des Odysseus, die ihren Herrn an seiner Narbe erkennt, auch das ruhelose Exil in den Blick rückt, fällt die Zwiesprache Abrahams mit Gott wesentlich dramatischer aus. Der Erzvater ist bestimmt, den einzigen Sohn am Ziel der gemeinsamen Reise zu opfern; und erst im letzten Augenblick erlässt die Stimme eines Engels dem glaubenstreuen Mann die grausame Tat, die aller zivilisierten Moral widerspricht. Auerbach zieht die Summe seiner vergleichenden Auslegung: »Die homerischen Gedichte, deren sinnliche, sprachliche und vor allem syntaktische Kultur so viel höher ausgebildet erscheint, sind doch in ihrem Bild vom Menschen vergleichsweise einfach [...]; die homerischen Gedichte verbergen nichts, in ihnen ist keine Lehre und kein geheimer zweiter Sinn.« Der Philologe sieht die biblischen Geschichten und Figuren wohl unter dem Einfluss von Sören Kierkegaards existentialistischer Abraham-Deutung aus *Furcht und Zittern*, die zur Zeit des Ersten Weltkriegs in Deutschland publik wurde und auch im Marburger Heidegger-Zirkel kursierte: »Daß Gott auch den Frömmsten aufs Schrecklichste versucht, daß unbedingter Gehorsam die einzige Haltung vor ihm ist, daß seine Verheißung aber unverrückbar feststeht, mag auch sein Ratschluß noch so sehr dazu angetan sein, Zweifel und Verzweiflung zu erregen – das sind doch wohl die wichtigsten in der Isaakgeschichte enthaltenen Lehren [...]. Und da ja in der Tat so vieles daran dunkel und unausgeführt ist, und da er weiß, daß Gott ein verborgener Gott ist, so findet sein deutendes Bestreben immer neue Nahrung.« Die Verborgenheit des göttlichen Sinnes ist demnach das treibende Motiv, das seit den jüdischen Anfängen auch die »eindrucksvollste Deutungsarbeit« bewegt, welche nach der rätselhaften Passion Christi die Apostel, Paulus und die Kirchenväter unternahmen. Hier und an vielen anderen Stellen von *Mimesis* nutzt Auerbach für seine jüdisch-christliche Anthropologie die

Metapher des »Pendelschlags«: »Und wieviel weiter als bei den homerischen Helden ist der Pendelschlag ihres Schicksals! [...] Erniedrigung und Erhöhung gehen viel tiefer und höher als bei Homer, und sie gehören grundsätzlich zusammen. Der arme Bettler Odysseus ist nur verkleidet, aber Adam ist wirklich ganz verstoßen, Jakob wirklich ein Flüchtling, Joseph wirklich in der Grube und ein käuflicher Sklave.« Es scheint fast, als wäre das Kapitel eine literaturhistorische Resonanz auf Thomas Manns biblischen Roman, dessen Eingangspassus zum religiösen »Schicksal« des Helden mit Auerbachs ungewöhnlichem Blick auf die jüdische Vätergeschichte korrespondiert, wenn es in *Joseph und seine Brüder* heißt: »Was ihn in Bewegung gesetzt hatte, war geistliche Unruhe, war Gottesnot gewesen, und wenn ihm Verkündigungen zuteil wurden, woran gar kein Zweifel statthaft ist, so bezogen sich diese auf die Ausstrahlungen seines neuartig-persönlichen Gotteserlebnisses, dem Teilnahme und Anhängerschaft zu werben er ja von Anbeginn bemüht gewesen war. Er litt, und indem er das Maß seiner inneren Unbequemlichkeit mit dem der großen Mehrzahl verglich, schloß er daraus auf seines Leidens Zukunftsträchtigkeit.« Tatsächlich legte Auerbach nach 1945 viel Wert auf das Urteil Thomas Manns, dem er *Mimesis* zweimal senden ließ, zuletzt 1949 schreibend: »Ihre Tätigkeit begleitet mich seit meiner frühen Jugend; kein anderer lebender Schriftsteller hat mich so beständig beschäftigt und ist so sehr meinen Neigungen gemäss wie Sie.«

Die folgenden Kapitel von *Mimesis* führen die figurale Polemik weiter. Die römische Zivilisation wird in ihrer ständischen Ordnung gegenüber dem anfangs randständigen Christentum als innerlich zunehmend marode beschrieben. Es sei ein hoffnungsloses Unterfangen, mit der literarischen Stiltrennung andauernd den Anspruch auf zivilisatorische Dominanz gegenüber der primitiven Sklavenreligion aufrechterhalten zu wollen. Dabei erscheint die römische Elite zur Zeit des frühen Christentums seltsam abgehoben, teilen Tacitus und Petronius doch gleichermaßen den »selben Blickpunkt, nämlich von oben«. Aber gegenüber dem ernsten Historiker spiegelt die Schilderung eines Gastmahls bei dem späteren Satiriker, folgt man Auerbach, unfreiwillig schon den kommenden Verfall von Bildung und Geschmack als Ordnungsprinzipien der Wirklichkeit: »Auch Petronius sieht die Welt, die er malt, von oben, sein Stil ist ein Erzeugnis höchster Kultur, und er erwartet Leser, die auf einer solchen Höhe gesellschaftlicher und literarischer Bildung stehen, daß ihnen alle Nüancen der gesellschaftlichen Verstöße, der sprachlichen und geschmacklichen Niedrigkeit sofort und selbstverständlich einleuchten.«

Im vierten Jahrhundert ist die römische Elite in ihrem korrupten Selbstverständnis zusammengeschmolzen, wie Auerbach an einem damaligen Historiker demonstriert: »Der Hintergrund von alldem ist dieser: daß all die Menschen, von denen die Rede ist, ständig zwischen Blutrausch und Todesangst leben. Grotesk und sadistisch, gespenstisch und abergläubisch, machtgierig und dabei unausgesetzt das Zähneklappern verbergend, so sieht die Welt der führenden Schicht bei Ammian aus. […] und als Gegengewicht zeigt sich nichts als die gleichfalls finstere, pathetische Entschlossenheit zur Erfüllung einer immer schwieriger, immer hoffnungsloser werdenden Aufgabe: das von außen bedrohte und von innen zerfallende Reich zu schützen.« Implizit leuchtet auf, was mit dem Christentum in die römische Welt kam und den Verfall verwandelte: »Das Bedrückende an der Welt Ammians ist vielmehr das Fehlen eines Gegengewichts; denn so wahr es ist, daß Menschen zu allem Schrecklichen fähig sind, so wahr ist es auch, daß das Schreckliche ständig Gegenkräfte erzeugt, und daß sich in den meisten Epochen entsetzlichen Geschehens auch die großen Lebenskräfte der Seele offenbaren: Liebe und Aufopferung, bekennender Heldenmut und bohrendes Forschen nach den Möglichkeiten eines reineren Daseins.«

Im großen Kapitel zu Augustinus, der ein halbes Jahrhundert

FIGUREN DER PASSION

später zur Zeit der Gotenstürme als Christ die römische Gesellschaft moralisch zu stärken sucht, wird deutlich, dass die antike Moral allein überfordert ist. Auerbach macht sich eine zentrale Stelle der *Bekenntnisse* zu eigen, in der ein werdender Christ und enger Freund Augustins den sinnlichen Leidenschaften verfällt, zugleich aber hoffen darf, durch die Einsicht in die eigene Fehlbarkeit frischen Elan im Lebenskampf zu erlangen. Eine dramatische Erfahrung im Kolosseum wird zum religiösen Wendepunkt: »Noch immer verläßt sich die Verteidigung auf ihr innerstes Zentrum, auf die Kraft ihrer inneren Entschlossenheit, auf ihren bewußten Willen zur Ablehnung. [...] Aber sein individualistisches, stolzes Selbstbewußtsein wird im Nu überrannt; und es ist nicht nur ein beliebiger Alypius, dessen Stolz, ja dessen innerstes Wesen hier niedergeschmettert wird, sondern die gesamte rational-individualistische Kultur der klassischen Antike: Plato und Aristoteles, die Stoa und Epikur. Die heiße Begier hat sie weggefegt, in einem einzigen gewaltigen Sturm. [...] seine Niederlage ist keine endgültige; wenn ihn Gott gelehrt haben wird, auf ihn zu vertrauen und nicht auf sich selbst – und auf dem Weg zu dieser Lehre ist gerade seine Niederlage der erste Schritt – dann wird er triumphieren.« Im Vergleich zu Edward Gibbons *Aufstieg und Fall des römischen Reiches*, in dessen heroische Selbstgewissheit die christliche Welt wie ein Virus verderblich einbricht, bietet *Mimesis* eine prägnante Gegengeschichte, in der sich die neue Weltreligion in der Begegnung mit der alten Weltmacht zuletzt siegreich behauptet: »Dem Christentum stehen im Kampf gegen die magische Trunkenheit andere Waffen zu Gebot als die der rational-individuellen antiken Hochbildung. Es ist selbst eine Bewegung aus der Tiefe, sowohl aus der Tiefe der Vielen als auch aus der Tiefe des unmittelbaren Gefühls; es vermag den Feind mit seinen eigenen Waffen zu bekämpfen. Seine Magie ist nicht minder Magie als der Blutrausch, und sie ist stärker, weil sie geordneter, menschlicher und hoffnungsreicher ist.«

IV.

Nach dem Untergang des weströmisches Reiches fallen die Versuche, unter der Gotenherrschaft eine christliche Kultur wirksam zu etablieren, äußerst mangelhaft aus; auch stilistisch kann das Beispiel der Historien des Bischofs Gregor von Tours am Ende des 6. Jahrhunderts kaum dem »sermo humilis« genügen, den Augustinus als Mischung zwischen erhabenem und niedrigem Stil im Geiste Ciceros in der spätrömischen Kirche zur Blüte gebracht hatte. So taumelten die Autoren der nachfolgenden Jahrhunderte – intellektuell wie stilistisch – in den verrohten Gesellschaftsverhältnissen: »Die Verhüllung und Umschreibung im zwischenmenschlichen Verkehr, wie sie zu jeder Hochkultur gehören, nämlich Höflichkeit, rhetorische Verkleidung, indirektes Verfahren, Regeln des äußeren Anstands und juristische Formalien selbst im Verfolg eines politischen oder geschäftlichen Raubes usf. verkümmern oder werden da, wo sich noch Trümmer erhalten, zur plumpen Fratze. Dabei aber werden die Begierden jeder verhüllenden Form beraubt, sie treten nackt und unmittelbar zum Greifen hervor; dies rohe Leben wird sinnlich und bietet sich dem, der es darstellen will, ungeordnet, schwer zu ordnen, aber greifbar, würzig, atmend.« Man spürt in der Bildung des Kontrastes die persönliche Neigung des Autors von *Mimesis*, der bei aller christologischen Emphase doch die zivilisatorischen Einflüsse schätzt, welche die antike Kultur auf den herausragenden Stil des römischen Rhetors Augustinus ausgeübt hatte, so dass in seiner Person das relativ primitive Christentum der Frühzeit in einer suggestiven Stilmischung überwunden wurde. Der Kirchenvater hatte eine »ganz neue Art der Erhabenheit« geschaffen, »in welcher das Alltägliche und Niedrige nicht ausgeschlossen, sondern mitenthalten« waren.

Mimesis erreicht mit Dante den literarischen Höhe- und Wendepunkt in der spätmittelalterlichen Stilentwicklung. Zählte der

Florentiner Dichter anfangs zu jenen exklusiven Zirkeln des angesehenen Stadtbürgertums, wurde er später durch politische Ränke zum dauernden Exilanten, der in stolzer Einsamkeit von Hof zu Hof zog und über lange Jahre seine *Göttliche Komödie* verfasste, ohne seine Vaterstadt je wiederzusehen. Sein Schaffen gab Anlass für hymnische Worte: »Dante verfügt über Stilmittel von einem Reichtum, wie sie keine europäische Vulgärsprache vor ihm kannte [...]. [W]enn man von den Früheren ausgeht, so ist Dantes Sprache ein unbegreifliches Wunder.« Und das Außergewöhnliche betrifft gerade auch den stilistischen Unterschied zur antiken Tradition: »Die Gegenstände, die die Komödie vorführt, sind in einer nach antikischem Maß ungeheuerlichen Weise aus Erhabenem und Niedrigem gemischt [...], und überhaupt kennt Dante, wie jeder Leser weiß, keine Schranken in der genauen und umschriebenen Nachahmung des Alltäglichen, des Grotesken und des Widrigen.« Dantes epochale Entscheidung für die Volkssprache liegt auf dieser Linie, deren Ursprung *Mimesis* in den biblischen Schriften und der urchristlichen Tradition der figuralen Deutung verortet: »schon die Kirchenväter, besonders Tertullian, Hieronymus und Augustin, haben den figuralen Realismus, d. h. die grundsätzliche Aufrechterhaltung des geschichtlichen Wirklichkeitscharakter der Figuren, gegen spiritualistisch-allegorische Strömungen siegreich verteidigt.«

Für den Umschlag vom Religiösen ins Säkulare bildet Dantes Absicht die Voraussetzung, das umfängliche Personal der *Göttlichen Komödie* in Hölle, Fegefeuer und Himmel im irdischen wie himmlischen Schicksal zu schildern. Die horizontale und vertikale Deutungslinie veranschaulicht Auerbach besonders an Cato von Utica. Zum einen steht die historisch vorläufige Figur, die durch ihren Freitod zu Beginn der Herrschaft Caesars imponierte, in der *Göttlichen Komödie* am Fuß des Purgatorio für den republikanischen Willen zur individuellen Freiheit. Und zum anderen betrachtet Dante den Mann, der um der gu ten Sache willen nicht an seinem Leben hing, als Präfiguration der Freiheit Christi, als »Hüter der ewigen Freiheit der Auserwählten«: »hier löst die Figuraldeutung das Rätsel von Catos Auftreten an einem Platz, wo man erstaunt ist, einen Heiden zu finden.«

Die *Göttliche Komödie* wird so zum genealogischen Schlüsseltext von *Mimesis*. Man könnte mit Nietzsche von dem paradoxen Phänomen der Geburt des modernen Realismus aus dem Geist der christlichen Figuration sprechen, das in Dantes Werk als Umschlagpunkt vom christlichen ins neuzeitliche Weltbild erkennbar werde. Es ist die Summe der säkularisierenden Wirkung, die seine genaue und schöne Wahrnehmung der Wirklichkeit erzielt, getrieben vom Gedanken der Gewissenhaftigkeit vor Gott: »Dantes große Kunst treibt es so weit, daß die Wirkung ins Irdische umschlägt, und in der Erfüllung die Figur den Hörenden allzusehr ergreift; […] die Fülle des in die Deutung eingebauten Lebens ist so reich und stark, daß seine Erscheinungen auch unabhängig von aller Deutung sich ihren Platz in der Seele des Hörers erobern. […] Und in dieser unmittelbaren und bewundernden Teilnahme am Menschen wendet sich die in der göttlichen Ordnung gegründete Unzerstörbarkeit des ganzen, geschichtlichen und individuellen Menschen gegen die göttliche Ordnung; sie macht sie sich dienstbar und verdunkelt sie; das Bild des Menschen tritt vor das Bild Gottes.«

Die dynamische Säkularisierung führt zum modernen Individualismus, in *Mimesis* zuerst eindrücklich veranschaulicht an Montaigne, der schon im Essay von 1932 als literarischer Spiegel des eigenen Selbstverständnisses diente. Zugleich zieht Auerbach einen rigorosen Trennungsstrich zu Dantes religiöser Emphase. Der »tragische Realismus« der *Göttlichen Komödie* ist in Montaignes »kreatürlichem Realismus« befreit von den figuralen Anschauungen des mittelalterlichen Christentums: »Das irdische Leben ist nicht mehr Figur des jenseitigen, er kann es nicht mehr gestatten, das Hier um eines Dort willen zu verachten und zu vernachlässigen.« Die vielfältige und vieldeutige Erfahrung geschichtlicher Zufälligkeit bedeutet, dass der Mensch sich nicht mehr vom ewigen Auge der Vorsehung behütet weiß, sondern sein Blick in einsamer Unabhängigkeit der Dunkelheit der vorläufigen Welt begegnet: »Die nun errungene Freiheit war erregender, aktueller, mit dem Gefühl der Ungesichertheit verbunden; der verwirrende Überfluß der Erscheinungen, auf die nun erst das Auge gelenkt wurde, schien überwältigend: die Welt, sei es die äußere oder die innere, schien ungeheuer, grenzenlos, unfassbar.« Aber bei aller Modernität ist es Auerbach wichtig, genealogisch für Montaigne doch die stärkende Nähe zur christlichen Tradition zu vermuten: »Er hätte vor allem die Fleischwerdung des Wortes selbst zu Hilfe rufen können; [...] bei einem christlich erzogenen Menschen seiner Zeit mußte es sich bei diesem Anlaß aufdrängen. Er hat die Anspielung vermieden, absichtlich offenbar, denn das hätte seinen Ausführungen unwillkürlich den Charakter eines christlichen Bekenntnisses gegeben, was ihm ganz fern lag.«

Zu diesem Selbst- und Weltverstehen gehört auch die Freiheit von perspektivischen Einengungen fachlicher Art: »Montaignes soziale und wirtschaftliche Lage erleichtert es ihm, sich als Ganzes auszubilden und zu bewahren [...]. Mit ihm verglichen sind sie alle Spezialisten: Theologen, Philologen, Philosophen, Staatsmänner, Ärzte, Dichter, Künstler; [...] er lieferte sich selbst diesen Geschäften nicht aus; er lieh sich nur, auf Zeit und auf Widerruf.« Das Istanbuler Exil bot Auerbach im Geiste der *Essais* ohne Zweifel eine seltene Gelegenheit zu einem Schreiben, das unbekümmert um die große Forschungsliteratur sein konnte, die am Bosporus nicht zugänglich war: »Mit dem Mangel an Fachliteratur und Zeitschriften hängt es auch zusammen, daß das Buch keine Anmerkungen enthält.« Aber die freundliche Schelte der türkischen Verhältnisse verhüllt geschickt die eigene Neigung zum Essay, der ein größeres Publikum anspricht. So ist *Mimesis* selbst ein Buch, das die gelehrte

Tradition mit dem essayistischen Stil mischt. Auerbach senkt die fachlichen Hürden. Er will ein breiter gebildetes Publikum ansprechen, dem er mit Montaigne aufgibt, »sich ohne feste Stützpunkte in der Existenz Wohnlichkeit zu schaffen«.

V.

Die größere Öffentlichkeit rückt in *Mimesis* politisch mit der Französischen Revolution in den Blick. Von daher fällt das Porträt Stendhals als Begründer des realistischen Romans enthusiastisch aus. Auerbach schildert hintersinnig, wie dieser in manchen Wechselfällen dem Weg Napoleons folgt: »Stendhal machte, nach einigen Schwankungen und Unterbrechungen, eine glänzende Karriere in der napoleonischen Verwaltung. Er sah auf Napoleons Feldzügen Europa; er wurde ein Mann, und zwar ein höchst eleganter Weltmann [...]. Als ihn Napoleons Sturz aus dem Sattel hob, stand er im zweiunddreissigsten Jahr seines Lebens. [...] Fortan hat er keinen Beruf mehr, und keinen Ort, wo er hingehört.« Aber dem gesellschaftlichen Niedergang folgt die Entfaltung seines Schreibens. Die Spiegelung der eigenen Erfahrung ist ahnbar, wenn Auerbach summiert: »Stendhals realistische Schriftstellerei erwuchs aus seinem Unbehagen in der nachnapoleonischen Welt [...]. Erst als ihm Erfolg und Genuß zu entgleiten begannen, erst als die praktischen Umstände ihm den Boden seines Lebens zu entziehen drohten, wurde ihm die Gesellschaft seiner Zeit zum Problem und zum Gegenstand.« Während die deutsche Literatur sich vor und nach 1848, folgt man den kursorischen Bemerkungen Auerbachs, meist im Gemütlichen oder Tiefsinnigen einrichtete, prägten die Umwälzungen der modernen Welt den wirklich tiefgreifenden Realismus des Franzosen: »Insofern die moderne ernste Realistik den Menschen nicht anders darstellen kann als eingebettet in eine konkrete, ständig sich entwickelnde politisch-gesellschaftlich-ökonomische Gesamtwirklichkeit – wie es jetzt in jedem beliebigen Roman oder Film geschieht –, ist Stendhal ihr Begründer.«

Die Leidenschaft für die soziale und stilistische Öffnung eines solchen Realismus zeigt sich in *Mimesis* gerade auch dort, wo Goethe polemisch als literarische Gegenfigur geschildert wird. Der deutsche Klassiker konnte, so schließt Auerbach, den revolutionären Veränderungen der Zeit nichts abgewinnen und sprach deshalb nach Napoleons Fall auch der politischen Restauration das Wort: »Goethes Verhältnis zur Revolution, zur napoleonischen Epoche, zu den Befreiungskriegen und zu den sich ankündigenden Tendenzen des 19. Jahrhunderts ist bekannt; es ergab sich aus seiner altbürgerlich-ständischen Herkunft, aus der einzigartigen sozialen Stellung, die er sich als Lebensform gewählt hatte, aus seinen tiefsten Neigungen und Instinkten, aus seiner Bildung schließlich, die ihn immer mehr dazu führte, das allmählich sich Formende zu verehren und das formlos Gärende, einer Gliederung Widerstrebende, zu verabscheuen.« Am Genre des Bildungsromans veranschaulicht *Mimesis* die defensive Haltung des Geheimrats, der seine privilegierte Stellung am Weimarer Fürstenhof zur Kultivierung der eigenen Persönlichkeit genutzt habe: »Weitaus am meisten realistisch sind Wilhelm Meisters Lehrjahre. [...] Wie vollkommen ungestört und unerschüttert scheint die ständische Struktur in dem Brief, den der junge Wilhelm selbst zur Begründung seiner Absicht, Schauspieler zu werden, an seinen Freund Werner schreibt. [...] Auch dies ist ein bedeutendes Stück der großen Konfession; auch Goethe war ein Bürgerssohn aus der ständischen Gesellschaftsordnung; auch er besaß zu jener harmonischen Ausbildung seiner Natur eine unwiderstehliche Neigung.«

Passagenweise fühlt man sich an Ludwig Börnes streitbare Rede vom »Fürstenknecht« erinnert. Und sicherlich spielt unter der Oberfläche der kritischen Reflexionen auch Goethes

Distanz zur Französischen Revolution und ihren emanzi-
patorischen Folgen für das Judentum unter Napoleon eine
gewisse Rolle, die in *Dichtung und Wahrheit* spürbar ist. Aber
die Reserve gegenüber dem Klassiker hielt sich zuletzt doch
in Grenzen, zumal Auerbach selbst sehr genau – verglichen
mit anderen Exilanten – um seine relativ privilegierte Stellung
wusste, die er nach der Marburger Professur auch in Istanbul
einnahm. Deshalb schrieb er in *Mimesis* zuletzt versöhnlich:
»Es ist vollkommen närrisch zu wünschen, Goethe hätte anders
sein sollen, als er war; seine Instinkte, seine Neigungen, die soziale Stellung, die er sich schuf, die Grenzen, die seine Tätigkeit
auferlegte, gehören zu ihm; nichts davon läßt sich fortdenken,
ohne das Ganze zu zerstören.«

Auerbachs Sympathien für den französischen Realismus
nimmt bei dessen Vertretern in der zweiten Hälfte des 19. Jahrhunderts merklich ab. Balzac, Flaubert und Zola werden in
Mimesis als Nachfolger Stendhals lanciert, bei denen die literarische Aufklärung im positivistischen Zeitgeist zu enden drohe.
Gustave Flaubert erfährt noch die meiste Aufmerksamkeit ob
der hohen Genauigkeit, mit der er die prekäre Moderne wahr-
nimmt: »Je mehr man sich mit Flaubert beschäftigt, desto deutlicher wird es, wie viel Einsicht in das Problematische und die
Unterhöhltheit der bürgerlichen Kultur des 19. Jahrhunderts in
seinen realistischen Werken enthalten ist.« Doch dies genügt
nicht, um das wirkliche Wohlwollen des Autors von *Mimesis* zu
erlangen. So demonstriert die Freundschaft Flauberts mit Iwan
Turgenjew, einem zivilisierten Diagnostiker der geistig öden
Zeit, dass auch solcher Realismus nicht die Tiefendimension
besitzt, die Auerbach von modernen Schriftstellern erwartet.

Vielmehr gehört bei den viel gelesenen Russen seine Sympathie ungeteilt den religiös ambitionierten Realisten, Leo Tolstoi
und besonders Fjodor Dostojewski: »[Ü]berall geht es unmittelbar um die ›letzten‹ moralischen, religiösen und sozialen
Fragen.« Auerbach hatte im Zirkel der Marburger Heidegger-

Schüler ihre Werke wohl mit gelesen, die seit der Jahrhundertwende im gebildeten Bürgertum kursierten. Auch verdankt diese realistische Anlage von *Mimesis* einige Anregungen Georg Lukács, dessen *Theorie des Romans*, im Heidelberg Max Webers entstanden, gerade Tolstoi und Dostojewski für den Gedanken der »metaphysischen Obdachlosigkeit« als diagnostische Fluchtpunkte nutzt. Von diesen Einflüssen her heißt es in *Mimesis*: »[U]nd wenn seit dem letzten Jahrzehnt vor dem ersten Weltkrieg sich an vielen Stellen, auch in der realistischen Literatur, die moralische Krise verschärfte und etwas wie ein Vorgefühl der bevorstehenden Katastrophen zu spüren war, so hat der Einfluß des russischen Realismus dazu wesentlich beigetragen.«

Mit großer Emphase betrachtet Auerbach im letzten Kapitel des Buches Virginia Woolf, wie sie das Porträt einer weiblichen Hauptfigur im Roman *Zum Leuchtturm* zeichnet. Mrs. Ramsay erscheint als melancholische wie begehrenswerte Frau, deren Anziehungskraft aus einer schillernden, schwer ergründlichen Mischung von Schönheit und Seele schöpft: »Never did anybody look so sad ist keine objektive Feststellung; es ist die ans Überwirkliche streifende Wiedergabe der Erschütterung jemandes, der Mrs. Ramsays Gesicht erblickt. Und in dem, was dann folgt, scheinen überhaupt nicht mehr Menschen zu sprechen, sondern ›Geister zwischen Himmel und Erde‹, namenlose Geister, die in die Tiefen eines menschlichen Wesens vorzudringen vermögen, etwas davon wissen, aber doch nicht Klarheit gewinnen können über das, was dort vorgeht, so daß ihre Auskunft ungewißt lautet; vergleichbar etwa jenen certain airs, detached from // the body of the wind, die an einer späteren Stelle sich nächtlich durch das schlafende Haus schleichen, questioning and wondering. [...] Niemand weiß hier genau Bescheid; es sind alles nur Vermutungen, Blicke, die jemand auf einen anderen wirft, dessen Rätsel er nicht zu lösen vermag.« So klingt am Ende des Buches der Geist der »Metaphysical Poets«

an, welchen *Mimesis* schon zu Beginn mit der rätselhaften Widmungszeile aus Andrew Marvells Gedicht »To my Coy Mistress« anklingen ließ: »Had we but world enough and time …«

Mit dem alltäglichen Titel »Der braune Strumpf« verhüllt das Kapitel kunstvoll das außeralltägliche Ereignis, dass die schöne Protagonistin vor allem beim Abmessen eines Kinderstrumpfes in tiefgründige Erinnerungen verfällt. Auerbach zieht die Parallele zum Anfang von *Mimesis*, als in der Szene aus der *Odyssee* die Amme den Helden an seiner Narbe wiedererkennt und dieser Moment im Erzählen konkrete Erinnerungen an frühere Begebenheiten veranlasst. In *To the Lighthouse* schafft die Verknüpfung zwischen sichtbarer Handlung und sich anschließendem Bewusstseinsstrom eine spannungsreichere Form des Realismus. Mit dieser Wahrnehmung knüpft Auerbach an Marcel Prousts *Auf der Suche nach der verlorenen Zeit* an. Schon 1927, als der Roman in Teilen auf Deutsch erschien, hatte er das »Wiederfinden der verlorenen Wirklichkeit in der Erinnerung, ausgelöst durch ein äußerlich unbedeutendes und anscheinend zufälliges Ereignis« bemerkt. Er spricht grundsätzlich vom »Verfahren der vielfältigen Bewußtseinsspiegelung«, das auch für Thomas Manns *Zauberberg* leitend sei. Während der frühe Essay für Proust »die Sphäre einer überempfindlichen, bis zur Narrheit konsequenten, grauenhaft seitengängerischen Beobachtungskraft« polemisch beschrieben hatte, die isoliert von der »Welt, die dicht nebenan vorbeiströmt«, sei, behandelt Auerbach das Werk nun ohne klinische Metaphorik, die Erinnerungstechnik vor allem an dem »Geschmack eines in Tee getauchten Gebäcks (petite Madeleine)« schildernd. Weitaus schärfer beurteilt er allerdings James Joyces *Ulysses* als allzu gedrängten Roman, der die Möglichkeiten der »vielfältigen Bewußtseinsspiegelung« zu weit treibe, »da die unablässige Verquirlung der Motive, der Reichtum an Worten und Begriffen, das beziehungsreiche Spielen mit denselben, der immer wieder erregte und nie befriedigte Zweifel, welche Ordnung letzthin sich hinter so viel scheinbarer Willkür verbirgt, an Bildung und Geduld des Lesers hohe Anforderungen stellen.«

Sowohl der elitäre Dünkel eines Pariser Snobs, welcher den Reichtum der großbürgerlichen Welt in der Erinnerung zu bewahren sucht, als auch die Leidenschaft des hochgebildeten Literaten, der seinen Lesern alle Früchte seiner intellektuellen Bemühungen zumutet, zeigen, dass die individuelle Selbstorientierung in Isolation und Ambition stranden kann. Die pragmatische Aufgabe, die sich jedem Menschen stelle, formuliert Auerbach im Geist der Kulturphilosophie Giambattista Vicos: »[E]s vollzieht sich in uns unablässig ein Formungs- und Deutungsprozeß, dessen Gegenstand wir selbst sind: unser Leben mit Vergangenheit, Gegenwart und Zukunft, unsere Umgebung, die Welt, in der wir leben, versuchen wir unablässig deutend zu ordnen, so daß es für uns eine Gesamtgestalt gewinnt, die freilich, je nachdem wir genötigt, geneigt und fähig sind, neu sich aufdrängende Erfahrungen aufzunehmen, sich ständig mehr oder weniger schnell und radikal wandelt.« Die modernen Schriftsteller bieten nach Auerbach allerdings die Möglichkeit, sich von ihren besonderen Deutungen der Wirklichkeit herausfordern zu lassen, »so daß aus Kreuzung, Ergänzung und Widerspruch etwas wie eine synthetische Weltansicht entsteht, oder doch wenigstens eine Aufgabe für den synthetischen Deutungswillen des Lesers«.

VI.

Mimesis erscheint im Spätsommer 1946, ein gutes Jahr nach Kriegsende, in der Schweiz. Auerbach blickte damals mit wohlwollender Distanz auf die deutschen Verhältnisse. So plädiert er gegenüber Martin Hellweg, der als Mitglied des liberalkonservativen Kreises zum Gedächtnis des Widerstandskämpfers Adam zu Trott von Solz die öffentliche Erziehung fördern will, – ganz anders als dies Thomas Mann im kalifornischen Exil tut –, für Nachsicht mit den Deutschen. Er versteht, dass sie nach der Katastrophe den »Schein der Bürgerlichkeit« suchen: »Bürgerlichkeit ist ja nicht nur eine politische Haltung, sondern ein menschliches Bedürfnis, auch die aus revolutionären Ereignissen hervorgegangene Gesellschaft strebt schleunigst nach einem Alltag mit Sicherheit und gewohnter Ordnung.«

Dabei gehörte Werner Krauss, der im kommunistischen Widerstand der »Roten Kapelle« mitgewirkt hatte, schon in den Marburger Jahren zu den engsten Vertrauten von Auerbach. Der spätere Leipziger Romanist war dem Todesurteil nur dank eines psychiatrischen Gutachtens entronnen und hatte in der Haft, ungleich einsamer und bedrängter als Auerbach im Istanbuler Exil, *Gracians Lebenslehre* in existentieller Pragmatik gedeutet, wenn es im Geiste Montaignes heißt: »Genug weiß, wer zu leben weiß.« So unterschiedlich beide Romanisten in Charakter und Schicksal waren, trafen sich ihre im Krieg entstandenen Bücher doch im historisch figuralen Verständnis von Literatur. Auerbach begeisterte sich für das außergewöhnliche Porträt des spanischen Edelmanns: »In meiner Erinnerung […] verblasst alles neben dem ›Gracián‹-Buch, dessen Dichte und Reichtum mir dauernd gegenwärtig sind. […] Sie sind, glaube ich, der einzige Fachgenosse, den ich mit wirklichem Interesse, das heisst mit der Absicht etwas mehr zu erfahren als materielle Auskunft, lese. Dabei sind Sie wohl auch der einzige, der in einer der meinen ähnlichen Absicht arbeitet; und schließlich sehen Sie Dinge, die ich nie sehen würde.« Das souveräne Lob war auch dem Umstand geschuldet, dass kurz zuvor ein Mitglied des Nobel-Komitees *Mimesis* herausragend besprochen hatte. Der Brief an Krauss schildert dies und fügt hinzu: »Schade nur, dass es keinen Nobel-Preis für unsereinen gibt.« Gegenüber dem schwedischen Literaturhistoriker Frederik Böök skizziert Auerbach das Exil als Grund seines Schreibens: »Die Katastrophen des letzten Jahrhunderts haben es bewirkt, dass ich nirgends hingehöre, und ich versuche, aus dieser Lage wenigstens eines zu gewinnen, innere Unabhängigkeit. Denn natürlich bin ich [...] ein aus Deutschland ausgewanderter Jude.«

Als Victor Klemperer im Jahr darauf im ostdeutschen *Aufbau* hymnisch *Mimesis* lobte, als ein Buch, das die »Enge des Spezialistentums« aufgebrochen habe und sicherlich »epochemachend wirken« werde, reagierte Auerbach beglückt. Er fragte den anderen Schüler Karl Vosslers, der auch gerne die Stelle in Istanbul angetreten hätte und nur mit knapper Not in Dresden überlebt hatte: »Ich würde [...] gerne noch einiges von Ihnen hören – vor allem wie sie geschafft haben das alles zu überleben. Ich weiss nichts davon.« Klemperers Rezension zeugt von der geschichtlichen Sensibilität, wenn er jenseits des »Abgetrenntseins von dem Übermaß an Büchern« vor allem »das Exil selbst, [...] das gesamte furchtbare Leben der Gegenwart« als Grund für das figurale Schreiben benennt.

Tatsächlich verändern sich mit dem Umzug in die Vereinigten Staaten im Sommer 1947 die Schreibbedingungen für Erich Auerbach. Dies liegt vor allem am zunehmenden Erfolg von *Mimesis*. Nach kargen Anfängen am Pennsylvania State College gelingt es über die Vermittlung von Erwin Panofsky, der nach dem Verlust des Hamburger Lehrstuhls am prestigeträchtigen Institute for Advanced Study dauerhaft Fuß gefasst hatte, für ein Jahr nach Princeton eingeladen zu werden. Später gelang es Auerbach, auf einer Forschungsprofessur in Yale noch den Traum wahr zu machen, den er schon Victor Klemperer offenbart hatte: »Ich habe vorläufig eine Menge von Zufallsarbeiten, die mit meinem (dritten oder vieren) Carriere-Start zusammenhängen [...]. Wenn das geschafft ist, will ich ins frühe Mittelalter und mich dort für den Rest meiner Tage eingraben.« Aber nun war Auerbach wieder stärker befangen in der wissenschaftlichen Welt, so dass er nur bedingt in seinem weiteren Schreiben das gedankliche Gewebe so frei wie in *Mimesis* knüpfen konnte. In *Literatursprache und Publikum in der lateinischen Spätantike und im Mittelalter* blieb allerdings das Interesse an Geist und Stil des entwickelten Christentums als entscheidenden Momenten der neuzeitlichen Säkularisierung und Egalisierung. Er fokussierte noch einmal den »sermo humilis«, der als christliche Predigt in der spätantiken Welt »beliebige Leser« ansprach und die »Schranke zwischen dir und mir« fallen ließ. Auch dies Buch stellt heraus, was schon Max Weber als größtes Hindernis auf dem Weg zur sozialen Egalität markiert hatte: »Bildungs- und Geschmackskultur-Schranken sind die innerlichsten und unübersteigbarsten aller ständischen Unterschiede.«

Der Marburger Kollege Karl Löwith, der in Italien und Japan die frühen Exiljahre verbracht hatte, bevor er noch vor Pearl Harbor glücklich in die Vereinigten Staaten gelangte, war ebenfalls an Augustinus und dem Phänomen der Säkularisierung interessiert. Der Heidegger-Schüler betrachtete allerdings das philologische Anliegen, mit der These der christlichen Stilmischung den Anspruch der antiken Stiltrennung zu unterlaufen, skeptisch. Denn seine Studie *Weltgeschichte und Heilsgeschehen. Die theologischen Voraussetzungen der Geschichtsphilosophie* wollte die fatalen Folgen der christlichen Eschatologie im modernen Fortschrittsdenken aufdecken, während Auerbach imponierte, dass die christliche Literatur den modernen Sinn für soziale Ungleichheit sowie menschliche Mängel und Leiden geprägt hatte, zumal dann, wenn die realistischen Texte über die Horizontale hinaus sich noch ins Vertikale öffneten. Sein Marburger Schüler Hellweg fragte deshalb zu jener Zeit nach der »Metaphysik« von *Mimesis*, worauf die Antwort den ästhetischen Realismus zwischen »platonische[r] Mimesis und christliche[r] imitatio« vieldeutig verortete: »[O]b es in der europäischen Folge dieser approaches eine folgerechte Entwicklung ›gibt‹ kann ich nicht entscheiden und überlasse es getrost Gott (oder welche Chiffre Sie sonst vorziehen). Ich, hier und heute, finde Beziehungen, Spiel und Widerspiel, und versuche sie auszudrücken.«

VII.

Das spielerische Selbstverständnis von *Mimesis* orientiert sich
ausdrücklich an der zeitgenössischen Literatur:»Man kann dies
Vorgehen moderner Schriftsteller mit dem einiger moderner
Philologen vergleichen, welche meinen, es lasse sich aus einer
Interpretation weniger Stellen [...] mehr und Entscheidenderes
[...] gewinnen als aus Vorlesungen, die systematisch und chro-
nologisch ihr Leben und ihre Werke behandeln.« In »Philologie
der Weltliteratur«, der essayistischen Reflexion seiner Methode,
verschweigt Auerbach 1952 in vornehmer Bescheidenheit sein
eigenes Werk. Er spricht vom »Kairos« des synthetischen Denkens und nennt Ernst Robert Curtius, seinen gewichtigsten Op-
ponenten, als exemplarischen Autor eines solchen Versuches.
Dessen Opus magnum *Lateinisches Mittelalter und Europäische
Literatur* war ebenfalls nach dem Krieg bei Francke erschienen,
entstanden jedoch unter Bedingungen der Inneren Emigration.
Auch inhaltlich unterschied sich Curtius wesentlich von Auerbach und dessen Emphase für die jüdisch-christlichen Impulse
in der abendländischen Literatur. Nachdem er als junger Mann
unter anderem ein Anhänger Stefan Georges gewesen war
und 1932 mit *Deutscher Geist in Gefahr* den humanistischen
Bildungsgedanken unpolitisch gegen die Zeit betont hatte, ver-
tieften seine späteren Studien die entscheidende Bedeutung der
antiken Tradition. Nach 1945 wurde Curtius zum heftigen Apologeten von Goethes noblem Künstlertum und war gekränkt,
als Auerbach seine antikenfreundliche Literaturhistorie bei aller Schätzung doch als traditionalistisch besprach, unwillig, den
dynamischen Änderungen der Zeit zu begegnen. 1949 kam es
bei Erwin Panofsky in Princeton zur polemischen Begegnung,
als der Bonner Philologe zu den offiziellen Goethe-Feierlich-
keiten in Aspen als Vertreter Deutschlands eingeladen war.

Der bittere Zwist war auch nicht beendet, als Auerbach in
»Philologie der Weltliteratur« diplomatisch Curtius' exempla-

rische Syntheseleistung hoch lobte. Dieser verfasste erst darauf eine scharfe Kritik von *Mimesis*.

Es konnte keinen Ausgleich zwischen Erich Auerbach und Ernst Robert Curtius geben. Die sublime Subversion, die vom jüdisch-christlichen Denken im Exil ausging, musste für den antik-konservativen Philologen und inneren Emigranten eine Zumutung bedeuten. Gegenüber Fritz Schalk, dem Auerbach seit den 1930er Jahren vertrauten Herausgeber der *Romanischen Forschungen*, bedauerte er 1954 den polemischen Ton seiner Antwort, zumal nach der Nachricht von Curtius' schwerer Krankheit: »Es widerstrebt mir, einen Mann anzugreifen, der nicht mehr richtig antworten kann.« Aber auch dem jüngeren Romanisten fiel es nicht leicht, das Exil als ein entscheidendes Moment im Schreiben Erich Auerbachs anzuerkennen. Als der Philologe nach seinem letzten Besuch in Deutschland im Herbst 1957 in den Vereinigten Staaten nach Semesterbeginn unvermutet an Herzstörungen starb, klang Schalks Nachruf so, als sei der Autor von *Mimesis* aus der Mitte der deutschen Romanisten entrückt worden: »Im November 1957 ist Erich Auerbach von uns gegangen, so plötzlich und unerwartet, daß man leicht zu der Zeit nicht zurückfindet, da er noch in unserer Mitte weilte.« Noch seine »Einleitung« der *Gesammelten Aufsätze zur romanischen Philologie* verdeckte 1967 peinlich den Grund für Auerbachs unfreiwillige Weltläufigkeit. Erich Auerbach war ein Weltbürger geworden, der zugleich wusste, dass der Mensch noch eine Orientierung über die Erde hinaus benötigt, ohne diese genauer fassen zu können. In »Philologie der Weltliteratur« drückt er diese exzentrische Perspektive mit Worten des spätmittelalterlichen Mönchs und Pädagogen Hugo von St. Viktor aus: »Wem sein Heimatland lieb ist, der ist noch zu verwöhnt; wem jedes Land Heimat ist, der ist schon stark; wem aber die ganze Welt Fremde ist, der ist vollkommen.«

III.

Erinnerungen an das Jahrhundert der Wölfe
Nadeschda und Ossip Mandelstam

I.

Die Welt horchte auf, als *Erinnerungen an das Jahrhundert der Wölfe* 1971 in einem New Yorker Exilverlag erschien. Nadeschda Mandelstam legte Zeugnis ab vom Leben, Schreiben und Sterben des Dichters Ossip Mandelstam, der 1938 nahe Wladiwostok in einem Gulag Stalins umgekommen war. Zwei Jahrzehnte später hatte sie begonnen, der Erinnerung an ihren Mann und ihr gemeinsames Leben im Geheimen eine literarische Gestalt zu geben. Als Nadeschda Mandelstam 1980 in Moskau starb, schrieb Joseph Brodsky, der aus dem damaligen Leningrad 1972 ins amerikanische Exil getrieben worden war:»Wenn es irgendeinen Ersatz gibt für die Liebe, dann das Gedächtnis. Etwas im Gedächtnis zu bewahren, bedeutet Intimität lebendig zu halten.« Der junge Dichter hatte zuvor noch im Kreis von Künstlern und Dissidenten erlebt, wie Nadeschda Mandelstam in ihrer Wohnküche, gealtert wie begeisternd, rauchend Hof hielt, nachdem sie aus der Verbannung endlich wieder nach Moskau zurückgekehrt war.

Dieser Erinnerung folgte noch der Band *Generation ohne Tränen*, in welchem die Witwe des Dichters die glücklicheren Anfänge in den Revolutionswirren in den Blick rückte. Allerdings erfuhr Ossip Mandelstam schon damals, dass die literarische Avantgarde nach der gefeierten Befreiung vom Zarenreich erneut im dichterischen Wort beschränkt und gelenkt werden sollte. So wurde aus der Dichtergruppe der Akmeisten Nikolaj Gumiljow, der Mann Anna Achmatowas, 1922 erschossen. Mandelstam verstummte darauf für einige Jahre und schrieb Essays, bevor die Poeme wieder in ihm aufstiegen, nun auch mit bitteren Zeilen ob der Gewalt und Willkür, welche das Land besonders unter Stalin erlitt. In dieser Situation setzten die *Erinnerungen an das Jahrhundert der Wölfe* mit den 1930er Jahren ein, in deren Verlauf Mandelstam zuerst verbannt und später zu tödlicher Lagerhaft verurteilt wird. Als die Geheimpolizei ihren Mann abholt, steigen in Nadeschda Mandelstam Todesahnungen auf, die Mandelstam und der ermordete Gumiljow in abgründigen Worten schon früher beschrieben hatten: »Denn ein Dichter ist doch auch ein Mensch, nur ein Mensch, und deshalb wird ihn das ganz gewöhnliche und für das Land und die Epoche charakteristische Schicksal eines jeden ereilen. Nicht Glanz oder Schrecken der individuellen Fügung, sondern schlicht der ›zahllos geteilte‹ Weg.«

Die Verse Mandelstams hatte seine Witwe nicht nur an geheimen Orten über vier Jahrzehnte verborgen, sondern ebenso im Gedächtnis bewahrt. Ihre eigenen Worte, durchdrungen von denen ihres Mannes, erfüllten somit selbst dessen Anspruch an Einfachheit und Klarheit. Dass sie ihre magische Wirkung heute noch entfalten kann, liegt auch an der neuen Übersetzung von Ursula Keller, welche in Klarheit und Körnigkeit der Worte und im abwechslungsreichen Rhythmus der Sätze eine Ahnung der poetischen Persönlichkeit vermittelt. Joseph Brodsky pries ihre Kunst der sprachlichen Vermählung: »Nadeshda Mandelstams Prosa war das einzig verfügbare Medium für die Sprache selbst, nicht in Stagnation zu fallen. Sie war gleichermaßen das Medium für die Psyche, die vom Sprachgebrauch dieses Lyrikers geformt worden war.« Brodsky, der Mitte der 1960er Jahre in einem legendären Prozess als parasitärer Dichter verurteilt wie verbannt worden war und reklamierte, von Gott zur Poesie berufen zu sein, rief emphatisch ihre künstlerische Kraft ins Gedächtnis. Nadeschda Mandelstam sei es noch vor Alexander Solschenizyns *Archipel Gulag* gelungen, die Welt im Namen des menschlichen Geistes aufzurütteln: »Denn eine zerbrechliche Frau von fünfundsechzig Jahren erweist sich als fähig, den kulturellen Zerfall einer ganzen Nation zu verlangsamen, wenn nicht gar auf lange Sicht abzuwenden. Ihre Memoiren sind mehr als ein Zeugnis ihrer Zeiten: sie sind ein Blick auf die Geschichte im Licht von Bewußtsein und Kultur. Unter diesem Licht beginnt die Geschichte zu zappeln, und ein Individuum erkennt seine Wahl: die Quelle des Lichts zu suchen oder ein anthropologisches Verbrechen gegen sich selbst zu begehen.«

Zum Zirkel regimekritischer Intellektueller, der Nadeschda Mandelstam besuchte, zählte auch Warlam Schalamow, der selbst 1937 zur Lagerexistenz in Sibirien verurteilt worden war, diese überlebt hatte und später die *Erzählungen aus der Kolyma* schrieb, welche heute als das eindrücklichste Zeugnis dieser Welt gelten. In einem enthusiastischen Brief, 1965 an Nadeschda Mandelstam gerichtet, preist Schalamow ihren eigenwilligen Realismus: »Dieses Manuskript, wie im Übrigen ihr ganzes Leben [...] ist eine höchst interessante Erscheinung in der Geschichte der russischen Dichtung. Es ist der Akmeismus in seinen Prinzipien, der hier lebendig auf uns gekommen ist und sein halbes Jahrhundert gefeiert hat. [...] Die Liste der Initiatoren dieser Bewegung liest sich wie ein Martyrolog. Ossip Emiljewitsch starb an der Kolyma, [...] Gumiljows Schicksal ist jedem bekannt, auch das Mutterleid der Achmatowa. [...] Dieses Manuskript stellt sicher, bringt an den Tag, erhält für immer die Geschichte von den tragischen Schicksalen, die der Akmeismus in seinen Verkörperungen erlitt. Der Akmeismus entstand und trat ins Leben [...] für das lebendige Leben und die irdische Welt. Dieser Umstand spielte, nach meiner tiefen Überzeugung, die allerwichtigste Rolle dafür, dass die Gedichte Mandelstams, Achmatowas, Gumilows [...] lebendige Gedichte in der russischen Poesie geblieben sind. Die Menschen, die diese Gedichte geschrieben haben, sind in jeder ihrer Bewegungen, in jeder ihrer Empfindungen vollkommen irdisch geblieben, trotz der grausamen, tödlichen Prüfungen.«

Und so schließt Schalamow, der sein eigenes Werk in dieser Tradition versteht, mit emphatischen Worten, die gleichsam ihm selbst den notwendigen Mut zusprechen, bald in den eigenen Erzählungen dem sozialistischen Realismus zu trotzen und im abendländischen Geist das Ergehen des Einzelnen wahrheitsgetreu abzubilden: »Große Dichter suchen und finden immer moralischen Halt in den eigenen Gedichten, in ihrer poetischen Praxis. Moralischen Halt haben auch Sie und Anna Andrjewna und Ossip Emiljewitsch im Laufe so vieler Jahre gesucht – auf der Erde.« Es ist nicht mehr die jüdisch-christliche Religion der Vergangenheit, denen diese jüdischen Dichter der russischen Moderne verpflichtet sind; es ist auch nicht die proklamierte Zukunft des »Neuen«, das gegenüber dem »Alten«, dem von der russischen Orthodoxie gestützten Zarentum, anfangs die Sympathien der Akmeisten genoss. Vielmehr ging es dieser dichterischen Avantgarde, die sich, ihren Namen wörtlich genommen, als »Spitze« verstand, um die säkulare Treue zur irdischen Wirklichkeit. Schalamow schreibt: »Die Autorin des Manuskripts hat eine Religion – die Poesie, die Kunst. Hinter den Zeilen, im Subtext; eine Religion ohne jede Mystik, vollkommen irdisch, die mit ihrem ästhetischen Kanon die ethischen Grenzen, die moralischen Grenzlinien absteckt.«

In diesem Sinne begreift auch Joseph Brodsky, wie die übrigen russischen Dichter ebenfalls jüdischer Herkunft, diesen poetischen Realismus, der sich bald quer zur gewalttätigen Veränderung der Wirklichkeit stellte. Man kann von einem abendländischen Wirklichkeitssinn sprechen, einer tiefen Liebe zum menschlichen Provisorium, welches sich der tödlichen Vorsorge staatlicher Providenz dichterisch erwehrt und dem Fluss der Ereignisse erst seine individuelle Bedeutung verleiht. So denkt man unwillkürlich an Erich Auerbach und seine Idee eines tiefsinnigen wie vieldeutigen Schreibens, als ob Brodsky *Mimesis. Dargestellte Wirklichkeit in der abendländischen Literatur* fortschriebe: »Für sich genommen ist die Wirklichkeit keinen Pfifferling wert. Es ist die Wahrnehmung, die die Realität zur Bedeutung befördert. Und es gibt eine Hierarchie der

Wahrnehmungen und, entsprechend, der Bedeutungen; die durch feinste und empfindlichste Prismen gewonnenen Wahrnehmungen stehen an der Spitze. Feinheit und Empfindlichkeit erhält solch ein Prisma aus einer einzigen Quelle: der Kultur, der Zivilisation, deren Hauptwerkzeug die Sprache ist.«

Dass solche Rede eine elitäre Provokation darstellte, die auch in westlichen Welten dem Geist eines gedanklichen Konformismus ein Dorn im Auge werden könnte, war Brodsky als hellsichtigem Exilanten bewusst. Er lehrte als Dichter Literatur an der Columbia University, einer Ivy League Universität der USA, deren literaturwissenschaftliche Departments damals dazu neigten, marxistische Ideologeme vergleichsweise unkritisch zu vertreten und alles humanistisch Individualistische als bürgerliches Relikt zu diffamieren: »Die Bewertung der Wirklichkeit durch solch ein Prisma – eines der Ziele unserer Spezies – ist deshalb die genaueste, vielleicht sogar die gerechteste; Schreie wie ›Ungerecht!‹ und ›Elitär!‹, die dem eben Gesagten ausgerechnet aus den Universitäten folgen werden, müssen ungehört verhallen, denn die Kultur ist per definitionem ›elitär‹.« Wie Modernität und Kultur eine provokative Synthese im Namen der Einzelnen bilden konnten, hatte Ossip Mandelstam gezeigt. Er liebte auch die Wissenschaften als Wege zur Wahrheit und sah diese in einem Ergänzungsverhältnis zur Kunst, wie ein Brief aus den 1930er Jahren pointiert sagt: »Die materielle Welt – die Wirklichkeit – ist nicht etwas Gegebenes, sondern wird mit uns geboren. Damit eine Gegebenheit Wirklichkeit werde, muß man sie im buchstäblichen Sinne auferwecken. Genau das tut die Wissenschaft, das tut die Kunst.«

Aber jenseits des platonischen Eros der Erkenntnis ist es der Eros der leidenschaftlichen Liebe, welcher seinem künstlerischen Genie nötig war, um, von der Zeit bedrängt, sich in dieser dichterisch mit Hilfe seiner Frau zu behaupten, welche seinen Poemen ihre *Erinnerungen* als prosaische Resonanz folgen ließ. Es war eine avantgardistische Symbiose, die in den

Anfängen ihres Lebens jede bürgerliche Vorstellung unter den revolutionären Umständen sprengte und dem körperlichen wie geistigen Eros andauernd verschrieben blieb. Ein legendäres Zeugnis dieses gemeinsamen Lebens ist das einzige Interview mit einem ausländischen Journalisten, in dem Nadeschda Mandelstam 1973 ihm und einem holländischen Filmteam mit diebischem Vergnügen von ihren frühen Jahren berichtet und die freie Liebe feiert, während sie als alte Frau eingerollt auf ihrem Küchendiwan liegt und genüsslich raucht: »It was never dull with Mandelstam. We were very happy, even in the most horrible times. […] In the days we often quarreled, but in the night we made love. It was a great success. It is comical to speak about sexual success at 73, but it is.« Aber ihr Leben erschöpfte sich nicht in den erotischen Energien. Diese gingen vor allem auch in seine Gedichte und Essays ein und später, neu entzündet an seinen Versen, in ihre Prosa. In diesem Geiste schrieb Joseph Brodsky: »Gewiß liebte sie ihn, aber die Liebe selbst ist die elitärste aller Leidenschaften. Sie erlangt ihre stereoskopische Substanz und Perspektive nur im Kontext der Kultur, denn sie nimmt mehr Platz ein im Bewußtsein als im Bett. Außerhalb dieses Arrangements verfällt sie einer eindimensionalen Fiktion.«

II.

Die dramatische Wende im Leben von Ossip und Nadeschda Mandelstam ereignete sich 1934, als das »Epigramm gegen Stalin« den Zorn des Diktators auf sich zog. Der Verzicht auf alle enigmatischen oder allegorischen Wendungen stellte einen lebensgefährlichen Ikonoklasmus dar. Seine Worte zerstörten das gängige Abbild der großen Führergestalt, welche die religiösen Ikonen an den Wänden und in den Winkeln aller Gebäude ersetzt hatte. Mit polemischem Zorn und moralischem

Mut verliehen seine Verse den devoten Funktionären und dem despotischen Diktator erschreckende Konturen. So heißt es in der expressiven Übersetzung Ralph Dutlis:

Und wir leben, doch die Füße, die spüren keinen Grund,
Auf zehn Schritte nicht mehr hörbar, was er spricht, unser Mund.
Doch wenn's reicht für ein Wörtchen, ein kleines –
Jenen Bergmenschen im Kreml, ihn meint es.

Nur zu hören vom Bergmenschen im Kreml, dem Knechter,
Vom Verderber der Seelen und Bauernabschlächter.

Seine Finger wie Maden so fett und so grau,
Seine Worte wie Zentnergewichte genau.

Lacht sein Schnauzbart dann – wie Küchenschaben,
Und sein Stiefelschaft glänzt hocherhaben.

Um ihn her – seine Führer, die schmalhalsige Brut,
Mit den Diensten von Halbmenschen spielt er, mit Blut.

Einer pfeift, der miaut, jener jammert,
Doch nur er gibt den Ton an – mit dem Hammer.

Und er schmiedet, der Hufschmied, Befehl um Befehl –
In den Leib, in die Stirn, dem ins Auge fidel.

Jede Hinrichtung schmeckt ihm – wie Beeren,
Diesem Breitbrust-Osseten zu Ehren.

Der Verhaftung Ossip Mandelstams folgen bei permanentem Schlafentzug und blendendem Licht zermürbende Verhöre im Gefängnis des Geheimdienstes. Der Dichter entwickelt akustische Wahnsymptome und unternimmt einen Selbstmordversuch, um der äußeren und inneren Peinigung zu entfliehen. Ein ehemaliger Häftling hatte ihm geraten, »dass ein Messer oder eine Rasierklinge in der Not des Gefängnisses das ist, was am meisten fehlt.« Mit bitterer Ironie schildert Mandelstams Witwe suizidale Vorkehrungen: »Daraufhin hatte O. M. einen ihm bekannten Schuhmacher überredet, ein paar Rasierklingen unter seiner Schuhsohle einzunähen. Eine derartige Weitsichtigkeit lag in unserer Natur. [...] Zu verbluten war nicht der schlechteste Tod angesichts unseres Lebens.«

Die psychische Vulnerabilität ist für Nadeschda Mandelstam der Schlüssel zum Verständnis seines Schicksals in der Zeit: »O. M. war fraglos ein Mensch von besonders hoher Sensibilität und Erregbarkeit. Er nahm äußere Reize stärker als andere wahr und war deshalb mehr als andere prädestiniert, Traumata zu erleiden.« Zugleich steigert die seelische Verletzlichkeit das poetisches Vermögen: »Er war ein Mensch, der stets die kleinsten Details dessen, was gerade geschah, wahrnahm und eine überaus scharfe Bobachtungsgabe besaß: ›Die Aufmerksamkeit‹, so schrieb er in einem Entwurf, ›ist der Heldenmut des Dichters, Zersausung und Zerstreuung sind Ausflucht der lyrischen Bequemlichkeit.‹« Sie fährt fort, über die Zeit in den Fängen des Geheimdienstes zu berichten, der Mandelstam aus Moskau bringen ließ: »Auf der Fahrt nach Tscherdyn wandten sich seine unbändige Achtsamkeit und sein feines Gehör gegen ihn, brachten seine Erkrankung noch stärker zum Auflodern.«

Am Ort der Verbannung wird dem psychisch zerrütteten Dichter der selbstgewählte Tod erneut zum humanen Versprechen: »In seinem Wahn aber hoffte O. M. dem Tod zuvorzukommen, entfliehen, entgehen zu können – ums Leben zu kommen, aber nicht durch die Hand derer, die auf ihn schossen.« Die *Erinnerungen* weiten diesen Blick auf alle aus, welche unter den unerträglichen Zuständen des Sowjetreiches zu leben hatten: »Es ist schon merkwürdig, dass wir alle, die Wahnsinnigen ebenso wie die Nichtwahnsinnigen, niemals die Hoffnung aufgeben. Der Selbstmord ist die Zuflucht, die wir uns vorbehalten, und aus irgendeinem Grunde glauben wir, es sei niemals zu spät, von ihm Gebrauch zu machen.« Tatsächlich unternimmt der politisch Gepeinigte in einen Provinzkrankenhaus einen zweiten Suizidversuch; er wählt einem unbeobachteten Moment, als seiner Frau nach der langen Fahrt die Augen vor Übermüdung zufallen: »Ich hatte buchstäblich fünf Nächte nicht geschlafen und den Paria bewacht. [...] Plötzlich – ich spürte es im Schlaf – veränderte sich die Situation. Er saß plötzlich im Fenster, ich stand neben ihm. [...] Verzweifelt streckte ich die Hand aus und krallte sie fest in die Schulter seines Jacketts. Er glitt aus dem Ärmel, stürzte hinunter und ich hörte das Geräusch des Aufpralls.« Mandelstam hatte Glück, landete auf einem Erdhaufen und überlebte den Sturz. Allerdings blieb der Bruch eines Oberarms verborgen, der später nur notdürftig gerichtet wurde, so dass nie die alte Kraft in diesen zurückkehrte. Aber der vom Wahn Befallene fand hellwach zurück in die beklemmende Realität: »Nach dem Sprung trat wieder innere Ruhe ein.« In einem Gedicht hat O. M. es folgendermaßen ausgedrückt: »Ein Sprung. Ich bin erwacht.«

III.

Die pathologischen Wahnsymptome beschrieb Nadeschda Mandelstam auch als paradoxes Phänomen innerhalb des politischen Wahnsinns. Denn die bedrängenden Stimmen überhöhten gleichsam die soziale Realität der Verfolgung ins Surreale: »In seinem Wahnsinn begriff O. M., was ihn erwartete, als er indes wieder von seiner Erkrankung genesen war, verlor er das Gefühl für die Realität und war überzeugt, er sei nicht in Gefahr.« Diese illusionäre Haltung zeigten auch die gesunden Menschen, entschlossen, ihren Blick vor der bitteren Realität zu schließen: »Die Umstände unseres Lebens führten dazu, dass

Menschen mit gesunder seelischer Verfassung die Augen vor der Realität verschlossen, um sie nicht für einen Fieberwahn zu halten. Die Augen zu verschließen ist nicht einfach, es erfordert große Kraftanstrengung. Nicht wahrzunehmen, was um einen herum geschieht, ist in keiner Weise ein passiver Akt.« Einen triftigen Grund für diese lebensdienliche Reaktion erkennt Nadeschda Mandelstam in dem anthropologischen Verlangen, lieber einer schillernden Lüge zu glauben als die trostlose Wahrheit anerkennen zu müssen: »Der Mensch klammert sich an den kleinsten Hoffnungsschimmer, niemand will sich von seinen Illusionen verabschieden, dem Leben direkt ins Gesicht zu blicken, ist nicht einfach. Nüchterne Analyse und Schlussfolgerungen erfordern übermenschliche Kräfte.« Die lange Dauer der politischen Zwangslage, welche dem revolutionären Aufbruch folgte, ließ die Menschen sich nolens volens daran gewöhnen, ihr Augenlicht kaum zu nutzen. Ihre ursprüngliche Fähigkeit zu sehen starb mit der Zeit ab: »Der Sowjetmensch war in hohem Maße psychisch blind, und dies wirkte sich auf die gesamte seelische Verfassung zersetzend aus.«

Als Grund für den »hypnotischen Dämmerschlaf«, in dem sich die Gesellschaft über die längsten Zeiten befunden habe, nennt Nadeschda Mandelstam die revolutionäre Rhetorik: »Man redete uns tatsächlich ein, eine neu Ära sei angebrochen und uns bliebe nur die Unterordnung unter die historische Zwangsläufigkeit, die im Übrigen mit den Vorstellungen der vortrefflichsten Menschen und Kämpfer für das Glück der Menschheit übereinstimmte.« Sie beklagt ihre eigene Willfährigkeit, ihr Ohr den revolutionären Phrasen geliehen zu haben: »Durch die Verkündigung des historischen Determinismus wurden wir unseres Willens und der Freiheit der Urteilsbildung beraubt. Denen, die noch zweifelten, lachten wir ins Gesicht und vollendeten selbst die Arbeit der Zeitungen, indem wir beständig die rituellen Formeln und Gerüchte über Vergeltungsaktionen wiederholten.« Der Staat suggerierte die Gewissheit, man befinde sich am endgültigen Ziel der Geschichte: »Man hatte versucht, uns davon zu überzeugen, dass sich in unserem Land niemals mehr etwas verändern würde, dass die übrige Welt lediglich auch den gesellschaftlichen Umbruch vollziehen müsse, der bei uns vollzogen wurde.«

Die *Erinnerungen an das Jahrhundert der Wölfe* legen auch die weltanschauliche Dynamik dieser »Erkrankung« frei, in welcher die politische Doktrin das religiöse Dogma ersetzte. Hatte man ehemals das Leben nach der christlichen Heilsgeschichte vom Sündenfall bis zur Himmelfahrt verstanden und der Kirche das Recht eingeräumt, das Leben der Menschen dogmatisch und moralisch zu bestimmen, so bildete nun die Weltgeschichte mit der großen Revolution den Horizont der Erfüllung, wie Marx in seinen Schriften mit wissenschaftlicher Objektivität beschrieben habe: »In den zwanziger Jahren wurde oftmals der Bezug hergestellt zum Siegeszug des Christentums und analog dazu die tausendjährige Herrschaft der neuen Religion prophezeit. Und die feinsinnigsten Vertreter der neuen Religion führten die Analogie sogar noch weiter, indem sie darlegten, dass die historischen Verbrechen der Kirche wie beispielsweise die Inquisition das Wesen des Christentums doch gar nicht verändern. Niemand stellte deshalb den Primat der neuen Ideologie in Frage, die das Paradies auf Erden statt erst himmlischen Lohn versprach. Das Wesentliche aber war die völlige Absage an jegliche Zweifel sowie der absolute Glaube an die durch wissenschaftliche Methoden erlangten Wahrheiten.«

Allerdings gab es durchaus führende Revolutionäre, die selbstkritisch sahen, wie der Graben zwischen Theorie und Praxis immer tiefer und weiter klaffte, ohne dies öffentlich einzugestehen. So beschreibt Nadeschda Mandelstam den intellektuellen Weg Nikolaj Bucharins, der lange schützend seine Hand über ihren Mann gehalten habe: »Er sah sehr klar, dass der neue Staat […] so wenig mit dem zu tun hatte, was man einst gewollt hatte. Das Leben verlief nicht den postulierten

Schemata entsprechend, die darüber hinaus nicht hinterfragt werden durften. Das einst in der Theorie Entworfene mit dem abzugleichen, was in der Praxis entstand, war untersagt. Der theoretische Determinismus gebar, wie zu erwarten gewesen war, in der Praxis Funktionäre neuen Typs, die sich erkühnten, jegliche Analyse der Realität mit einem Tabu zu belegen. Wozu die Grundfesten erschüttern und überflüssige Zweifel zulassen, wenn die Geschichte uns doch ohnehin auf schnellstem Wege vom vorhergesagten Ziel führt? Wenn die Hohepriester einander durch gegenseitigen Eid verpflichtet sind, haben Abweichler keine Gnade zu erwarten.« Der Terror nahm ungeheure Ausmaße an und verselbständigte sich, immer unter der Auflage, man müsse die gefährlichen Volksfeinde auf dem Weg des Heils, welchen die Partei und ihre Priesterschaft verkündete, ausmerzen: »Unsere Vormünder, ganz gleich welcher Couleur, irrten nie und kannten keine Zweifel. Kühn diagnostizierten sie, welchen Ertrag ein Keim bringe, und von dieser Diagnose war es nur ein weiterer Schritt zu dem Erlass, unnütze Keime, Triebe und Gedanken seien allesamt zu vernichten. Das taten sie und waren dabei auch ziemlich erfolgreich.«

Aber 1934 war Bucharin noch mächtig genug, um seine Sympathie für Mandelstam so geltend zu machen, dass dessen dichterische Polemik gegen Stalin nicht zur tödlichen Lagerhaft führte und die Verbannung unverhofft eine wesentlich mildere, erträglichere Form annahm. Nadeschda Mandelstam spricht rückblickend von einem »Wunder«, dessen grundsätzliche Bedeutung im geistigen Kosmos des Sowjetlebens sie über ihre persönliche Situation hinaus beschreibt: »Je stärker die Zentralmacht, desto beeindruckender das Wunder. Wir erfreuten uns der Wunder und erkannten sie mit der Reinherzigkeit des einfachen Menschen des Orients, ja vielleicht gar Assyriens an. Wunder wurden Bestandteil unseres Daseins. Wer schrieb nicht alles an höhere Instanzen und an die stahlhärtesten Namen gerichtete Briefe? Und jeder dieser Briefe flehte gewissermaßen darum, dass jemand Wunder wirken würde.« Und zugleich sei man sich der Flüchtigkeit des Phänomens bewusst gewesen, »dass ein Wunder, wie es die Weisheit des Volkes seit jeher weiß, lediglich ein Aufflammen für einen kurzen Augenblick ist, das keinerlei Veränderungen herbeiführt. Was ist am Morgen aus dem Gold geworden, das in der Nacht vom Hinkenden geschenkt wurde? Ein Lehmfladen, eine Handvoll Staub.« Bitter schließt sie: »Nur ein Leben, das keine Wunder braucht, ist ein gutes Leben.« Gleichwohl empfanden beide Mandelstams den »Donnerhall von oben« als ein Glück: »Trotz allem – ein Wunder hat uns gerettet, und es wurden uns drei Jahre in Woronesch geschenkt. Kann man auf Wunder verzichten? Unmöglich.«

In diesen Zusammenhang gehört die Geschichte vom Telefonat, das Stalin damals mit Boris Pasternak über Ossip Mandelstam geführt hatte. Ihre Version dieses sagenhaften Vorkommnisses geht von Stalins anfänglicher Bemerkung aus: »Wäre ich ein Dichter und meinen Dichterfreund hätte ein Unglück ereilt, hätte ich alle Mauern überwunden, um ihm zu Hilfe zu kommen.« Aber Pasternak habe seine »Freundschaft« zu Mandelstam bekundet und auf die scheinbar literarisch besorgte Frage aus dem Kreml ungeschickt reagiert: »Aber er ist doch ein Meister, oder nicht?« Dass Stalin ihre Unterhaltung abbrach und trotzdem Mandelstam gnädig die schwere Verbannung erließ, war nach Nadeschda Mandelstam eine geschickte Inszenierung seiner auratischen Machtfülle, welche die revolutionäre Weltanschauung krönte: »Es war bezeichnend für jene Zeit, dass niemand, der über das Wunder sprach, die Frage stellte, warum Stalin im Falle eines Dichters es für notwendig erachtete, dass sein Dichterfreund Mauern überwinden sollte, um ihn aus dem Unglück, das ihn ereilt hatte, zu retten, während er seine eigenen Freunde und Genossen stillschweigend in den Tod schickte.«

Allerdings gerieten die Mandelstams bei jenen, die im tristen Tscherdyn ihr Schicksal teilten, sofort in Misskredit, als diese vom Wunder erfuhren, sich Woronesch als weiteren Ort der Verbannung selbst wählen zu dürfen. Denn die Vermutung lag nahe, dass sie Spitzel seien, die sich zuvor ihr Vertrauen erschlichen hätten und nun für den Verrat von höherer Stelle belohnt würden.

Die Einsamkeit setzte sich in Woronesch aus anderen Gründen fort, galt das Paar in der Stadt, die nicht von Verbannten überschwemmt war, doch gesellschaftlich als aussätzig. Jede Kontaktaufnahme konnte von staatlichen Spitzeln und Beamten des Geheimdienstes als Sympathie mit ihrer konterrevolutionären Gesinnung betrachtet werden. Dass beide Mandelstams keiner Tätigkeit nachgehen durften, verschärfte ihre Marginalisierung: »Wenn wir Bekannten auf der Straße begegneten, wandten sie den Blick ab oder schauten uns an, als würden sie uns nicht kennen – auch dies ist ein sehr verbreiteter Ausdruck der Vorsicht. Lediglich Schauspieler erlaubten sich, von diesen allgemein geltenden Regeln abzuweichen, sie lächelten uns an und kamen sogar auf der Hauptstraße auf uns zu. […] Wir waren Parias, Unberührbare der sozialistischen Gesellschaft.«

Aber zugleich war die Einsamkeit für den Dichter ein teures Gut. Denn so fern die Menschen ihm standen, war es kaum möglich, für sich zu sein. So erfreute ihn die feine Rücksichtnahme, mit welcher seine Frau ihm die poetische Einsamkeit gewährte: »Unter Lebensumständen wie den unsrigen in Woronesch war es unmöglich, unbeobachtet zu sein. Wo immer wir uns Zimmer mieteten, gab es keinen Ort wie Korridor oder Küche, an den sich O. M. hätte zurückziehen können, wenn er das Bedürfnis hatte, allein zu sein. […] Ich legte mich aufs Bett und stellte mich schlafend. Nachdem O. M. das durchschaut hatte, bat er mich bisweilen, etwas zu ›schlafen‹, oder ihm wenigstens den Rücken zuzukehren.«

Rückblickend fragt sich Nadeschda Mandelstam, welche Folgen das staatlich abgemilderte Urteil »›Isolieren, aber erhalten‹« für ihr Leben gezeigt hatte: »Die Isolierung verhieß nicht

›Erhaltung‹, sondern lediglich ganz gewöhnliche Vernichtung im Unbemerkten, ohne Zeugen, in einer ›günstigen Minute‹.« Das Einzige, worauf man bauen könne, sei das eigene Durchhaltevermögen und Selbstdisziplin. Mit Dante, dem Dichter des Exils, dessen Verse ihr Mann beständig mit sich trug, paraphrasiert und ergänzt sie trotzig die berühmten Zeilen aus der *Göttlichen Komödie*, die über dem Eingang zur Hölle zu lesen sind: »Lass alle Hoffnung fahren, erwarte den Tod und halte fest an deinen geistigen und sittlichen Werten. Dies zu bewahren ist schwer, dafür muss man alle Kräfte zusammennehmen. Das lehren Erfahrung und nüchterne Betrachtung der Lage. Dies waren die Lektionen jener, die über mehr Erfahrung verfügen als wir.«

IV.

Nach den drei Jahren in Woronesch hofften die Mandelstams, nach Moskau zurückkehren zu können, dem Zentrum des literarischen Lebens. Aber sie fügten sich nicht ins staatliche Schema, das den Dichtern und Schriftstellern ein privilegiertes Leben zugestand, wenn ihre Werke nur den revolutionären Geist beförderten und die sozialistischen Errungenschaften priesen. Die Hauptstadt lockte viele mit großartigen Gebäuden, in welchen die Schriftsteller mit dem höchsten gesellschaftlichen Rang selbstverständlich die obersten Stockwerke beziehen durften, wie Nadeschda ironisch erinnert. Diese staatstreuen Schriftsteller seien kaum erpicht gewesen, dass verurteilte Kollegen wieder vom Joch der Verbannung und Lager erlöst wurden, da deren Rückkehr die neue Rangordnung des sowjetischen Geistes gefährdet hätte. So waren die Mandelstams bei ihren Besuchen in der Hauptstadt meist unliebsame Gäste. Auch gab es keine Möglichkeit, ohne Aufenthaltserlaubnis für Moskau sich in den eigenen Wohnraum zu flüchten, den

Nadeschda Mandelstam im ersten Revolutionsjahrzehnt recht-
mäßig erstanden hatte. Es blieb Ossip und Nadeschda Mandelstam nur, die hundert Werst an Entfernung zur Hauptstadt ein-
zuhalten und manchmal das Risiko einzugehen, im Geheimen
Moskauer Freunde zu besuchen.

Allerdings verurteilen die *Erinnerungen* nicht jene Freunde,
welche sich mit den Mächtigen arrangierten, um weiter halbwegs unbehelligt dichten und leben zu können. So gesteht
Nadeschda Mandelstam im Vergleich der poetischen Lebensläufe Boris Pasternak die künstlerische Existenz im sanktio-
nierten Literaturbetrieb zu, hatte er sich doch offiziell in die
Übersetzung klassischer europäischer Literatur zurückgezogen,
während er heimlich begann, seinen *Doktor Schiwago* zu
schreiben, einen Roman, der mit weltweiter Resonanz den
humanistischen Individualismus inmitten der revolutionären
Umwälzungen rechtfertigen sollte: »Es war beider Verhängnis,
Schriftsteller zu sein – Pasternak versuchte jedoch bis zu einem
gewissen Zeitpunkt, sich zu arrangieren, während O. M. sofort
das Weite suchte. Pasternak war klar, dass es ihm nur in der
Literatur möglich war, eine gewisse Sicherheit, besonders in
materieller Hinsicht, zu erringen. Er zog sich nie aus dem Literaturbetrieb zurück. [...] O. M. sträubte sich sein ganzes Leben
lang gegen den Literaturbetrieb [...]. Pasternak gegenüber war
man zunächst gnädig, während man Mandelstam von Anbeginn an zu vernichten suchte.« Dies änderte sich zuletzt: »Be-
merkenswert indes ist, dass beide am Ende ihres Lebens Dinge
getan haben, die in Widerspruch zu ihrem gesamten Leben
davor standen: Während Pasternak einen Roman schrieb und
im Ausland publizierte, wodurch es zum offenen Bruch kommen musste, war Mandelstam letztendlich zu Zugeständnissen
bereit, aber als er dazu bereit war, war es, wie sich herausstellte,
bereits zu spät. Im Grunde versuchte sich Mandelstam in dem
Augenblick zu retten, als die Schlinge bereits um seinen Hals
gelegt worden war.«

Zu dieser Zeit waren schon die großen Säuberungen ausgebrochen, die von 1936 bis 1938 dauerten und in den Moskauer Schauprozessen ihre öffentlich umstrittenen Höhepunkte fanden. Stalin ließ gezielt ein Klima von grassierender Angst und allseitigem Misstrauen entstehen, in dem feige Willfährigkeit am besten das Leben zu sichern schien und mutige Geister am stärksten von tödlichen Urteilen bedroht waren. Eindrücklich zeigt Nadeschda Mandelstam die staatliche Willkür am Beispiel Nikolaj Bucharins, der 1938 Stalins Zorn zum Opfer fiel, aber schon in den frühen 1920er Jahren um die Ambivalenz des Terrors gewusst habe. Dies wird in der Schilderung einer Begegnung deutlich, bei der Mandelstam sich empört habe, dass in einem Verlagshaus kein »gesunder sowjetischer Geist« herrsche. Bucharin habe, so die *Erinnerungen an das Jahrhundert der Wölfe*, erzürnt geantwortet: »Und welcher Geist ist in anderen Institutionen zu spüren? […] Er scheint von der Müllkippe zu kommen. Er stinkt.« Der früh ernüchterte und später ermordete Parteifunktionär wird zum bitteren Menetekel der Eigendynamik der revolutionären Gewalt: »Die Kräfte, die von der alten Generation in Machtpositionen gehievt worden waren, kannten keinerlei Grenzen mehr. Und es zeichnete sich eine Zukunft ab, die in keiner Weise dem Terror der ersten Revolutionstage gleichen würde.« Die Witwe Mandelstams schließt ihre melancholischen Erinnerungen an Nikolaj Bucharin: »Vielleicht war es ihm bereits klar geworden, dass es ihm und seinen Kampfgenossen nicht mehr gelingen würde, die von ihnen entfesselten Mächte aufzuhalten, ganz wie der Goethesche Zauberlehrling dem Besen keinen Einhalt mehr zu gebieten vermochte.«

V.

Zuletzt erfasste die Welle der Verhaftungen auch Ossip Mandelstam. Ein dreiviertel Jahr nach seiner Verhaftung schrieb
Nadeschda Mandelstam im Januar 1939 mit dem Mut der Verzweiflung an Beria, den allseits gefürchteten Chef des Geheimdienstes, der ein Jahr zuvor seinen in Ungnade gefallenen Vorgänger abgelöst hatte: »Im Mai 1938 wurde der Dichter Ossip
Emiljewitsch Mandelstam verhaftet; aus einem Brief von ihm
ist mir bekannt, daß er von einem Sondergericht zu fünf Jahren
Arbeitslager wegen konterrevolutionärer Tätigkeit verurteilt
wurde (in der Vergangenheit hatte Mandelstam eine Vorstrafe
nach Artikel 58 für konterrevolutionäre Verse). Die zweite Verhaftung im Jahr 1938 kam für uns völlig unerwartet. Zu jenem
Zeitpunkt schloß Mandelstam gerade einen Gedichtband ab,
dessen Veröffentlichung mehrfach im Schriftstellerverband
erörtert wurde. Wir hätten eher die völlige Wiederherstellung
seiner Rechte und die Rückkehr zu einer offenen literarischen
Tätigkeit erwartet als eine erneute Verhaftung. [...] Zum
Zeitpunkt seiner zweiten Verhaftung war Mandelstam schwer
krank, physisch und psychisch labil.«

Mandelstam war nicht zufällig in das Räderwerk der staatlichen Willkür geraten, sondern er hatte die Mächtigen der
Literatur selbst provoziert. Schon am Ende des ersten Jahrzehnts der Revolution ging er dem Streit mit den literarischen
Funktionären nicht aus dem Weg. Der Dichter stand für eine
Poesie, die sich der Politik nicht beugte, sondern ihre unabhängige Bedeutsamkeit unterstrich Mit einigem Stolz erinnert sich
Nadeschda Mandelstam an eine spätere Szene, die sein provozierendes Selbstbewusstsein erkennen ließ: »»Die Poesie ist eine
Macht‹, sagte er in Woronesch zu Anna Andrejewna, und sie
neigte ihren langen Hals. Die Verbannten, Kranken, Erniedrigten, Gehetzten weigerten sich, ihrer Macht zu entsagen. O. M.
trat auf wie jemand, der über Macht verfügte, und das machte

jene, die ihn verfolgten, ganz besonders wütend. [...] Wenn man Menschen umbringt, weil sie Gedichte schreiben, bedeutet das, dass der Dichtung die ihr zustehende Hochachtung und der ihr zustehende Respekt erwiesen wird, das bedeutet, dass man sie fürchtet, und das wiederum bedeutet, dass sie eine Macht ist.«

Tatsächlich bietet die Sammlung seiner Briefe, *Du bist mein Moskau und mein Rom und mein kleiner David*, die Ralph Dutli ans Ende der deutschen Werkausgabe setzte, einige Zeugnisse dieses Wagemutes. Sie bietet zuletzt gehetzte, von Atemnot gezeichnete Zeilen eines Dichters, der von seiner Mission ergriffen ist und am Rand des Wahnsinns lebt. Sie lässt einen tieferen Blick in die Zusammenhänge der sogenannten »Eulenspiegelaffäre« tun, in der Mandelstam im Disput dem anerkannten sowjetischen Schriftsteller Alexej Tolstoi 1928 eine Ohrfeige versetzt hatte, nachdem er fälschlich eines Plagiats in Übersetzungsdingen bezichtigt worden war. Damals kündigte er offen seine Mitgliedschaft im Schriftstellerverband auf, den er polemisch mit dem inquisitorischen Gebaren kirchlicher Institutionen verglich: »Welch einen perversen Jesuitismus, welche nicht einmal bürokratenhafte, sondern popenhafte Grausamkeit brauchte es, um nach einem Jahr ungezügelter, nach Blut riechender Hetze, nachdem man einem Menschen ein Lebensjahr samt Fleisch und Nerven herausgeschnitten hat, ihn für ›moralisch verantwortlich‹ zu erklären und kein einziges Wort zum Wesen der Sache zu äußern.« Kämpferisch verkündet er seine vornehme Unabhängigkeit: »Ich verlasse die Föderation Sowjetischer Schriftsteller, ich verbiete mir von nun an, Schriftsteller zu sein, weil ich moralisch verantwortlich bin für das, was Sie tun.« Dass er mit seinem Brief öffentlich den Fehdehandschuh hingeworfen und nun nichts Gutes zu erwarten hatte, bekundet er mit klarem Sinn für die Realitäten: »Doch das sowjetische Schreibertum bleibt wie eh und je organisiert, und ich, der ich nur Mandelstam bin, verfüge über keinen Apparat zum Selbstschutz für die nächsten zwanzig Jahre.«

Das lange Gedächtnis jener, die sich in ihrer lakaienhaften Mittelmäßigkeit von diesen Worten getroffen fühlen mussten, fand die Gelegenheit zur Revanche auf der Höhe der Schauprozesse, als man Mandelstam beim Geheimdienst denunzierte: »Bekanntlich wurde O. Mandelstam wegen unflätiger verleumderischer Verse und antisowjetischer Agitation vor drei, vier Jahren nach Woronesch verbannt. Seine Verbannungszeit ist abgelaufen. Jetzt lebt er mit seiner Frau in der Nähe von Moskau (außerhalb der ›Zone‹). Tatsächlich aber hält er sich öfter in Moskau bei seinen Freunden auf, hauptsächlich Literaten. Sie unterstützen ihn, sammeln Geld für ihn, machen aus ihm einen ›Märtyrer‹ – einen genialen Dichter, der von niemandem anerkannt werde.« Mandelstam ist vor allem in der dichterischen Unabhängigkeit dem höchsten Literaturfunktionär ein Dorn im Auge. Obwohl er nun staatstreue Verse zu fabrizieren sucht, kann er seine Gegner nicht mehr von ihrem Urteil abbringen, folgt man einem vernichtenden Gutachten: »Sind das sowjetische Verse? Ja, natürlich. Aber nur in den ›Versen über Stalin‹ fühlt man das ohne Umschweife, in den anderen Gedichten läßt sich das Sowjetische nur ahnen. Wenn man mich fragen würde, ob man diese Gedichte abdrucken sollte, würde ich antworten – nein, man braucht sie nicht zu drucken.«

Der Schriftstellerverband wiegt in der Folge Mandelstam perfide in Sicherheit, indem man ihm und seiner Frau im weit von der Hauptstadt abgelegenen Samaticha eine Zuflucht bot, um sich körperlich und geistig von den Strapazen der Verbannung zu erholen. Dem todkranken Vater schreibt er, von neuen Hoffnungen beseelt: »Nadja und ich sind schon den zweiten Monat in einem Erholungsheim. […] Der Schriftstellerverband hat mich hierher geschickt. […] Wohin wir von hier aus fahren werden, ist ungewiß. Aber man darf wohl annehmen, daß es nach einer solchen Aufmerksamkeit, nach einer solchen Sorge um uns auch wieder Arbeit geben wird.« Nochmals hatte der Wille zur Hoffnung auf ein Wunder gesiegt. Aber den scheinheiligen verräterischen Worten des Verbandes folgt mit der Verhaftung und Verurteilung zur Lagerhaft die endgültige Vernichtung des Dichters durch den Geheimdienst.

VI.

Als fast zwei Jahrzehnte später Nikita Chruschtschow auf dem XX. Parteitag 1956 plötzlich enthüllte, dass Stalin die revolutionäre Vergangenheit mit seinen Verbrechen betrogen hatte, und das »Tauwetter« einleitete, schockierte die politische Kehrtwende viele Sowjetbürger. Nadeschda Mandelstam erzählt, wie nicht wenige Bekannte hofften, alles bleibe beim Alten: »Man würde doch nicht so plötzlich alles ändern, denn das traumatisiere die Menschen. [...] Es sei doch versprochen worden, nichts würde sich mehr ändern, und deshalb dürften keinerlei Veränderungen in der Gesellschaft mehr stattfinden.« Mit beißender Ironie resümiert sie den tumben Glauben der geistig betäubten Menschen: »In einer Zeit, die stehen geblieben ist, liegen Stabilität und Ruhe. Und diese waren unabdingbar für die, die am Geschehen unserer Epoche aktiv beteiligt waren.«

Auf der anderen Seite ließ das »Tauwetter«, das 1956 einsetzte, einige Schriftsteller, welche die Lager überlebt hatten, hoffen, dem Erlebten endlich Ausdruck geben zu können. Es dauerte allerdings acht Jahre, bis Alexander Solschenizyns Lagererzählung *Ein Tag im Leben des Ivan Denissowitsch* veröffentlicht wurde. Warlam Schalamow, der selbst die Jahre 1937 bis 1953 in Lagern zugebracht hatte, schrieb im November 1964 an den Autor: »Diese Erzählung ist für den aufmerksamen Leser in jedem Satz eine Offenbarung. Das ist das erste Werk, natürlich in unserer Literatur, das Kühnheit und künstlerische Wahrheit besitzt, und auch die Wahrheit des Erlebten, des Empfundenen

– das erste Wort zu einem Thema, über das alle sprechen, aber noch niemand geschrieben hat.« Er begann selbst seine *Erzählungen aus der Kolyma* niederzuschreiben, in denen er Fakten und Fiktionen zu einem dichten Panorama der Lagererfahrungen verwob. Die Erzählung »Cherry Brandy« widmet sich dem sterbenden Ossip Mandelstam, ohne dass dessen Namen ausdrücklich erwähnt würde. Unter der leicht durchschaubaren Maske des »Dichters« heißt es über den damals offiziell noch Verfemten: »Man nannte ihn den ersten russischen Dichter des zwanzigsten Jahrhunderts, und oft dachte er, daß das tatsächlich so war. Er glaubte an die Unsterblichkeit seiner Gedichte.«

Nadeschda Mandelstam hatte das tödliche Unrecht, das ihrem Mann geschehen war, nicht nur politisch gedeutet. Vielmehr sieht sie das Leiden des Poeten als bewusste Annahme des Passionsgedankens. Sie erinnert an einen Essay, in dem Mandelstam kurz vor Ausbruch der Revolution das christliche Sterben des Kompositionen Alexander Skrijabin behandelt habe: »In diesem Artikel hatte er seine Auffassung über die christliche Kunst dargelegt, er ist also so etwas wie sein wahrhaftiges Credo. Hier führt er seine Idee aus, dass der Tod eines Künstlers nicht sein Ende, sondern ein letzter schöpferischer Akt ist.« Im Bild Christi bekundet der Essay die innere Vornehmheit des Künstlers, der nur scheinbar ohnmächtiges Opfer der mächtigen Willkür ist. Denn in einer getriebenen Gesellschaft, welche den äußeren Gesetzen gehorcht, ist der alleine frei, der seiner inneren Stimme folgt. So wird er für alle zum Vorbild, die nach ihm wagen, bedingungslos den poetischen Geist zu leben, ohne sich dem politischen Zwang zu beugen. Ihre *Erinnerungen* zeigen das Leben Ossip Mandelstams gleichsam im Geist des späten Nietzsche, dessen *Antichrist* die Person Christi, klar im Kontrast zum institutionellen Sklavengeist der Kirche, als freimütigen Gesinnungsmenschen versteht: »Die christlichen Künstler sind gleichsam die Freigelassenen der Erlösungsidee, und nicht deren Sklaven und Prediger. Unsere ganze zweitausendjährige Kultur ist dank der wunderbaren Gnade des Christentums eine Entlassung der Welt in die Freiheit zum Spiel, zur geistigen Heiterkeit, zur freien ›Nachahmung Christi‹.«

Und so scheint es auch kein Zufall zu sein, dass Ossip Mandelstam zu der Zeit, als der Terror Stalins um 1930 anhob, sich an dem hochmittelalterlichen Christen und Poeten Dante innerlich aufrichtete. Mandelstams *Gespräch über Dante* entstand 1931 auf der Krim. Darin beschwört er gleich zu Anfang die innere Wahrheit der Dichtung, welche im Vortrag die äußere Verstellung entlarvt, der man sich sonst notgedrungen beugt: »Das innere Bild des Verses ist nicht zu trennen vom unendlichen Mienenspiel, das über das Gesicht des sprechenden und erregten Rezitators huscht. Die Kunst des Sprechens nämlich verzerrt unser Gesicht, sprengt seine Ruhe, zerstört seine Maske …« Die Liebe zu Dante und der kathartischen Wirkung seiner Verse teilte Ossip Mandelstam mit Anna Achmatowa. Sie sprachen sich gegenseitig ganze Passage der *Divina Comedia* auf Italienisch vor, wie Ralph Dutli in der Biographie berichtet. Mandelstam sei vom Vortrag der Freundin so gerührt gewesen, dass diese erschrocken nach dem Grund für seine Tränen gefragt habe: »Nichts weiter, nur – diese Worte und Ihre Stimme.«

Schon Nadeschda Mandelstam hatte die Szene erinnert, welche ihre gemeinsame Leidenschaft veranschaulichte, sich über Raum und Zeit hinweg mit den großen Dichtern zu verbünden, während man sich unter den eigentlichen Zeitgenossen fremd fühlte: »Sowohl Achmatowa als auch O. M. besaßen die außergewöhnliche Fähigkeit, bei der Lektüre von Werken aus vergangenen Epochen, die sie von den Dichtern trennende zeitliche und räumliche Entfernung gleichsam zu vergessen. […] Aufgrund der Art, wie Dante in der Hölle den von ihnen geliebten Dichtern der Antike begegnete, ging O. M. davon aus, dass auch Dante diese Fähigkeit besaß.« Eine Ausgabe der *Göttlichen Komödie* begleitete Mandelstam auf allen Wegen, auch in den späten Zeiten von Verbannung und Haft: »In Bezug auf Dante war O. M. gleich bewusst, dass dies die wichtigste Begegnung in seinem Leben war. Fortan trennte er sich nie wieder von ihm und nahm ihn sogar zwei Mal mit ins Gefängnis. Im Bewußtsein, dass er jederzeit verhaftet werden könne [...] hatte O. M. eine kleinformatige Ausgabe der ›Komödie‹ aufgetrieben, die er stets in der Jackentasche trug.« Nadeschda Mandelstam war stolz, das Leben des Dichters geteilt zu haben, der wie Dante die schöpferische Kraft besaß, seine Zeit genau in Worte zu fassen, und ebenso bereit war, das Schicksal der Ächtung mutig herauszufordern: »Ein wirklicher Dichter wird sofort als solcher erkannt, und zwar von denen, die sich seiner Gedichte erfreuen, ebenso wie von denen, die sie wütend machen.«

In dieser Erkenntnis schrieb Nadeschda Mandelstam wohl auch ihren letzten Brief, einen Liebesbrief, hoffend, dass ihr Mann noch lebte: »Ossjuscha, was war mein kindliches Leben mit Dir für ein großes Glück. Unsere Streitgespräche, unsere Zänkereien, unsere Spiele und unsere Liebe.« In aller selbstironischen Bescheidenheit zeichnet Nadeschda Mandelstam in raschen Strichen das Bild eines Menschen, der uns entgegenkommt, damit wir uns nicht im Dunkel des Lebens verlieren, in der Sache nicht fern von Dante, der schon im ersten Höllengesang seinen dichterischen Begleiter Vergil einführt, dem später Beatrice als imaginiertes Gegenüber des Dichters folgen wird: »Ich preise jeden Tag und jede Stunde unseres bitteren Lebens, mein Freund, mein Gefährte, mein blinder Blindenführer. Wir stießen einander an wie blinde junge Hunde und fühlten uns wohl dabei. Und Dein armer, fieberheißer Kopf und all der Wahnsinn, mit dem wir unsere Tage verbrachten. Was für ein Glück – und wie haben wir doch immer gewußt, daß gerade das unser Glück war.«

VII.

Im deutschen Sprachraum war es Paul Celan, der 1959 Ossip Mandelstam erstmals bekannt machte, als er dem S. Fischer Verlag eine Ausgabe der Gedichte vorschlug. Während sich das Publikum bei S. Fischer um *Doktor Schiwago* riss, blieb es damals ein literarisches Wagnis, auch Ossip Mandelstam im Westen einzuführen. Paul Celan schrieb entsprechend zu Ende 1958 an Harald Hartung, der ihn um die Erlaubnis gebeten hatte, in einer Münsteraner Studentenzeitung namens *David* die »Todesfuge« zu veröffentlichen, aber auch Gedichte von Pasternak abdrucken wollte: »Der ›Schiwago‹ ist alles andere als ein großes Buch. Und Pasternak hat auch allerlei Gedichtelchen geschrieben, in denen er ganz hübsch ins Horn des ›Slaventums‹ stösst.« Der empfindliche Dichter ruft neben Wladimir Majakowskj, Isaak Babel und Boris Pilnjak auch Ossip Mandelstam in Erinnerung, der für sein Werk gelitten und mit dem Tod bezahlt habe. Mandelstam sei einer der »grössten russischen Lyriker dieses Jahrhunderts«, der »nachdem er aus der sibirischen Deportation zurückkehrte, von Deutschen ermordet (er war Jude, wie Pasternak)« worden sei. Dass Celan sich hier in der umstrittenen Frage, wer für den Tod des Dichters verantwortlich ist, für die Deutschen entschied, hängt wohl zum Teil mit dem Wunsch zusammen, sich mit Mandelstam besser identifizieren zu können. So fügt er in Klammern an: »(Ich selbst kam während des Krieges als Jude in ein Lager; später durfte ich dem Antisemitismus auch in seiner sowjetischen Spielart begegnen.)«

Die Spannung zwischen Realität und Utopie, die Celan an Mandelstam fasziniert, ist verbunden mit dem Gedanken der Passion, gerade für Zeiten, in denen Stalin im gewaltsamen Enthusiasmus für die große Umwälzung Millionen Menschen verhungern ließ, um die eigenwilligen Bauern sich gefügig zu machen. So übersetzt Celan unter anderem ein Mandelstam-

Gedicht, das im Nachklang der Entfremdung von den literarischen Funktionären entstand und entschlossen das politische Unrecht beim Namen nennt, zugleich aber poetisch auch einen fernen Sehnsuchtsraum eröffnet:

> Den steigenden Zeiten zum höheren Ruhm,
> dir, Mensch, zur unsterblichen Glorie,
> kam ich, als die Väter tafelten, um
> den Kelch; gingen Frohsinn und Ehre verloren.
>
> Mein Wolfshund-Jahrhundert, mich packts, mich befällts –
> Doch bin ich nicht wölfischen Bluts.
> Mich Mütze – stopf mich in den Ärmel, den Pelz
> sibirischer Steppenglut.
>
> Daß dem Aug, das Kleinmut und Jauche geschaut,
> das Rad mit den Blutknochen-Naben
> nachtlang der Sternhund am Himmel erblaut,
> schön wie am Ursprungsabend.
>
> Zum Jenissej für mich, zur Nacht seiner Welt,
> zur Tanne, die morgenhin fand.
> Denn ich bin nicht von wölfischem Blut, und mich fällt
> nur die ebenbürtige Hand.

Anders als die utopische Reise, die Celan erstmals ins Deutsche brachte, führte der reale Transport Ossip Mandelstam weit über das Flussgebiet des Jenissej bis ins östliche Sibirien hinaus. Fast vier Wochen dauerte die Fahrt, nach der er den letzten erhalten gebliebenen Brief an Bruder und Frau schrieb: »Ich befinde mich in Wladiwostok, Nord-Östliches Besserungs- und Arbeitslager. Baracke 11. […] Meine Gesundheit ist sehr schwach. Bin äußerst erschöpft. Abgemagert, fast nicht wiederzuerkennen. Aber Kleider zu schicken, Essen und Geld – weiß nicht, ob es Sinn hat. Versucht es trotzdem. Ich friere sehr ohne Kleider.«

Nadeschda Mandelstam stellte später Erkundungen über die letzte Lebenszeit ihres Mannes an. Ihre *Erinnerungen* schließen mit dem Bericht eines Zeugen, welcher Ossip Mandelstam in einer der im Lager gefürchtetsten Gruppe entdeckt habe. Dies letzte Lebenszeugnis illustriert die Paria-Stellung, die Mandelstam als Dichter in den 1930er Jahren einnahm: »Mitten unter den Kriminellen saß ein Mann mit grauem Stoppelbart in einem gelben Ledermantel. Er rezitierte Gedichte. L. kannte die Gedichte – dieser Mann war Mandelstam. Die Kriminellen bewirteten ihn mit Brot und Konserven, er aß gelassen – offensichtlich hatte er nur Angst vor dem vom Lagerpersonal ausgegebenen Essen. Sein Publikum lauschte schweigend, bisweilen bat man ihn, ein Gedicht nochmals vorzutragen. […] L. bemerkte, dass O. M. unter Verfolgungswahn oder Zwangsideen litt.«

Kurze Zeit später erfasste eine Typhusinfektion das Lager. Nadeschda Mandelstam schreibt lakonisch: »Die Menschen starben wie die Fliegen.« Ihr Mann zählte unter jene, die starben. Ihre Worte erinnern an den Anfang der ältesten Erzählung des Westens, heißt es doch im ersten Gesang der *Ilias*, welcher den Einbruch einer Seuche vor Troja geschildert ist: »Die Krieger starben wie die Fliegen.« Homer war ihrem Mann früh nahe gewesen. Auch später blieben ihm die homerischen Epen stark im Bewusstsein, so als Mandelstam überlegte, wie die »Last der Erinnerungen« zu tragen sei. Aber auch das Werk Nadeschda Mandelstams zeugt, wie Joseph Brodsky suggestiv beschrieb, im Gedächtnis der Verse ihres Mannes von der Kraft der Poesie, die von Worten großer Vorgänger gespeist ist.

Dabei erflehten schon in homerischen Zeiten die Erzähler den göttlichen Beistand, eingedenk der Gebrechlichkeit und Grenzen unseres Gedächtnisses. So ertönt im ersten Gesang der *Ilias* bald die Bitte: »Möge mich meine Kunst, das alles aufzuschreiben, dabei nicht im Stiche lassen, und mögen mir die Götter mein Vorhaben segnen!« Denn, so ergänzt der zweite Gesang: »Mehr als ein mangelhaftes Gedächtnis steht dem Menschen nicht zur Verfügung. Deshalb rufe ich euch an, ihr Musen im Olymp, Göttinnen, Töchter des Zeus, springt mir bei.« Hier schließt sich der Kreis zu Ossip Mandelstam, der schon 1915 am Schwarzen Meer diese Passage des Epos – erschöpft von der langen Aufzählung, die folgte – beschwor, folgt man Dutli und seiner Übersetzung:

Schlaflosigkeit. Homer. Gespannte Segel.
Das Schiffsverzeichnis las ich – bis zur Mitte kaum.

Nadeschda Mandelstam bewies ebenso poetischen Atem im Geiste Homers, sicherlich dankbar für die göttliche Gnade, sich so erinnern zu können. Ossip Mandelstam wusste, was er an seiner Frau hatte. So schrieb er 1930, als er sich durch die Unterstellungen des Schriftstellerverbandes erstmals bis in den Wahnsinn bedroht fühlte, an Nadeschada Mandelstam: »Man muß sich an diesem Lieben, am Unsterblichen festhalten, festhalten bis zum letzten Atemzug. Es niemandem abtreten, um nichts auf der Welt.«

Die offene Gesellschaft und ihre Feinde
Karl Popper

I.

Karl Popper wird heute als »Jahrhundertdenker« bezeichnet, der mit *Die offene Gesellschaft und ihre Feinde* eines der ideengeschichtlich maßgeblichen Bücher über den modernen Totalitarismus schrieb. Der 1902 geborene Philosoph stammt aus einer assimilierten Familie des wohlhabenden jüdischen Bürgertums, das im Wien der Jahrhundertwende das kulturelle und wissenschaftliche Leben mit prägte. Popper engagierte sich schon früh im liberalen Sinne für soziale Gerechtigkeit, verfolgte psychologische Interessen im Umfeld von Alfred Adler und sah als Aufklärer seine Zukunft als Pädagoge. Lange dachte der Volksschullehrer nicht an einen akademischen Weg, auch wenn er sich von früh an als Leser der immensen Bibliothek seines Vaters für Philosophie begeisterte. Einem Biographen schrieb er mit neunzig Jahren als Emeritus der *London School of Economics*, in der er fast vier Jahrzehnte gelehrt hatte: »Ich bin kein Fachphilosoph. Ich habe nie Akademiker werden wollen, sondern Schullehrer in den Fächern Mathematik, Physik, Chemie, Biologie. Aber ich habe von Jugend an versucht, philosophische Bücher zu lesen. Vor allem Schopenhauer und Kant. Später Eduard von Hartmann, insbesondere sein Buch über Physik. Ich habe dann ein paar Vorlesungen in Philosophie in Wien versucht, fand sie aber langweilig im Gegensatz zu Büchern, und kam in keiner über die 2. oder 3. Vorlesungsstunde hinaus.«

Tatsächlich beeinflusste die Begegnung mit dem logischen Positivismus, der in Wien von Moritz Schlick und anderen ins Leben gerufen wurde, entscheidend Poppers Weg zum wirklichen Philosophieren. In der Folge entstand sein erstes Buch

Logik der Forschung, das er bis 1934 neben dem Schuldienst schrieb. Besuche in England erweiterten die Möglichkeiten des wissenschaftlichen Austausches und führten Popper eine lebendige demokratische Tradition vor Augen: »Es war eine Offenbarung gewesen. Die Ehrlichkeit, Freundlichkeit und Großzügigkeit der Menschen, ihr starkes politisches Verantwortungsgefühl und ihr überzeugter Pazifismus machten auf mich den denkbar größten Eindruck.« Zugleich erlaubte die Zeit in London angesichts der zunehmend antisemitischen Atmosphäre Wiens, Ausschau nach Chancen zu halten, im englischsprachigen Raum der philosophischen Leidenschaft weiter nachzugehen. Bertrand Russel war einer der wichtigen Gesprächspartner. In der Diskussion mit ihm äußerte Karl Popper schon Grundgedanken dessen, was seine gesamte spätere Erkenntniskritik prägen sollte, die Einsicht in die Vorläufigkeit wissenschaftlichen Wissens und in die Notwendigkeit, mögliche Fehler als Vehikel des Fortschritts zu nutzen. Jahrzehnte später erinnerte er sich in der Autobiographie *Ausgangspunkte*: »Was wir ›wissenschaftliche Erkenntnis‹ nennen, sei aber, so sagte ich, hypothetisch und oft unwahr und keineswegs sicher wahr oder wahrscheinlich wahr.«

Zum engen Freund wurde seit den Londoner Jahren der Kunsthistoriker Ernst Gombrich, den Popper schon aus Wien kannte und der sich dem 1933 aus Hamburg emigrierten Warburg Institute in London angeschlossen hatte. Aber für den Philosophen selbst gab es vorerst keine Zukunft auf der britischen Insel, so dass er 1937 notgedrungen das Angebot annahm, als Lecturer an die Universität von Christchurch nach Neuseeland zu gehen. Dort angekommen, wirkte das immense Unterrichtspensum auf Popper erdrückend. So blieben ihm nur die Wochenenden und knappen Semesterferien, um als Forscher weiter tätig zu sein. Abgeschnitten vom Gespräch mit den philosophischen Kollegen, das ihn bis dahin inspiriert hatte, methodisch-logischen Problemen nachzugehen, sah sich

Popper nun durch die aktuelle Weltgeschichte vor die Frage nach der Entstehung der großen totalitären Ideologien gestellt. Er wollte wissen, ob in der älteren und jüngeren Philosophiegeschichte Motive und Tendenzen auszumachen waren, welche die Genealogie der modernen Diktaturen erhellen könnten. Im Rückblick sagte er: »Vieles, was in diesem Werk enthalten ist, nahm zu einem früheren Zeitpunkt Gestalt an; aber den Entschluß zur Niederschrift faßte ich im März 1938, an dem Tag, an dem mich die Nachricht von der Invasion Österreichs erreichte. Revisionen des Textes erstreckten sich bis ins Jahr 1943.«

Zu dieser Zeit schrieb er an Ernst Gombrich in London, getragen vom Bewusstsein, mit *The Open Society and its Enemies* etwas Großes geschaffen zu haben: »Ich glaube, dass das Buch einschlägig und seine Veröffentlichung dringend ist, sofern man dies in einer Zeit sagen kann, in der nur eines zählt, den Krieg zu gewinnen. Mein Buch ist eine neue Philosophie der Politik und Geschichte, und zugleich eine Untersuchung der demokratischen Prinzipien. Auch möchte es dazu beitragen, die totalitäre Revolte gegen unsere Zivilisation zu verstehen und ein Verständnis davon zu wecken, dass dieses Ansinnen so alt ist wie die demokratische Tradition.« Zugleich war er auf seinem abgelegenen Außenposten verzweifelt, dass die Publikation nicht gelingen könne und er ohne Resonanz auf seine Gedanken bleiben würde: »Du kannst Dir nicht vorstellen, wie vollkommen hoffnungslos und einsam man sich in meiner Situation fühlt.« Der ferne Freund wurde zum treuen Unterstützer bei dem Werden des Werkes. Gombrich erhielt das Manuskript, korrigierte nach genauen Anweisungen die umfänglichen Anmerkungen und ließ es anschließend im Auftrag von Popper an verschiedene Verlage gehen, bis es endlich nach der Fürsprache von Friedrich August von Hayek, der in London Wirtschaft lehrte, von Routledge zur Publikation angenommen wurde.

Als 1950 die erste amerikanische Ausgabe erschien, konnte Popper, nun selbst Professor an der London School of Economics, recht gelassen zurückblicken: »der Umstand, daß der größte Teil während jener schweren Jahre geschrieben wurde, in denen der Ausgang des Krieges ungewiß war, mag vielleicht erklären, warum mir heute manche meiner kritischen Bemerkungen emotionaler und in der Formulierung härter erscheinen, als ich es jetzt wünschen würde. Aber Zeit und Umstände verlangten eine scharfe Sprache: auf einen groben Klotz gehört ein grober Keil.« Tatsächlich ist *Die offene Gesellschaft und ihre Feinde* bekannt für den polemischen Ton. Deren erster Band, *Der Zauber Platons*, schildert die antike Versuchung, die Gesellschaft streng hierarchisch und holistisch zu ordnen. Der zweite Band, *Falsche Propheten. Hegel, Marx und die Folgen*, untersucht die fatale Bedeutung, welche den beiden idealistischen Denkern seines Erachtens im 20. Jahrhundert zukam. Denn ihre Schüler adaptierten, so Popper, die philosophische und ökonomische Geschichtstheorie seit der Russischen Revolution für ihre praktisch-politischen Bedürfnisse, und die Nationalsozialisten fanden mit ihren Vordenkern in Nietzsche einen Philosophen, der ihren *Willen zur Macht* sanktionierte.

Dass *Die offene Gesellschaft und ihre Feinde* ein politisch relevanter Meilenstein der Aufklärungsphilosophie sein würde, war Poppers tiefe Überzeugung, dessen historisches Vorbild Immanuel Kant darstellte: »Dieses Buch ist mit ungewöhnlicher Sorgfalt geschrieben; ich wüßte kaum jemanden, der so skrupulös und gewissenhaft auf alle Details achten würde wie ich, mit dem Ergebnis, dass mein Buch einen seltenen Grad von Klarheit und Einfachheit aufweist.« In seinen Schreiben an Gombrich wird die Leidenschaft spürbar, mit welcher er Schopenhauers polemischem Verdikt über die Nachfolger Kants zustimmt: »Hegel wollte nicht verstanden werden. […] Hegel war unaufrichtig.« Tatsächlich rechnet Popper sehr pauschal mit der idealistischen Philosophie ab, so dass man ihm selbst fehlende Klarheit und Genauigkeit in manchen Passagen des Werkes vorwerfen kann, auch in jenen, welche das Denken

Platons allzu eindeutig als Vorläufer des Totalitären auszeichnen und Marx mit dem Wissen des 20. Jahrhunderts harsch verurteilen.

Gleichwohl gelang Popper eine Innenansicht der modernen Intellektuellen und ihrer Ambition, Vordenker einer sinnvoll geschlossenen Gesellschaft zu sein. Am eindrücklichsten erscheint im Kontrast zu dieser Intention sein Porträt des Sokrates. Folgt man der Auslegung, so vertrat der Lehrer Platons wie kein anderer ein offenes Denken und formulierte mutig aufrichtige Zweifel, wo es intellektuell feige gewesen wäre, falsche Gewissheiten zu vermitteln. Sokrates steht für das ideale Bild des antiken Aufklärers, das Popper in der Dunkelheit des 20. Jahrhunderts begeisterte, wenn er die Konsequenz solch redlichen Denkens preist: »Der Tod des Sokrates ist der letzte Beweis seiner Aufrichtigkeit. Sein Mut, seine Einfachheit, seine Bescheidenheit, seine Selbstironie und sein Humor verließen ihn nie. [...] Er zeigte, daß ein Mensch nicht nur für Schicksal, Ruhm und ähnlich grandiose Dinge sterben kann, sondern auch für die Freiheit des kritischen Denkens und für seine Selbstachtung, die weder mit Überheblichkeit noch mit Sentimentalität verwandt ist.«

Als Popper 1954 zum 150. Todestag Kants eine Rede im britischen Rundfunk hielt, nahm er diese in die erste Ausgabe auf, die 1957/58 in der deutschen Übersetzung von Paul Feyerabend erschien. Sein Lobpreis auf den Philosophen der politischen Aufklärung endete mit einem Hinweis auf Sokrates als ebenbürtigen Denker der Freiheit: »Beide wurden beschuldigt, die Staatsreligion verdorben und die Jugend geschädigt zu haben. Beide erklärten sich für unschuldig, und beide kämpften für Gedankenfreiheit. Freiheit bedeutete ihnen mehr als Abwesenheit eines Zwanges: Freiheit war für sie die einzig lebenswerte Form des menschlichen Lebens.«

II.

Der erste Band von *Die offene Gesellschaft und ihre Feinde* will
zeigen, worin der gefährliche »Zauber« Platons besteht und
wie man ihm im Geist der Aufklärung kritisch begegnen solle.
Popper versucht am Untergang der Athener Demokratie zu
erkennen, warum eine hermetisch und hierarchisch geordnete
Gesellschaft, die jedem Menschen seinen festen Platz zuordnet,
gerade in Zeiten der öffentlichen Krise solch eine Attraktion
auszustrahlen vermag. Als Philosoph, der – im Wien Sigmund
Freuds aufgewachsen – zugleich psychologisch versiert ist, fragt
er, welcher Grund Platon bewegte, in *Der Staat* eine Ideen- und
Soziallehre zu entwickeln, in welcher eine kleine Kaste von
Intellektuellen exklusiven Zugang zum höheren Wissen besitzt
und deshalb Gestalt und Ziel des gesellschaftlichen Lebens ver-
bindlich regeln solle. Es ist die Furcht vor dem Chaos, das in der
Athener Demokratie herrschte, nachdem eine Reihe unglücklicher Entscheidungen dazu geführt hatten, dass die Polis am
Rand des Abgrundes stand, von den umgebenden Stadtstaaten
in ihrer Führungsrolle bedroht und von den eigenen Bürgern
in ihrer Autorität angefochten. Die Feinde von außen und innen ließen dem Rat der Stadt deshalb die sokratische Freiheit
des Denkens als eine Gefahr erscheinen, da die Aufforderung,
alles zu hinterfragen, gerade bei führenden Jungathenern zu
politischen Träumen geführt hatte, welche die demokratische
Ordnung sprengen konnten.

So fällt der Kontrast stark aus, den Popper zwischen Lehrer
und Schüler, zwischen der skeptischen Haltung des Sokrates
und der dogmatischen des Platon zeichnet: »Sokrates hat hervorgehoben, daß er nicht weise sei; daß er die Wahrheit nicht
besitze, daß er aber nach ihr suche, daß er sie zu erforschen
trachte, daß er sie liebe. [...] Wenn er je verlangt hat, daß die
Staatsmänner Philosophen sein sollten, so konnte dies nur bedeuten, daß sie, mit zusätzlicher Verantwortung beladen, Sucher

nach der Wahrheit sein sollten, die sich ihrer Beschränkungen bewußt sind.« Nun fragt er: »Wie hat Platon diese Lehre ungeformt?« Vor allem ließ dieser das Selbstverständnis des Fragenden hinter sich, um der geistigen und politischen Ungewissheit der verworrenen Zeit mit der Autorität des Philosophen stabilisierend begegnen zu können. Mit Sarkasmus schildert Popper nun Platon als »stolzen Besitzer der Wahrheit«: »Als ein geübter Dialektiker ist er der intellektuellen Intuition fähig, das heißt, er ist fähig, die ewigen, die himmlischen Formen oder Ideen zu sehen und mit ihnen in Verbindung zu treten. Hoch über die gewöhnlichen Menschen gestellt, ist er ›den Göttern gleich, wenn nicht … göttlich‹ in seiner Weisheit und in seiner Macht. Platons idealer Philosoph ist fast allwissend und allmächtig. Er ist der königliche Philosoph.« Es existiert zwischen beiden philosophischen Positionen eine dramatische Spannung, die politische Folgen zeitigt: »Es ist schwer, sich einen größeren Gegensatz vorzustellen, als diesen Gegensatz zwischen dem sokratischen und platonischen Ideal eines Philosophen. Ein Gegensatz zwischen zwei Welten wird hier offenbar – der Gegensatz zwischen der bescheidenen Welt rationaler Individualisten und der Welt eines totalitären Halbgottes.«

Aber Popper übt nicht nur Kritik an Platon. Er versucht, das Unbehagen zu verstehen, das den Schüler des Sokrates in den politischen Turbulenzen veranlasst hatte, die philosophische Tradition des freien Fragens gegenüber den autoritativen Antworten wieder zurückzunehmen. Es scheint so, als beschreibe Popper die Athener Polis im Spiegel der westlichen Moderne, die nach dem Ersten Weltkrieg in einer ähnlichen Situation sich befand, wenn es heißt: »Ich glaube, daß Platon mit tiefer soziologischer Einsicht fand, daß seine Zeitgenossen unter einer schweren Last litten, unter dauernden inneren Spannungen, und daß diese Last, diese Spannungen eine Folge der sozialen Revolution waren, die mit dem Aufstieg der Demokratie und des Individuums begonnen hatte. Es gelang ihm, die tiefliegenden Ursachen ihres Unglücks zu entdecken: den sozialen Wechsel, die soziale Zwietracht.« Popper anerkennt das »diagnostische Genie« Platons, auch wenn er die »Therapie« ablehnt, mit welcher der Denker die Polis vor dem Untergang retten wollte, sein philosophisches Ideal des Staates: »Es zeigt, daß Platon die Krankheit erkannte, daß er die inneren Spannungen, die Last und das Unglück verstand, unter dem die Menschen litten, wenn er auch mit seiner grundlegenden Behauptung irrte, daß die Rückkehr zum Stamm diese Last vermindern und das Glück der Menschen wieder herstellen würde.«

Was mit der »Rückkehr zum Stamm« gemeint ist, zeigt Popper am Gegensatz von geschlossener und offener Gesellschaft, die er als zwei aufeinander folgende Phasen in einer Geschichte zunehmenden Fortschritts der Menschheit darstellt. Hier kommt zum Tragen, was er als Verehrer Kants an kosmopolitischer Weltanschauung in sich trägt. Es ist die Überzeugung, dass es einen allmählichen Fortschritt an individueller Freiheit gebe, der im Laufe der Geschichte einzelnen Menschen, ganzen Nationen und der Weltgesellschaft insgesamt zuteilwerden könne, wenn man das Wagnis der Aufklärung nur auf sich nehme, d. h. sich im Selbstdenken übe, ohne von anderen sich gängeln zu lassen. Den westlichen Ursprung dieses Glaubens an die mögliche Freiheit des Einzelnen verortet Popper in der griechischen Polis, im Denken des Sokrates, der seit den europäischen Aufklärern im 18. Jahrhundert die legendäre Gestalt für alle war, welche auf die eigene Stimme setzten. Dagegen baut die primitivere Gesellschaft, die nicht aus freien Bürgern besteht, allein auf tradierten Ordnungen: sie ist durch ständische Grenzen und Tabus vielfältig aufgegliedert, die als starre Ordnungsgefüge dem Einzelnen kaum Bewegungsfreiheiten erlauben. Die hohe Kontinuität einer solchen Gesellschaft macht soziale Veränderungen und Wandlungen der Lebenswelt schwer: »Der richtige Weg ist stets vorgezeichnet [...]. Er ist durch Tabus und magische Stammesinstitutionen bestimmt, die niemals

Gegenstand kritischer Überlegungen werden können. […] Auf kollektive Stammestraditionen gegründet, lassen die Institutionen keinen Raum für persönliche Verantwortlichkeit.« Seine Unterscheidung der Ordnungen drückt Popper im schlagend einfachen Bild von offenen und geschlossenen Gesellschaften aus. Es handelt sich gleichsam um gegensätzliche Idealtypen, die im Geiste der Aufklärung unterschiedlich bewertet werden: »Im folgenden wird die magische, stammesgebundene oder kollektivistische Gesellschaft auch die geschlossene Gesellschaft genannt werden, die Gesellschaftsordnung aber, in der sich die Individuen persönlichen Entscheidungen gegenübersehen, nennen wir die offene Gesellschaft.« Die vormoderne Welt beschreibt Popper als Hort des geschlossenen Lebens, das vor allem durch Kasten und Tabus geregelt sei, während die offenen Gesellschaften wechselnde und wandelbare Vorstellungen und Rollenvorgaben entwickelten, die zunehmend nach universalen Kriterien frei bestimmt würden. Dieser Schub an fortschrittlicher Öffnung bedeute aber auch eine neue Unsicherheit, da gerade unter den technisch und industriell abstrakteren Verhältnisses des Westens die persönlichen Bindungen lose und unsicher würden. Popper spricht, hier wiederum mit soziologisch-psychologischem Feingefühl, von der tiefen Verunsicherung eines derart dynamisierten Lebens: »Noch immer bilden die Menschen konkrete Gruppen und kommen auf verschiedene Weise konkret miteinander in Berührung; sie versuchen, ihre emotionalen und sozialen Bedürfnisse zu befriedigen, so gut sie können. Aber die meisten konkreten sozialen Gruppen einer modernen offenen Gesellschaftsordnung sind armselige Ersatzmittel, denn sie schaffen nicht den Rahmen für ein gemeinsames Leben.«

Auch die Athener Polis sei durch einen solchen Konflikt gezeichnet gewesen, da man sich habe entscheiden müssen, ob man als international agierende Seemacht sich wirtschaftlich und kulturell der Welt habe öffnen wollen oder als Stadtstaat sich in der tradierten Ordnung abgeschlossen bewahren. In dieser Genealogie, welche die athenische Antike als Ursprung westlicher Offenheit setzt, beschreibt Popper ein solches Denken als Zumutung für die traditionelle Gesellschaft: »Im Lichte des bisher Gesagten ist es klar, daß der Übergang von der geschlossenen zur offenen Gesellschaft eine der größten Revolutionen genannt werden kann, die die Menschheit durchgemacht hat. [...] Es bedeutet, daß die Griechen für uns jene große Revolution begonnen haben, die sich, wie es scheint, noch immer im Anfangsstadium befindet, den Übergang von der geschlossenen zur offenen Gesellschaftsordnung.«

Vor diesem Hintergrund erscheint Platon als schillernder Staatstheoretiker, der im Moment der Krise der Gesellschaft eine rückwärtsgewandte Richtung weisen wollte, selbst getrieben von der Sorge, dass die Menschen mit ihrer Freiheit nicht umgehen könnten und in Gefahr stünden, sich selbst und ihre Welt in Elend und Zerstörung zu stürzen. Der Schüler des Sokrates scheint in dem Porträt als zerrissener Denker, der sehr wohl den geistigen Rausch der Freiheit in der Polis erfuhr, aber befürchtete, dass die Bürger jedes Maß verlören und ohne eine stabile Ordnung wären. Das gemeinsame Gut geht vor dem alleinigen Heil, welches der Einzelne in Fragen und Freiheit finden mag. Popper schließt: »Der Individualismus, die Lehre von der Gleichheit der Menschen, der Glaube an die Vernunft und die Freiheitsliebe waren neue, mächtige und, vom Standpunkt der Feinde der offenen Gesellschaft aus betrachtet, gefährliche Gedanken, die bekämpft werden mußten. Platon hatte selbst ihren Einfluß gefühlt, und er hatte sie in sich selbst bekämpft. Seine Erwiderung an die große Generation war eine wahrhaft gewaltige Leistung. Es war der Versuch, das Tor wieder zu schließen, das geöffnet worden war, und die Gesellschaftsordnung dadurch zum Erstarren zu bringen, daß man auf sie den Zauber dieser verlockenden Philosophie warf, die an Tiefe und Reichtum nichts ihresgleichen hatte.«

So sehr Popper auch Verständnis aufbringt für Platon, der seine Polis vor den Zumutungen der Freiheit zu erretten suche, so deutlich entlarvt er diese Utopie als Versuch, sich in eine Vergangenheit zu retten, die mit der Erkenntnis, wie fragwürdig die eigenen Normen sind, ihren tragenden Grund verloren hat: »Das Aufhalten der politischen Veränderung ist kein Hilfsmittel, es kann kein Glück bringen. Wir können niemals zur angeblichen Unschuld und Schönheit der geschlossenen Gesellschaft zurückkehren.« Die Aufklärung, die Sokrates gebracht hat, lässt keine falschen Gewissheiten mehr zu. Die Ungewissheit ist nun das tägliche Brot, der Preis, den man für die größere Beweglichkeit im Geist zu bezahlen hat: »Sobald wir beginnen, unsere kritischen Fähigkeiten zu üben, sobald wir den Appell persönlicher Verantwortung fühlen und damit auch die Verantwortung, beim Fortschritt des Wissens zu helfen, in diesem Augenblick können wir nicht mehr zu einem Zustand der Unterwerfung unter die Stammesmagie zurückkehren.«

Popper nutzt auch den biblischen Paradiesmythos, den Kant schon in säkularer Weise gegen den gemeinten Sinn als Ursprung der Freiheit gelesen hatte. So unterstreicht er die unumkehrbare Richtung des Fortschritts zur Freiheit, auch wenn der Kampf zwischen Gut und Böse offen bleibe: »Für die, welche vom Baum der Erkenntnis gekostet haben, ist das Paradies verloren. […] Wir müssen ins Unbekannte, ins Ungewisse, ins Unsichere weiterschreiten und die Vernunft, die uns gegeben ist, verwenden, um, so gut wir es eben können, für beides zu planen: nicht nur für Sicherheit, sondern zugleich auch für Freiheit.«

III.

Als Karl Popper nach Neuseeland kam, griff er auf diesem Außenposten der angelsächsischen Welt gerne das gängige Urteil auf, die deutschsprachige Philosophie sei vor allem ein Hort des geheimnisvollen und dunklen Sprechens, das zum aufgeklärten und hellen Anliegen der britischen und französischen Tradition querliege. Seine *Offene Gesellschaft* erläutert später diesen Zusammenhang, vor allem mit historischen Urteilen von Arthur Schopenhauer, der die Zeit des deutschen Idealismus nach Kant polemisch als »Periode der Unredlichkeit« bezeichnet hatte. Nach den Befreiungskriegen hatte sich die autoritäre Herrschaft im königlichen Preußen konsolidiert; alle Hoffnungen auf einen demokratischen Wandel, welche man den Bürgern in Aussicht gestellt hatte, mussten begraben werden. Schopenhauer, selbst Privatgelehrter und Freund der konstitutionellen Demokratie englischer Herkunft, warf Hegel vor, er habe auf der Berliner Professur vor allem die staatlichen Erwartungen erfüllt und deshalb entsprechende Anerkennung erhalten: »Wie die Dinge lagen, wurde er der erste offizielle Philosoph des Preußentums, ernannt in einer Periode feudaler ›Restauration‹ nach den napoleonischen Kriegen. Später half der Staat auch seinen Schülern (Deutschland besaß und besitzt noch immer nur Universitäten, die vom Staat kontrolliert werden), und diese halfen einander.«

Popper nimmt die politische Situation in Deutschland als Ausdruck für den restaurativen Geist der Zeit, als Schutzreaktion auf das Ereignis von 1789. Hegel ist in dem geschichtlichen Drama der entscheidende Intellektuelle, welcher die Rückkehr zur geschlossenen Gesellschaft gedanklich rechtfertigt, so wie in Athen Platon diese Herausforderung mit seiner Staatsphilosophie gemeistert habe: »Ebenso wie die Französische Revolution die ewigen Ideen der großen Generation und des Christentums wiederentdeckte, die Ideen der Freiheit, der Gleichheit und der Brüderlichkeit aller Menschen, ebenso entdeckte Hegel die Platonischen Ideen wieder, die dem beständigen Aufstand gegen die Vernunft und gegen die Freiheit zugrunde liegen. Die Hegelsche Philosophie ist die Renaissance der Ideologie der Horde.« Mit großem Furor zeigt Popper, worin der entscheidende Unterschied zwischen dem kritischen Idealismus Kants und der spekulativen Ideenlehre besteht, die Hegel durch seine dialektische Methode befördert habe. Bei Kant besitzen die Ideen einen rein regulativen Charakter, denn im Denken vermöge man lediglich zu grundlegenden Antinomien zu kommen, ohne eine der widerstreitenden Ideen als zutreffend beweisen zu können. Dagegen erscheine Hegel gleichsam als Hexenmeister, der als Philosoph in der »Arbeit am Begriff« endgültige Einsichten über den tieferen Grund und das Ziel der Geschichte geben wolle. Er argumentiere entlang des Musters von These, Antithese und folgender Synthesen. Popper, der später die Methode der Falsifizierung entwickeln wird, um die Güte wissenschaftlicher Einsichten zu erhöhen, begehrt schon hier gegen die Ansicht auf, der Widerspruch sei Teil des systematischen Denkens und nicht Anzeichen dafür, die Argumentation korrigieren zu müssen: »Da Widersprüche die Mittel sind, durch die die Wissenschaft fortschreitet, so zieht er den Schluß, daß Widersprüche nicht nur zulässig und unvermeidlich, sondern auch im hohen Grade erwünscht sind. Das ist eine Lehre, die jedes Argument und jeden Fortschritt zerstören muß. Denn wenn Widersprüche unvermeidbar und erwünscht sind, dann besteht kein Bedürfnis zu ihrer Beseitigung, und damit muß aller Fortschritt enden.« Für Popper immunisiert sich Hegel durch sein dialektisches Denken gegen jeden Einspruch von außen, d. h. er schafft eine besondere Form eines dynamischen »Dogmatismus«.

Anwendung findet dieses intellektuell anspruchsvolle Vorgehen besonders im Blick auf die Geschichte, deren widersprüchlicher Charakter dem dialektischen Denken ideale Voraussetzungen für eine geschmeidige Sinnfindung bietet. Mit beißender Ironie zeichnet Popper in knappen Zügen nach, wie Hegel die Philosophie der Geschichte als sinnvolle Entwicklung entfaltet, deren Vollendung just in der preußischen Gegenwart sich ereigne, welche zum Moment der geistigen Erfüllung werde. Popper genießt es regelrecht, die offensichtliche Zeitbedingtheit in Hegels Denken im historischen Abstand als philosophische Absurdität sichtbar zu machen: »In der Tat lesen wir: ›Der germanische Geist ist der Geist der neuen Welt, deren Zweck die Realisierung der absoluten Wahrheit als der unendlichen Selbstbestimmung der Freiheit ist.‹ Und nach einer Lobrede auf Preußen, dessen Regierung, wie uns Hegel versichert, ›bei der Beamtenwelt ruht – und die persönliche Entscheidung des Monarchen steht an der Spitze, denn eine letzte Entscheidung ist […] schlechthin notwendig‹, erreicht Hegel die krönende Schlußfolgerung seines Werkes: ›Bis hier‹, sagt er, ›ist das Bewußtsein gekommen, und dies sind die Hauptmomente der Form, in welcher das Prinzip der Freiheit sich verwirklicht hat, denn die Weltgeschichte ist nichts als die Entwicklung des Begriffs der Freiheit‹.«

Grundsätzlich vorausgesetzt ist die leitende Idee, alles historische Geschehen sei nicht einfach eine zufällige Abfolge einzelner Ereignisse oder Ausdruck wechselnder Interessenlagen, sondern Ausdruck einer höheren Notwendigkeit. Allein der Philosoph sei zur spekulativen Schau begabt, um in der leitenden Idee den tieferen Zusammenhang der Geschehnisse, ihr eigentliches Ziel in aller zwischenzeitlicher Verwirrung erkennen zu können. Hegel formuliert in diesem Sinne – Popper zitiert aus der *Encyklopädie* – eine Apologie der sinnträchtigen Universalhistorie: »Daß der Geschichte, und zwar wesentlich der Weltgeschichte – ein Endzweck an und für sich zugrunde liegt und derselbe wirklich in ihr realisiert worden sei und werde – der Plan der Vorsehung –, daß überhaupt Vernunft in der Geschichte sei, muß für sich selber philosophisch und damit auch an und für sich notwendig ausgemacht werden.« Dass diese Geschichtsphilosophie religiöse Ursprünge besitzt, die besonders in der jüdisch-christlichen Frage nach der Gerechtigkeit Gottes ob so vieler Leiden ihren Ausdruck fanden, unterstreicht Poppers Zitierweise: »Daß die Weltgeschichte das wirkliche Werden des Geistes ist, ... dies ist die wahrhafte Theodizee, die Rechtfertigung Gottes in der Geschichte. Nur die Einsicht kann den Geist mit der Weltgeschichte und der Wirklichkeit versöhnen, daß das, was geschehen ist und alle Tage geschieht ... wesentlich das Werk seiner selbst ist.«

IV.

Die scharfe Kritik an Hegel als »falschem Propheten« beruht vor allem auch auf der fatalen Rolle, die sein dialektisches Argumentieren im 20. Jahrhundert spielte. Denn die »Philosophie der modernen totalitären Lehren« gründet für Popper auf Hegels gedanklichem Anspruch, ein endgültiges Ziel der Geschichte bestimmen zu können und zu wissen, auf welchem Wege es zu erreichen sei. Deshalb rückt der zweite Band von *Die offene Gesellschaft und ihre Feinde* vor allem den »soziologischen Determinismus« von Karl Marx in den Blick, der theoretisch stark vom dialektischen Denken inspiriert worden sei. Allerdings verurteilt Popper den Autor des *Kommunistischen Manifests* weniger scharf als Hegel. Denn während jener als deutscher Professor dem preußischen Staat gehuldigt habe, sei es dem intellektuellen Einzelkämpfer Marx um das Wohl und Wehe der einfachen und erniedrigten Menschen gegangen. Dieser sei getrieben vom Verlangen nach sozialer Gerechtigkeit, angesichts erster Konturen einer bürgerlichen Industriegesellschaft, in der wenige frei und die allermeisten bedrückt und abhängig lebten, geknechtet von den Herren, welche ihre Privilegien genössen.

Karl Popper, der selbst als Jude ins Exil getrieben worden war, empfand wahrscheinlich aufgrund seiner Herkunft als Tischler und Volksschullehrer eine tiefe Sympathie für den jüdischen Philosophen, der über Paris nach London ausgewandert war, weil er unter den Bedingungen der preußischen Zensur mit seinem realistischen wie provokativen Denken verfolgt worden war: »Seine Aufgeschlossenheit, sein Wirklichkeitssinn, sein Mißtrauen vor leerem Wortschwall und insbesondere vor moralisierendem Wortschwall machten ihn zu einem der größten und einflußreichsten Kämpfer gegen Heuchelei und Pharisäertum. Marx hatte ein brennendes Verlangen, den Unterdrückten zu helfen, und er war sich der Tatsache voll bewußt, daß es darauf ankommt, sich in Taten und nicht nur in Worten zu bewähren.«

Aber in der umfassenden Kritik der intellektuellen Tradition, die Marx begründete, zeigt Popper, dass selbst ein beeindruckendes Anliegen und Denken nicht vor theoretischen Fehlentwicklungen schützt, wenn man nicht bereit ist, die begrifflichen Einsichten praktisch zu überprüfen und gegebenenfalls zu ändern. Die dialektische Methode Hegels, auf zukünftige Entwicklungen angewandt, kann zu falschen Gewissheiten führen, so dass man alle wirklichen Widersprüche im Blick auf die ganze Entwicklung als notwendige Zwischenschritte legitimiert, wie es bei Marx selbst, aber vor allem auch bei jenen der Fall war, die sein Denken weiterführten. Dabei erläutert Popper auch im Detail, wie die materialistische Geschichtsphilosophie gerade in Russland konterkariert wurde, als sich dort die Realität der totalitären Welt schon im Anfang von dem strengen Plan entfernte, welchen Marx in der begrifflichen Vorsehung der Ereignisse gefunden hatte: »Der Gegensatz zwischen der Entwicklung der russischen Revolution und Marxens metaphysischer Theorie einer ökonomischen Wirklichkeit und ihrer ideologischen Erscheinungsweisen wird offenkundig, wenn man die folgende Stelle in Betracht zieht: ›In der Betrachtung solcher Umwälzungen‹, schrieb Marx, ›muß man stets unterscheiden zwischen der materiellen, naturwissenschaftlich treu zu konstatierenden Umwälzung in den ökonomischen Produktionsbedingungen und den juristischen, politischen, religiösen, künstlerischen oder philosophischen, kurz ideologischen Formen‹.«

Dieser Vorbehalt gegenüber dem Anspruch einer materialistisch eindeutigen Geschichtstheorie ist verknüpft mit der Kritik an der autoritären und gewaltsamen Herrschaft in diktatorischen Gesellschaften. Denn die an Hegel und Marx orientierten Theoreme ermöglichten es vor allem in der Sowjetunion, mit den abstrakten Vorstellungen geschickt persönliche Machtinteressen zu verknüpfen, deren gewaltsame Durchsetzung scheinbar einem höheren Sinn diente. Die spätere Schrift *Das Elend des Historizismus*, deren Idee auf Aufsätze der 1930er Jahre zurückging, untersucht solch holistische Utopien. Diese stellten einen großartigen Entwurf dar, fern der gesellschaftlichen Wirklichkeit, die man im Namen des endgültigen Geschichtssinnes so präge, wie es im ideologischen Gefüge der Macht legitim geworden sei. Das umfassende Postulat eines geschichtlichen Fortschritts stehe, so Popper, »sehr häufig im Bündnis mit eben den Ideen, die für die holistisch-utopische Sozialtechnik typisch sind, etwa mit der Idee der ›Neuordnung der Gesellschaft‹ oder der ›zentralen Planung‹.« Zugleich blickt die Studie in die Psyche jener, die sich auf im Namen der Geschichte postulierte Utopien berufen, um die eigene Herrschaft zu reklamieren. Popper entlarvt als Schüler Alfred Adlers unter den Masken der Macht eine tiefe Angst, von den historischen Ereignissen verohnmächtigt zu werden: »Sowohl der Historizist als auch der Utopist scheinen durch das Erlebnis einer sich verändernden sozialen Umwelt beeindruckt und manchmal tief verstört zu sein. (Dieses Erlebnis erregt oft Angstzustände und wird bisweilen als ›sozialer Zusammenbruch‹ bezeichnet.)« Der Wunsch der diktatorischen Politiker ist entsprechend, vollkommene Kontrolle auszuüben, welche der eindeutig vorgezeichnete Sinn der Geschichte rechtfertigt: »Die Lenkung müßte vollständig sein; denn auf jedem Gebiet des gesellschaftlichen Lebens, das nicht auf diese Weise beherrscht wird, können die gefährlichen Kräfte lauern, die unvorhergesehene Umwälzungen herbeiführen.«

Popper entwickelt dagegen eine bescheidenere Sozialutopie, die in freien Gesellschaften eine Geschichtspolitik der kleinen Schritte ermöglichen will. Der praktische Erfolg und Misserfolg des eigenen Handelns soll zu Änderungen der eigenen Theoreme führen. Statt einer geschlossenen Theorie soll eine offene Wissenschaft des Sozialen entwickelt werden, die erlaube, ihre Annahmen zu falsifizieren und entsprechend zu korrigieren, um allmählich konkrete Erfolge zu erzielen: »Der einzige Weg, der den Sozialwissenschaften offensteht, besteht darin, alles verbale Feuerwerk zu vergessen und die praktischen Probleme unserer Zeit mit Hilfe jener theoretischen Methoden zu behandeln, die im Grunde allen Wissenschaften gemeinsam sind: mit Hilfe der Methode von Versuch und Irrtum, der Methode des Auffindens von Hypothesen, die sich praktisch überprüfen lassen [...]. Eine Sozialtechnik ist vonnöten, deren Resultate durch schrittweise Lösungsversuche überprüft werden können.«

Während der Kriegsjahre entwickelte er eine kritische Wissenschaft der menschlichen Gesellschaft, die vor der Verlockung warnen soll, sich vom Zauber des fürsorglichen Staates einfangen zu lassen oder auf falsche Propheten zu hören, die einen Ausweg in eine gerechte Gesellschaft zu kennen vorgeben. Immer würde die Aufgabe des eigenen Denkens mit dem Verlust persönlicher Freiheit einhergehen. In den Jahren des Exils klärte sich für Popper die Idee der anspruchsvollen Freiheit, welche er von ihren sokratischen Ursprüngen her neu ernst nahm. Er spiegelte die zeitgemäße Gefahr, sich in geschlossene Welten zu flüchten, vor allem am historischen Beispiel der Athener Demokratie, die sich selbst aufgegeben habe. Fernab von Europa blickte er voll leidenschaftlichem Zorn auf die eigene Zeit und ihre Flucht in neue, ärgere Formen der geschlossenen Gesellschaft. Gegen Platon, Hegel und Marx erinnerte *Die offene Gesellschaft und ihre Feinde* auch mit Kant an die Herausforderung, die mühevolle Verantwortung des wissenschaftlich geleiteten Selbstdenkens auf sich zu nehmen. Es ging Popper um eine allmähliche Besserung der Verhältnisse in kleinen Schritten, auch wenn diese notwendig von Fehltritten begleitet seien. Popper formulierte die Praxis eines fragilen Humanismus, der keine große Utopie verkünde, sondern die bescheidenere Vision hege, der Mensch könne seinen Geist nutzen, um in aller Fragwürdigkeit seines Denkens und Tuns die persönliche und gesellschaftliche Bewegungsfreiheit zu vergrößern. Am Ende des letzten Kapitels seines Buches, das programmatisch fragt »Hat die Weltgeschichte einen Sinn?«, gibt er entsprechend die pädagogische Antwort: »Statt als Propheten zu posieren, müssen wir zu den Schöpfern unseres Geschicks werden. Wir müssen lernen, unsere Aufgabe zu erfüllen, so gut wir nur können, und wir müssen auch lernen, unsere Fehler aufzuspüren und einzusehen. [...] In dieser Weise können wir vielleicht sogar die Weltgeschichte rechtfertigen: sie hat eine solche Rechtfertigung dringend nötig.«

V.

1981 erhielt Karl Popper den Leopold Lucas-Preis, benannt nach dem Marburger Rabbiner, der mit seiner Frau in Theresienstadt umgekommen war. Der inzwischen weltberühmte Philosoph nahm die Ehrung im Gedenken an diese Geschichte von Verfolgung und Vernichtung der europäischen Juden zum Anlass, um nochmals allgemein über den Intellektuellen und die totalitäre Versuchung zu sprechen. Im Mittelpunkt des Vortrags steht die Verantwortung zur kritischen Selbstbesinnung: »weil wir, die Intellektuellen, seit Jahrtausenden den gräßlichsten Schaden gestiftet haben.« Popper schildert die Schrecken der Geschichte, an denen die Denker erhebliche Schuld trügen. Dies solle eine Lehre sein, um aufzurütteln, sich im Denken für eine bessere Welt einzusetzen: »Der Massenmord im Namen einer Idee, einer Lehre, einer Theorie – das ist unsere Erfindung: die

Erfindung der Intellektuellen. Würden wir aufhören, die Menschen gegeneinanderzuhetzen – oft mit den besten Absichten –, damit allein wäre schon viel gewonnen.«

Dabei scheut sich die Rede zu Ehren eines jüdischen Rabbiners nicht, in Moses, der legendären Gründungsfigur des jüdischen Volkes, einen religiösen Intellektuellen auszumachen, der noch Jahrhunderte vor Platon seinem Volk, als es nach dem Auszug aus Ägypten das Goldene Kalb anbetete, eine rigorose Moral der gewaltsamen Reinigung gepredigt habe. Popper übersetzt frei aus dem Alten Testament: »Her zu mir, wer dem Herrn angehöret ... So spricht der Herr, der Gott Israels: Gürte ein jeglicher sein Schwerdt auf seine Lenden, ... und erwürge ein jeglicher seinen Bruder, Freund und Nächsten ... und so fielen des Tages vom Volk drey tausend Mann.« Seine Rede wendet sich über das historische Beispiel hinaus gegen falsche Rechtgläubigkeit jeglicher Provenienz, die furchtbare Opfer gefordert habe: »Es ist eine erschreckende Geschichte von religiösen Verfolgungen, Verfolgungen um der Rechtgläubigkeit willen. Später – vor allem im 17. und 18. Jahrhundert – kamen dann noch andere ideologische Glaubensgründe dazu, um die Verfolgung, die Grausamkeit und den Terror zu rechtfertigen: Nationalität, Rasse, politische Rechtgläubigkeit, andere Religionen.« Während *Die offene Gesellschaft und ihre Feinde* als Grund für solch dogmatische Exzesse bei Platon die Sehnsucht nach einer sinnvoll geordneten und geschlossenen Welt ausgemacht hatte, sieht Popper nun lediglich niedere Motive, »kleinliche Laster«, die Intellektuelle für solche Ideen anfällig werden ließen: »Arroganz, Rechthaberei, Besserwissen, intellektuelle Eitelkeit.«

Zugleich reicht die Rede in ihrer Kritik der Rechtgläubigkeit weit über Platon zurück in die Zeit des vorsokratischen Denkens. Popper erinnert an Xenophanes, der erstmals und für alle Zeiten die intellektuelle Fehlbarkeit des Menschen beschrieben habe. Gegen falsche Rechtgläubigkeit und ärgerliche Dunkelheit erscheint der Vorsokratiker als frühe Ikone wirklicher Aufklärung. Für Karl Popper ist Xenophanes neben Parmenides die erste Lichtgestalt des abendländischen Denkens. Er macht den Vorsokratiker zum Ahnherrn aller großen »Skeptiker«, deren Leidenschaft es gewesen sei, Klarheit ins Denken zu bringen. Dabei ärgert ihn, dass dieser Begriff vielfach – gerade aus religiösen Gründen – einen negativen Beiklang habe. Seine Spurenlese im *Duden* zeigt dies sprachgeschichtlich, wenn dort die Rede von »Zweifel, Ungläubigkeit« und »mißtrauischen Menschen« sei: »Aber das griechische Verb, von dem sich die deutsche Wortfamilie [...] herleitet, bedeutet ursprünglich nicht ›zweifeln‹, sondern ›prüfend betrachten, prüfen, erwägen, untersuchen, suchen, forschen.‹« So halte sich der Vorsokratiker fern von dogmatischen Postulaten, bleibe der »menschlichen Unwissenheit« in letzten Dingen bewusst, ohne die Möglichkeit eines göttlichen Gegenübers ausschließen zu wollen. Dies führe ihn in die große Gemeinschaft selbstkritischer Denker: »Jedenfalls waren die Skeptiker Xenophanes, Sokrates, Erasmus, Montaigne, Locke, Voltaire und Lessing alles Theisten oder Deisten.«

Aus den erhaltenen Fragmenten des Xenophanes übersetzt Popper einen Vers, der im Vergleich verschiedener Gottesvorstellungen zeigt, wie diese von unserer Selbst- und Weltwahrnehmung abhängen:

Stumpfnasig, schwarz: so seh'n Äthiopiens Menschen die
Götter.
Blauäugig aber und blond: so seh'n ihre Götter die Thraker.
Aber die Rinder und Rosse und Löwen, hätten sie Hände,
Hände wie Menschen, zum Zeichnen, zum Malen, ein
Bildwerk zu schaffen,
Dann würden Rosse die Götter gleich Rossen, die Rinder
gleich Rindern
Malen, und deren Gestalt, die Formen der göttlichen Körper,
Nach ihrem eigenen Bilde erschaffen, ein jeder nach seinem.

Die Einsicht in die anthropomorphen Vorstellungen führe Xenophanes aber nicht zur Ansicht, es herrsche ein vollkommener Relativismus. Der Vorsokratiker gibt sich in aller Skepsis als Mensch zu erkennen, der glaubt, dass etwas Höheres jenseits der niederen Sphäre des Menschlichen existiere. Er vertritt für Popper in diesem Sinne eine »spekulative Theologie«, die ihm keineswegs als abstrus erscheint:

Ein Gott nur ist der größte, allein unter Göttern und Menschen.
Nicht an Gestalt den Sterblichen gleich, noch in seinen
                                                    Gedanken.
Stets am selbigen Ort verharrt er, ohne Bewegung,
Und so geziehmt ihm auch nicht, bald hierhin, bald dorthin
                                                    zu wandern.
Mühelos schwingt er das All, allein durch sein Wissen und
                                                    Wollen.
Ganz ist er Sehen; ganz Denken und Planen, und ganz ist er
                                                    Hören.

Diese Verknüpfung von Kritik und Spekulation gefällt Karl Popper, der in den Jahren zuvor mit John Eccles über die Notwendigkeit philosophiert hatte, dass die Menschen neben dem faktischen und persönlichen Wissen eine dritte Dimension, die »Welt III«, benötigten, die ihren Gedankenbildungen Ausdruck gebe, wie sie in Religion, Philosophie und Kunst sich zeigten. Diese bleiben als Ideen in unterschiedlichster Gestalt subjektive Vermutungen, haben aber lebenstragende Bedeutungen. Emphatisch heißt es in der Autobiographie: »Es ist die Geschichte unserer Ideen; nicht nur eine Geschichte ihrer Entdeckung, sondern auch eine Geschichte ihrer Erfindung: wie wir sie geschaffen haben, wie sie auf uns zurückgewirkt haben (und auch, wie wir selbst auf diese von uns geschaffenen Produkte reagiert haben).« Popper spricht im Blick auf Xenophanes von einer »kritischen Theorie der Erkenntnis«:

Sichere Wahrheit erkannte kein Mensch und wird keiner

erkennen

Über die Götter und alle die Dinge, von denen ich spreche,

Sollte auch einer die vollkommenste Wahrheit verkünden,

Wissen könnt' er das nicht. Es ist durchwebt von Vermutung.

Grundsätzlich gesprochen: Auch wenn ein Mensch richtig vermutet, so wird seine Ansicht auf das Ganze des Lebens nie endgültig zu bewahrheiten sein. Es bleibt, was Popper den »Unterschied zwischen der objektiven Wahrheit und der subjektiven Gewißheit« nennt, der alle Intellektuellen lehren solle, weder ein göttliches noch irdisches Prinzip absolut zu setzen. Es geht um vorsichtige Suchbewegungen, die zu verantwortbaren Verbesserungen unseres Sehens und Handelns führen. Popper findet bei Xenophanes kurze Sätze, die – in mythische Vorstellungen gehüllt – seine von Skepsis geprägte Vision möglichen Fortschritts umreißen:

Nicht von Beginn an enthüllten die Götter den Sterblichen alles.

Aber im Laufe der Zeit finden wir, suchend, das Bess're

Popper veranschaulicht seine skeptische Haltung, indem er eine alte und eine neue Ethik für den Intellektuellen nebeneinander stellt. Es ist, als würde er die Summe der Einsichten ziehen, welche *Die offene Gesellschaft und ihre Feinde* schon anstrebte, wenn er schreibt: »Das alte Ideal war, Wahrheit und Sicherheit zu besitzen und die Wahrheit, wenn möglich, durch einen logischen Beweis zu sichern. Diesem auch heute noch weitgehend akzeptierten Ideal entspricht das persönliche Ideal des Weisen – natürlich nicht im sokratischen Sinn, sondern das platonische Ideal des Wissenden, der eine Autorität ist; des Philosophen, der gleichzeitig ein königlicher Herrscher ist. Der alte Imperativ für den Intellektuellen ist: Sei eine Autorität! Wisse alles in deinem Gebiet!«

Das neue Ideal setzt auf die Fehlbarkeit des Menschen: »Unser objektives Vermutungswissen geht immer weiter über das hinaus, was ein Mensch meistern kann. Es gibt daher keine Autoritäten. Dies gilt auch innerhalb von Spezialfächern. Es ist unmöglich, alle Fehler zu vermeiden oder auch nur alle an sich vermeidbaren Fehler. Fehler werden dauernd von allen Wissenschaftlern gemacht.« Aus der Einsicht in die Anfälligkeit des Menschen für Fehler folgt nicht Resignation. Vielmehr entfaltet Popper einen erstaunlichen Enthusiasmus, der den Fehler als Chance zur Entwicklung betrachtet. Es ist, als würde er die biblische Anthropologie vom gefallenen Menschen skeptisch ins Säkulare wenden: »Das neue Grundgesetz ist, daß wir, um zu lernen, Fehler möglichst zu vermeiden, gerade von unseren Fehlern lernen müssen. Fehler zu vertuschen ist deshalb die größte intellektuelle Sünde. Wir müssen daher dauernd nach unseren Fehlern Ausschau halten. Wenn wir sie finden, müssen wir sie uns einprägen; sie nach allen Seiten analysieren, um ihnen auf den Grund zu gehen. Die selbstkritische Haltung und die Aufrichtigkeit werden damit zur Pflicht.«

Welt ohne Erbarmen
Gustaw Herling

I.

Als der italienische Essayist Nicola Chiaromonte im Januar 1972 starb, zeichnete Gustaw Herling das Porträt eines unzeitgemäßen Intellektuellen. Der Eintrag in seinem *Tagebuch bei Nacht geschrieben* liest sich, als spräche er von sich selbst: »[W]as ihn interessierte, war der wirkliche Mensch angesichts wirklicher Ereignisse, der Mensch, der nach Tolstoischer Art ethisch urteilen konnte und zugleich sich des Rätselhaften außerhalb von ihm bewusst war. Wie sollte ein so maßvoller Humanismus ein breites Echo in einer Welt finden, die von der Rhetorik der falschen ›universellen‹ Ideologien verzaubert war, in einer Atmosphäre, erfüllt von Hypokrisie und vermischt mit Fanatismus, in einer ›Welt des Konsums‹.«

Woher kam Gustaw Herling? Der Essayist und Erzähler gehört – um mit Artur Becker zu sprechen – wie Czesław Miłosz und Witold Gombrowicz zu den großen *Kosmopolen*, die nach 1945 als Schriftsteller in die Welt gingen, weil sie die geistige Enge in der Volksrepublik nicht ertrugen. Diese weltbürgerliche Leidenschaft entstand, nachdem Herling ab 1940 für zwei Jahre in den Lagern Stalins verbracht und überlebt hatte. Auf abenteuerlichen Wegen schlug er sich nach der Entlassung über den Mittleren Osten zur Freien Polnischen Armee durch, die Ende des Zweiten Weltkrieges bei Monte Cassino gemeinsam mit den alliierten Kräften Hitlers Wehrmacht schlagen sollte. Der junge Intellektuelle war nach Kriegsende nicht willens, in das von der Sowjetunion geprägte Heimatland zurückzukehren. Beide Erfahrungen, das Erleiden des sowjetischen Totalitarismus und der Einsatz gegen die nationalsozialistische Gewalt, forderten Gustaw Herling heraus, den Kampf gegen die dunklen Mächte mit den Mitteln sprachlicher Aufklärung fortzusetzen. Zuerst reflektierte er das im Lager Erlittene in den Erzählungen von *Welt ohne Erbarmen*, während seine Kritik am ideologisches Denken vor allem im mehrbändigen *Tagebuch bei Nacht geschrieben* ihren Ausdruck fand. Diese Essays erschienen zuerst in der Exilzeitschrift *Kultura*, die Herling 1946 mit Jersy Giedroyc in Rom begründet hatte. Später ließ er sich nach Stationen in London und München in Neapel nieder, wo er Lidia, eine Tochter Benedetto Croces, heiratete. Mit dem berühmten Gelehrten teilte Herling die Begeisterung für die europäische Idee der Freiheit. Sein Anliegen als Schriftsteller war es, ihre tatsächliche Realität im politischen und kulturellen Leben des zwanzigsten Jahrhunderts mit den Mitteln der Sprache zu erkunden.

Stilistisch orientierte sich Gustaw Herling fraglos am Ideal, das er für Nicola Chiaromonte und andere italienische Schriftsteller beschrieben hatte: »Eine Art des Schreibens, in der ein Satz nicht nur einen klaren und freien Gedanken befördert, sondern auch eine andauernde moralische Spannung schafft, ein Schreiben also, in dem die Worte in Verbindung mit dem lebendigen Wesen stehen, das sie als lange durchdachte und durchlittene Wahrheit ausspricht: das ist die Art des Schreibens, die mich immer gefesselt hat.« Dagegen vergeudeten viele Intellektuelle ihr glanzvolles Schreiben für die »letzten intellektuellen Moden«, während sein Freund gemeinsam mit Ignacio Silone moralische Stimmen in der Zeitschrift *Tempe Presente* gesammelt habe: »Damals, in einer Atmosphäre von intellektueller Konformität, von falschem Glauben, von Desinformiertheit und moralischer Besessenheit, begegnete man den Ausgaben von *Tempe Presente*-Heften meist mit Widerwillen, wenn nicht sogar mit Abscheu und Zähneknirschen, begleitet von der üblichen und dummen Etikettierung, es sei ein ›Produkt des Kalten Krieges‹.«

Dies Schicksal, von der europäischen Linken mit Argwohn betrachtet zu werden, teilte Chiaromonte mit seinem Freund

Albert Camus, den er während des Krieges in Algier kennengelernt hatte. Der gefeierte Held der literarischen Résistance landete mit *Die Pest* einen Welterfolg. Aber in den 1950er Jahren
reagierte die Pariser Linke polemisch auf die Veröffentlichung
von *Der Mensch in der Revolte*. Die bestimmenden Kreise um
Jean-Paul Sartre und die Zeitschrift *Temps Modernes* sprachen
dem Denken von Camus, der mörderische Revolutionen ablehnte und für die Revolte des Einzelnen eintrat, die philosophische Tiefe ab. Doch jener humanistische Zug bar dialektischer
Finesse ist es gerade, den Gustaw Herling hochschätzt. Seine
Erinnerungen rufen deshalb auch die Notizen ins Gedächtnis,
welche Chiaromonte 1946 im amerikanischen Exil über Camus'
New Yorker Auftritt an der Columbia University verfasst hatte.
Der Autor von *Der Fremde* warnt vor den ideologischen Gefahren, die nach dem Sieg über den Nationalsozialismus drohten:
»Wer auch immer heute über die menschliche Existenz in Begriffen der Macht, des Nutzens und der ›historischen Aufgabe‹
spricht, […] ist ein Verbrecher, ein wirklicher oder ein möglicher. Wenn nämlich das Problem des Menschen auf irgendeine Art von ›historischer Aufgabe‹ reduziert wird, egal, welche,
ist er nichts als das Rohmaterial der Geschichte, und man kann
mit ihm machen, was man will. […] Aus diesem Grund lehnen
wir jede Ideologie ab, die das menschliche Leben im Ganzen
bzw. global zu kontrollieren beansprucht.«

Herling interessierten der schwer fassbare Glauben und die
moralische Gesinnung, welche Camus und Chiaromonte leite-
ten. Es ist ein »Glaube an das unzerstörbare Geheimnis, das im
Herzen jedes Menschen beschlossen liegt, an die Transzendenz
des Menschen über Geschichte (daher die Bewunderung für
Tolstoi) und an eine Wahrheit, die von keinen gesellschaftlichen
Imperativen getilgt werden kann.« Wenn Chiaromonte angesichts von Camus' *Die Pest* von »weltlicher Heiligkeit« spreche,
dann erkennt Herling darin einen »weltlichen Mystizismus«,
welchen er auf die Formel bringt, die wohl ebenfalls für ihn

selbst zutraf: »Er, ein Atheist oder wenigstens ein Agnostiker, gestand einmal: ›Es ist genauso schwer, nicht an Gott zu glauben wie an ihn zu glauben.‹«

Diesen Typus eines undogmatischen Menschen mit einer untadeligen Gesinnung sah Herling auch in Ignacio Silone, der einer der »wenigen wirklichen Sozialisten und wirklichen Christen« gewesen sei: »Die Erfahrungen und Gedanken Silones finden sich verdichtet in folgendem Satz: ›Es gibt keine Reformen, die den Menschen mit seinen Problemen grundsätzlich ändern könnten, die fähig wären, den Konflikt zwischen Individuum und Gemeinschaft, zwischen Gesellschaft und Staat zu lösen, und die vermochten, die Dissonanz zwischen Schmerz und Glücksverlangen zu besänftigen.‹« Herling imponierte, dass Silone schon 1927 in Moskau als »Konterrevolutionär« bei einer Sitzung der Komintern mutig Stalins Verdammung Leo Trotzkis widersprochen hatte. Im Schweizer Exil führte der »Renegat« die Existenz eines Romanciers, der, unabhängig von jeder religiösen und politischen Konfession, sein Wort für die Gerechtigkeit starkmache: »Nach dem Bruch mit der Kirche war Silone *un povero cristiano*, nach dem Bruch mit dem Kommunismus *un povero socialista*. ›Eben genauso ist es: ich bin Christ ohne Kirche und Sozialist ohne Partei‹.« Dass Silone die umfassende Ausgrenzung selbstbewusst in Kauf nahm, bewunderte Herling bei einem Besuch des Freundes in Rom: »Während unseres heutigen Besuchs wurde ich daran erinnert, dass ich einmal, in einem Moment der Niedergeschlagenheit, einige bittere Worte über meinen Gram als Exilant hatte fallen lassen. Silone schaute mich schier verwundert an: ›Ich war über viele Jahre als Exilant in der Schweiz, jetzt bin ich Exilant in Italien.‹ Damals fiel auch ein Satz über ›den ewigen Flüchtling‹.«

Zwei Jahre später veränderte die Veröffentlichung von Alexander Solschenizyns *Archipel Gulag* schlagartig die europäische Linke. Man gestand zumindest partiell die tiefgreifenden Aporien und den andauernden Terror ein, zu welchen der sozialistische Traum im Bannkreis der sowjetischen Alltags- und Lagerwelt geführt hatte. Herling und Silone setzten sich für die politische Aufklärung in einer Zeitschrift ein, zu deren Herausgebern auch Alexander Solschenizyn und Andrej Sacharow gehörten. Ihre Freundschaft währte fast ein Vierteljahrhundert bis zu Silones Tod 1978 und hatte ihren Grund in der gemeinsamen Abneigung vor festen Zugehörigkeiten, verdichtet in Silones »zentralem Gebot«: »Man muss immer bereit sein, die Seite zu wechseln – wie die Gerechtigkeit, der ewige Flüchtling aus dem Lager der Sieger.«

Zum Glück musste Gustaw Herling nicht mehr miterleben, dass zu den vielen Volten seines Freundes auch die zeitweilige Nähe zu faschistischen Gruppierungen in Italien gehört hatte, welche in den autobiographischen Reflexionen verschwiegen geblieben war. Der polnische Moralist hätte von einer traurigen Entmythologisierung gesprochen und ernüchtert auf ein Diktum Albert Camus' verwiesen: »Der Boden, auf dem nach der Niederlage des Hitlerismus der humanistische Mythos des Sisyphos, der Mythos des Menschen, der gegen den höheren Sinn der Geschichte und eine übernatürliche Gnade rebelliert, wiedergeboren wurde, schrumpft immer stärker.«

II.

Zu den intellektuellen Stimmen Polens im Exil, die das ideologische Denken geißelten, gehörte auch Czesław Miłosz. Der Dichter und Essayist hatte nach der Machtübernahme der Kommunisten 1948 noch einige Jahre als Diplomat der Volksrepublik Polen gedient, bevor er in Paris mit *Verführtes Denken* eine radikale Kehrtwende vollzog. Dieser auch sofort ins Deutsche übersetzte und von Karl Jaspers eingeleitete Essay bietet ein Panorama intellektueller Typen, die aus verschiedenen Motiven die gesellschaftliche Macht des Marxismus gerechtfertigt und befördert hatten. Miłosz schreibt: »Es ist vielleicht gut, daß ich nicht zu den ›Gläubigen‹ gehörte. So hat mein ›Abfall‹ in mir nicht jenen Haß hinterlassen, der oft dem Gefühl der Abtrünnigkeit und der Sektiererei entspringt. Wenn es mein Schicksal ist, bis ans Lebensende Heide zu bleiben, so bedeutet das nicht, daß ich mich nicht bemühen sollte, den Neuen Glauben möglichst gut zu verstehen, jenen Glauben, dem so viele verzweifelte, verbitterte Menschen dienen, da sie anderswo nirgends Hoffnung finden. Doch verstehen heißt nicht, alles verzeihen. Meine Worte sind gleichzeitig ein Protest. Ich spreche der Doktrin das Recht ab, die Verbrechen zu rechtfertigen, die in ihrem Namen geschehen.«

Angesichts dieser Zeilen mag es verwundern, warum Gustaw Herling zeitlebens eine Reserve gegenüber Miłosz' Buch beibehielt, obwohl er den Dichter schon früh gepriesen hatte. Ein Jahr bevor er im August 2000 in Neapel starb, eröffnet er das Gespräch mit der berühmten *Paris Review*, das »Die Kunst des Erzählens« betitelt ist, mit einem deutlichen Vorbehalt gegenüber dem Nobelpreisträger: »Der Kern meiner Kritik ist, dass [Miłosz] das, was in Polen geschah, zu sehr simplifiziert – die Intellektuellen entschieden sich für *Ketman*, den Neuen Glauben und so weiter.« Herling nahm dagegen äußere Beweggründe an, um die Anpassung an das kommunistische Regime zu verstehen: »Zwei Dinge motivierten Schriftsteller dazu, mit dem kommunistischen Regime zu kollaborieren: Geld und Karriere. Der Schriftsteller, der sich […] anpasste, war vom Regime gefragt.« Als *Paris Review* Miłosz um eine Stellungnahme bat, antwortete dieser: »Mein Buch befasst sich mit einem intellektuellen Milieu und konzentriert sich in seiner ideologischen Absicht auf ganz bestimmte Argumentationsmuster. Ich schließe Angst oder puren Opportunismus keineswegs als Motive dafür aus, sich auf die Seite totalitärer Systeme zu stellen. Er wollte lediglich diesen Motiven ein größeres Gewicht beimessen.«

Wie sehr Herling die ideologische Anpassung des Intellektuellen interessierte, zeigt auch seine Erzählung *Ugolone da Todi*. Es handelt sich um den fiktiven »Nachruf« eines Philosophen, der ursprünglich aus der Provinz kam und dessen gedanklichen Wendungen im Geiste Hegels eine atemberaubende Karriere nach sich ziehen. Dies mit sublimer Ironie geschriebene Curriculum Vitae zeigt, mit welcher Beflissenheit der sensible Philosoph die neuesten weltanschaulichen Moden antizipiert und ihnen klug mit wechselnden »Prolegomena« begegnet. Herlings Erzähler fokussiert mit Lust die zeitgemäßen Wendepunkte dieses geschmeidigen Denkens. Nicht die Logik der Argumente, sondern jene der Biographie ist demnach entscheidend für das Verständnis des unsteten Philosophen: »Mein Interesse an philosophischen Fragen ist gering, zumal es mir an einer soliden philosophischen Ausbildung fehlt. Einzelheiten aus dem Leben des Philosophen zu erfahren, ist mir wichtiger als die Kenntnis philosophischer Systeme.«

Am Anfang der Erzählung zeigt der Schüler von Mussolinis zeitweisem Kulturminister eine kluge Ambivalenz gegenüber der historischen Größe des faschistischen Staates: »Er hielt sich für einen Vertreter des *idealismo gentiliano*, und Gentile war es auch, der ihn bei seiner Doktorarbeit betreute und in die italienischen Philosophenkreise einführte.« Als die Niederlage des Faschismus sich abzuzeichnen begann, war noch während des Zweiten Weltkriegs der Moment gekommen, um sich dem liberalen Idealismus Benedetto Croces zuzuwenden: »Erst später brachte man ihm größeres Vertrauen entgegen, als er nach der Ermordung Gentiles durch Partisanen in Florenz den nächsten Schritt tat und seine *Prolegomena zur ›Philosophie‹ des Faschismus* verfaßte, eine vorgeblich mörderische Kritik des sizilianischen Philosophen.«

Der progressive Umschwung im politischen Leben des Landes nach 1945 bedingte, dass Todi sich in der »Entwirrung der Verstrickungen« zeitweise erschöpfte und vermehrt die Hilfe seiner Frau benötigte. Der Ich-Erzähler, der biographische Züge Herling aufweist, fährt fort: »Ich zog nach London, wo ich manchmal Briefe von Orsolina bekam. Diese wurden immer seltener, lakonischer und kühler, was nicht so sehr an der räumlichen Distanz lag, sondern vielmehr an der wachsenden seelischen Entfremdung.« Begründet war diese in der marxistischen Kehre des wendigen Helden: »Zunächst rechnete er in seinem Werk *Critica dello Spirito non puro* energisch mit dem Idealismus ab. [...] Danach trat er auf den Trümmern dieses ›unreinen Geistes‹ mit drei Bänden *Prolegomena zur Philosophie von Marx* hervor, die allgemein als ›wissenschaftliches Monument‹ angesehen wurden.« Aber schon wenige Jahre später forderte unverhofft das sowjetische »Tauwetter« heraus, das Denken entsprechend neu zu justieren: »In knapp sechs Monaten verfaßte er den voluminösen Band *Der offene Marxismus*, der Ende 1955 erschien und nach Meinung von Kennern die revolutionäre Theorien des Trierer Philosophen revolutionierte.«

Jedoch trat in den sechziger Jahren eine erneute Krise ein, verbunden mit »leichten nervösen Störungen« und einer »vorübergehenden Depression«, wie der Erzähler von der besorgten Gattin erfahren hatte. Es sind die Jahre, in denen das politische Heilsversprechen der westlichen Jugend nicht genügte und deren sonnige Avantgarde in Kalifornien ihr Heil im fernen Osten suchte. Auch wenn die angegriffene Psyche die Reise nach Berkeley verhindert, kann der innerlich wunde Philosoph mit großer Leidenschaft mit seinen *Prolegomena zur buddhistischen Philosophie* die »Irrwege des anthropozentrischen Hochmuts« angreifen: »Für ihn existierte eine andere, unleugbar reine Vernunft, die sich wie ein Regenbogen zwischen uns und Gott spannt. *Die Religion innerhalb der Grenzen der reinen Vernunft*: nicht ohne Grund war der Titel des letzten Kapitels seines Buches von Kant entliehen.«

Nach dieser späten Wende ins Religiöse vertieft sich der Zweifel ob der fortschrittlichen Wege der Menschen, und Todi sucht Trost im Schoß der Kirche. Mit dem Eintritt in ein Franziskanerkloster nahe Assisi lässt er Frau und Welt hinter sich: »Seine philosophischen Studien und Meditationen führten ihn zunächst zu historischen Forschungen. Er schrieb ein Buch über den Mönch und Einsiedler Pietro oder Pier aus Morrone bei Sulmona [...]. Im Jahre 1980 erschienen plötzlich gleichzeitig zwei neue Bücher von ihm über den heiligen Franziskus von Assisi und Jacopone da Todi. Sie wurden als ›spirituelle Übungen am Rande des reinen Mystizismus‹ angesehen.«

Das Blatt wendet sich nochmals in einer psychisch schweren Krise, deren merkwürdige Ekstasen an den späten Nietzsche erinnern. Das Vorhaben einer philosophischen Autobiographie verglüht gleichsam in der vernichtenden Wahrheit, der Todis Geist kaum gewachsen ist. Sein Werk *Il Paragone* – zu Deutsch *Feuerprobe* – kommt über fragmentarische Anfänge nicht hinaus: »Die Krankheit ergriff in ihrer unerforschten Art wieder von ihm Besitz [...]. Manchmal stammelte er unzusammenhängende Begriffe, die er oftmals wiederholte, als wenn sich der Klang der Worte von dem, was sie bedeuteten, gelöst hätte. Er ertrug keine Einsamkeit.« Als es zum Sterben kommt, ist der Erzähler als alter Freund anwesend und hört das letzte Wort, ein kaum vernehmbares »Basta«.

In einer Coda des fiktiven Nachrufs kehrt Herling nochmals zu Kant zurück, indem Autoren auftreten, welche bittere Gedächtnisverluste in dessen letzter Lebensphase beschrieben hatten: »›Es ist genug.‹ In Wasianskis Aufzeichnungen heißt es: ›Das war sein letztes Wort. Genug! *Sufficit!* Ein mächtiges und symbolträchtiges Wort!‹ De Quincey schreibt in der Anmerkung: ›Der Kelch des Lebens, der Kelch des Leidens wurde bis zum letzten Tropfen geleert. Für diejenigen, die, wie die Griechen und Römer, den tiefen Sinn erkennen, der oft in banalen Sätzen verborgen liegt (ohne daß dies willentlich oder bewußt geschieht), hat Kants letztes Wort einen stark symbolischen Klang.‹«

Der abschließende Hinweis auf Kant scheint nicht zufällig, steht der Aufklärer doch für die Einsicht, dass unsere Mühen nach theoretischer Gewissheit vergeblich sind. Zudehm wies gerade die von Herling erwähnte Religionsschrift auf die praktische Bedeutung der moralischen Gesinnung hin, welche den Menschen im beständigen Kampf zwischen Gut und Böse bestärken solle. Es kommt mit Kant darauf an, den dramatischen Weg in solcher Freiheit täglich zu wählen, ohne sich je des eigenen Gutseins sicher sein zu können. Jeder Tag ist ausgespannt zwischen Gelingen und Scheitern der moralischen Gesinnung und Suchbewegung. Gustaw Herling kann in diesem Sinne als ein kantischer Moralist gesehen werden. In seinem Kosmopolitismus der Freiheit standen er und seine Mitstreiter von *Kultura* der Vision nahe, welche am Ende von *Die Religion in den Grenzen der bloßen Vernunft* anklingt: der »Idee einer weltbürgerlichen moralischen Gemeinschaft«.

III.

Während der allzu wendige Philosoph des 20. Jahrhunderts eine Karikatur des ernsthaften Denkers ist, preist Herling in einer anderen Erzählung eine Legende der Vernunft: Giordano Bruno. Schon das Leben im Umkreis von Benedetto Croce hatte ihm dessen neapolitanische Anfänge vor Augen gestellt. Denn die Bibliothek Benedetto Croces, in der Herling auch auf Brunos Bücher stieß, lag im Palazzo der Familie, kaum zweihundert Meter von der Piazza S. Domenico Maggiore entfernt, die einen kurzen Auftritt in der Bruno-Erzählung hat. Denn in dem die Piazza abschließenden Dominikanerkloster begann der rebellische Denker seinen Weg gegen die inquisitorische Autorität der Kirche.

Die Stadt Neapel bot zudem über das Werk Caravaggios eine Anregung zu der Erzählung über Giordano Bruno. Eine grandiose Ausstellung im Museum Capodimonte hatte Herling vor Augen geführt, dass der skandalöse Realismus wie im »Fieberwahn« geschaffen sei, gleichsam einen höheren »Wahnwitz« zeige. Herling sieht entsprechend der bildlichen Drastik Caravaggios auch Bruno als skandalösen Intellektuellen, der auf seine Art kein Tabu kenne. Er sei ein »Bekenner grenzenloser christlicher Freiheit, der Verkünder eines unendlichen Flusses der Natur, der ewige Vagabund und Flüchtling, zunächst Dominikaner, dann Anhänger Calvins und Luthers, seit 1593 schließlich Gefangener der Inquisition, der im Jahre 1600 als Häretiker den Tod auf dem Scheiterhaufen fand.« Den Ort des Martyriums, den Campo dei Fiori, hatte Herling bei seinen Besuchen in Rom öfter gesehen. Er schreibt vom Denkmal, »auf dem Bruno mit tief herabgezogener Kapuze zwischen farbenfrohen Ständen, an denen die unterschiedlichsten Waren feilgeboten werden, in einem beweglichen, aus Tauben gewobenen Habit verharrt, eingehüllt in das Geflatter der Vögel und das Geschrei der Marktleute.« Seine Narration stellt eine unmittelbare Nähe zu Caravaggio her, der damals in Rom gewirkt hatte: »Vielleicht stand er im Jahre 1600 in der Menschenmenge am *Campo dei Fiori* und dachte beim Anblick des brennenden Scheiterhaufens an ein großes Gemälde?«

In der späteren Erzählung *Der tiefe Schatten* beugt sich Giordano Bruno mit glühenden Augen auch nach Jahren der Haft nicht dem tiefsinnigen Inquisitor, welcher einen lebensklugen Kompromiss vorgeschlagen hatte: »Nein, er wird nicht nachgeben, wird nichts widerrufen, nichts ableugnen! [...] Alle seine Ängste, Wünsche und fortwährenden Bedenken verschmolzen zu einer Euphorie innerer seelischer Souveränität, auch wenn er sich irren sollte, zu einer sonderbaren, heiteren Zufriedenheit, weil er seinen Ideen und Vorstellungen treu geblieben war. ›Das ist Freiheit, eine viel größere Freiheit, als wenn man mir verziehen und mich mit Segenswünschen vor die Tür des Gefängnisses gesetzt hätte.‹ So dachte er, so flüsterte er in Gedanken zu sich selbst im Ton eines Gebetes.« Mit dem Bild von Licht und Schatten, das an Caravaggios inszenatorische Kunst erinnert, schildert Herling die Gedanken Brunos: »Darin eingeflochten war der Satz: ›Ich bin ein tiefer Schatten‹, den er jetzt besser verstand. Jeder Mensch ist ein tiefer Schatten und hat in seinem Leben nur einen kurzen Augenblick, an dem er in den Lichtkreis treten kann. Endlich ist sein Augenblick gekommen und er wird bis zum Märtyrertod fortdauern.« Herling deutet das Denkmal auf dem Campo dei Fiori im Kontrast zur christlichen Passionsgeschichte: »Bruno verbarg sein Gesicht noch tiefer in der Kapuze und schloß die Augen. Im Gegensatz zu Christus, dem wunderbaren, aber schwachen Menschen, wird er Gott nicht darum bitten, den bitteren Kelch an ihm vorübergehen zu lassen. Vielleicht aber ist er ein neuer Christus? Vielleicht setzt er den Anfang eines neuen Glaubens?«

Tatsächlich hatte der Stadtrat Roms die Statue zum Ende des 19. Jahrhunderts im Geist von Aufklärung und Fortschritt als Fanal gegenüber der tyrannischen Autorität der Kirche in Auftrag gegeben: »Bruno ehrt hier, wo der Scheiterhaufen brannte, das Jahrhundert, das er vorausahnte.« So wenig Herling mit der Kirche sympathisiert, so deutlich ironisiert er jedoch auch das moderne Bewusstsein: »Das Jahrhundert, das ihm das Denkmal setzte, ist das unsere: das beginnende 20. Jahrhundert, optimistisch und locker, freidenkerisch und tolerant, endgültig und bereits für immer von den Fesseln befreit …« Er sieht Brunos philosophische Weltanschauung anders und weist erkenntniskritisch im Bild des Schattens auf den Unterschied hin, der zwischen der menschlichen Perspektive und dem bestehe, was lichtvoll dessen Wirklichkeit umgreife: »Die Kosmogonie des Nolaners stützt sich mit unerschütterlicher Macht auf die drei Säulen, – Unendlichkeit, Ewigkeit, Unveränderlichkeit. Alle drei bilden zusammen die Weltseele, *anima mundi*, deren Ausdruck und Hypostase Gott ist. […] Obgleich Gott die Welt nicht schuf, erfüllte er sie mit dem, was wesentlich ist, verlieh ihr den Hauch des Seins und verwandelte uns Menschen in tiefe Schatten der Weltseele. *Umbra profunda sumus.*«

Der Satz »Wir sind tiefe Schatten« ist im Gegensatz zur selbstbewussten Aufklärung ein bescheideneres Bekenntnis. »Licht, [...] die Frucht ungetrübten Glanzes«, steht dem Menschen nicht zu. So beschwört die Erzählung im Geiste Giordano Brunos das Schattenreich, welches sich dem Licht verdankt. Mit Platon gesprochen: Der Philosoph lebt weiter in der Höhle, das Licht zeigt sich nur indirekt im Wurf der Schatten. Die unmittelbare Schau des Lichts, der ewigen Ideen ist ihm und anderen Menschen nicht möglich. Die Erzählung spiegelt so nicht nur in ihrem Titel den Geist, welchen Bruno in der Schrift *De umbris idearum* vertritt: Über die Schatten der Ideen. Sie schließt mit der abendlichen Stimmung am Denkmal, die religiöse Symbolik des göttlichen Geistes aufgreifend: »Erst in der Dämmerung und am frühen Abend lebt die aus Stein gehauene Kapuze, auf der sich die Tauben drängen, auf und beherrscht in der anbrechenden Dunkelheit den *Campo dei Fiori*, der sich zu Ruhe und Schlaf begibt. Von Zeit zu Zeit fliegt besonders eine Taube, eine schwarz-weiße, auf und erhebt sich hoch in den Himmel wie ein Geschoß, verschwindet für einige Zeit, fällt schließlich wieder herab und krallt sich an der Spitze der Kapuze fest. Es ist dies natürlich die Seele des Nolaners, die tagtäglich versucht, für immer in der dunklen *anima mundi* zu versinken.«

IV.

Hinter dieser Geschichte Giordano Brunos steht intertextuell auch Czesław Miłosz' klassisches Gedicht *Campo dei Fiori*, das 1943 entstand, als die Deutschen Warschau besetzt hielten. Damals deutete der Dichter im Schicksal des Philosophen den Tod jener an, welche, im jüdischen Ghetto eingepfercht und bedroht, mutig den Aufstand wagten, ihre endgültige Vernichtung vor Augen. Hatte Herling in der historischen Erzählung die vergnügten und politisch verblendeten Bürger Roms vor Augen, die das Unrecht im 17. Jahrhundert geschehen ließen, so knüpft Miłosz anders an diese Szene an:

Auf diesem selben Marktplatz
Verbrannte Giordano Bruno,
Das Feuer, geschürt vom Henker,
Wärmte die Neugier der Gaffer.
Und kaum war die Flamme erloschen,
Füllten sich gleich die Tavernen,
Körbe Oliven, Zitronen
Trugen die Händler auf Köpfen.

Ich dachte an Campo dei Fiori
In Warschau an einem Abend
Im Frühling vor Karussellen
Bei Klängen lustiger Lieder.
Der Schlager dämpfte die Salven
Hinter der Mauer des Ghettos
Und Paare flogen nach oben
Hinauf in den heiteren Himmel.

[…]

Ich aber dachte damals
An das Alleinsein der Opfer.
Daran, dass, als Giordano
Den Scheiterhaufen bestiegen,
Er keine einzige Silbe,
Menschliche Silbe gefunden,
Von jener Menschheit, die weiter
Lebte, Abschied zu nehmen.

So wie Miłosz mit seinem Gedicht 1943 an Widerstand und Sterben im Warschauer Ghetto erinnern wollte, war es Herling einige Jahre später ein Anliegen, mit *Welt ohne Erbarmen* die Leiden jener ins Gedächtnis zu rufen, die in den sowjetischen Lagern vergeblich zu überleben versucht hatten. Er wollte die Geschichten jener schreiben, deren grausames Schicksal er für zwei Jahre geteilt hatte. Über der Niederschrift war Herling zum Autor geworden: »Als Schriftsteller trat ich im Konzentrationslager ins Leben. Was bedeutet das? Es bedeutet, dass ich das Schreiben als meine Aufgabe erkannte, als ich sah, was mit den Menschen im Lager geschah. Nicht nur, um den Westen aufzuklären – daran dachte ich gar nicht –, sondern auch, weil ich menschliche Zustände sah, die unbedingt geschildert werden mussten. Mein Buch ist kein Bericht für den Westen darüber, wie die sowjetischen Lager funktionierten. Mein Buch ist absolut autonom, wie Dostojewskijs *Totenhaus*, in dem er versucht, die Lage des Menschen unter dem zaristischen Regime zu schildern.«

Im Geist dieses psychologischen Realismus erhellen die Fallstudien die Lagerwelt, in welcher die menschlichen Glaubenskräfte ausgenutzt, geschunden und zerstört werden. Aber wie im Falle des neapolitanischen Philosophen kommt es auch in modernen Zeiten vor, dass sich ein Mensch allem Druck entwindet, sich nicht der fremden Unwahrheit beugt und die eigene Wahrheit und Person bis in die Vernichtung hinein behauptet. Das Kapitel »Der Eisbrecher« schildert einen solchen Fall. Nicht zufällig gehört es zu den wenigen in *Welt ohne Erbarmen*, welche ein Zitat aus den *Aufzeichnungen aus einem Totenhaus* eröffnet: »… – und da man ganz ohne Hoffnung nicht leben kann, so hatte er sich als Rettung ein freiwilliges, fast künstliches Martyrium erdacht.« Herling entfaltet die Geschichte eines jungen Mannes, der zuletzt auf pathologische Weise dem Lagersystem trotzt. Am Anfang des verschlungenen Weges durch das Sowjetreich steht die traumatische Begegnung mit dem Geheimdienst, dessen Wirken Herling anfangs nüchtern umreißt: »Entgegen der landläufigen Meinung dient das ganze Zwangsarbeitssystem in Rußland – in all seinen Stadien: Untersuchungen, Verhöre, Gefängnishaft und schließlich Arbeitslager – in erster Linie nicht dazu, den Verbrecher zu bestrafen, sondern ihn wirtschaftlich auszubeuten und psychologisch gefügig zu machen.« Lakonisch berichtet er von der »Vernichtung seiner Individualität« als Ziel allen Handelns: »Erst dann hält man einen Gefangenen für ›reif‹, mit seiner Unterschrift dem allem ein Ende zu setzen, wenn seine Persönlichkeit bereits offensichtlich in ihre Einzelteile zerfällt.«

Dass dieses Schicksal während der großen Säuberungen gerade auch gläubige Sowjetbürger traf, denen die revolutionäre Gesellschaft von früh auf als einzig sinnstiftende Vision vor Augen gestanden hatte, soll die Geschichte Michael Alexejewitsch Kostylews unterstreichen. Seine Mutter hatte ihn nach dem frühen Tod des Vaters aufgezogen: »Auf seinem Sterbebett hatte sein Vater ihm noch eingeschärft, seiner Mutter und den ›großen Errungenschaften der Oktoberrevolution‹ immer treu zu sein.« Alles sah prächtig aus: »Kostylew wuchs in einer kommunistischen Atmosphäre auf und war viel zu tief darin verwurzelt, um annehmen zu können, daß es auf der Welt noch etwas anderes gäbe, dem man die Treue halten mußte. Er schwankte darum auch nicht einen Augenblick, als der Komsomol ihn aufforderte, in Moskau Technik zu studieren, obgleich er versicherte, daß er sich immer sehr zur Literatur hingezogen gefühlt hatte.« Während des Studiums offenbarte sich ihm die politische Mission im Beruf des Ingenieurs. Das weltanschauliche Wissen verlieh dem zukünftigen Leben einen Sinn, folgt man Herlings Skizze des sowjetischen Martyriums: »[A]ls er in das Moskauer Polytechnikum eintrat, verlangte sein gereifter Geist nach einer verstandesmäßigen Begründung dieses Glaubens, zu dem er sich bis dahin nur mit dem Herzen bekannt hatte. Er las die marxistischen Klassiker, studierte Lenin und Stalin, nahm aktiv an Parteiversammlungen teil und gelangte zu der Überzeugung, daß er als kommunistischer Ingenieur so etwas wie ein Missionar der neuen technischen Zivilisation in Rußland, das ›den Westen einzuholen und zu überflügeln versuchte‹, sein werde.«

Als die Partei bestimmte, dass er das Studium aufgeben solle, um in Wladiwostok – einer Marineschule beizutreten, gehorchte der eifrige Student willig. Dort begann er, angeregt von einer Leihbibliothek, wieder vermehrt zu lesen, begeistert von einem abgegriffenen Roman des französischen Realismus. Die neu erwachte Leidenschaft für Balzac, Stendhal, Flaubert, Musset und Benjamin Constant förderte unverhofft eine freiheitliche Stimmung: »Wenn ich je begriffen habe, und sei es nur für eine kurze Zeit, was Freiheit ist, dann damals, als ich die alten französischen Bücher las. Ich war wie ein Schiff, das im Eis festliegt und trotzdem krampfhaft versucht, warme Gewässer zu erreichen.« Die Sehnsucht nach einem freieren Leben verwandelte sich bald mit gravierenden Folgen in die Empörung darüber, dass man ihn das Gegenteil gelehrt hatte: »Seine Haltung dem Westen gegenüber entsprach der eines bekehrten Novizen, der für seinen einstigen Irrglauben falsche Priester und deren gleisnerischen Lügen verantwortlich macht. Er zog sich von der Partei zurück, ja, er gab sogar teilweise seiner Mutter und ihrer Erziehung die Schuld, daß er so lange einem Götzen gedient hatte.«

Die Konsequenzen lassen nicht lange auf sich warten. Nachdem der Besitzer der kleinen Bibliothek, ein Deutscher, mit dem Beginn des Krieges dem Geheimdienst auffällig geworden war, wird Kostylew als einer der häufigen Besucher politisch zur Rechenschaft gezogen. Er bricht unter den brachialen Torturen nicht zusammen, sondern unverhofft regt sich sein Widerstand: »Aber manchmal geschieht es auch, daß der durch die Prügel versteinerte Organismus mechanisch die letzten kodifizierten Bemühungen des sich verzweifelt wehrenden Bewußtseins wiederholt, ähnlich den instinktiven Reflexbewegungen eines Sterbenden. Kostylew erinnerte sich nur, daß er immer wieder mit aufeinandergebissenen Zähnen und wilder Entschlossenheit gesagt hatte: ›Ich bin unschuldig. Ich bin nie Spion gewesen.‹« Aber zermürbt vom Entzug von Schlaf und Licht und geschmeichelt durch freundschaftliches Verständnis, gesteht er die angeblichen Verbrechen doch zu, nicht zuletzt getrieben von lange entbehrten Gefühlen der Zugehörigkeit: »Die Szenerie der Verhöre verwandelte sich so rasch wie auf einer Drehbühne. […] Nach allem, was Kostylew durchgemacht hatte, hätte allein schon der veränderte Ton der Verhöre genügt, um in ihm ein Gefühl der Reue zu wecken. Jetzt aber ging es um mehr. Er ließ sich wirklich überzeugen, ja, er glaubte, was sein ehemaliger Verfolger ihm sagte.«

Aber trotzdem verweigert sich etwas in ihm, endgültig zuzugestehen, ausländischen Mächten in die Hände gearbeitet zu haben. Denn Kostylew duldet nicht die Lüge, welche auf dem falschen Zeugnis dreier Denunzianten beruht. Nach der Verurteilung zu zehn Jahren Arbeitslager rettet ihn vorerst sein Privileg als Ingenieur vor der vernichtenden Waldarbeit. Es kommt nochmals zu einer Wende, als dem Häftling zufällig ein ihm bekanntes Buch in die Hände fällt: »Er las es im Lager wieder und weinte dabei wie ein kleines Kind, das plötzlich in der Dunkelheit die Hand seiner Mutter wieder fühlt. Und zum zweiten Male erkannte er, dass man ihn betrogen hatte.«

In diesem Moment lernt Herling als Erzähler den Häftling mit dem geheimnisvoll verbundenen Arm kennen. Kostylew enthüllt seinem Chronisten die Geschichte der andauernd offenen Wunde am Arm. Über einem Feuer verbrennt er regelmäßig die Haut unter größtem Schmerz, bevor sie verheilen kann. Das Kapitel wird zur Passionsgeschichte, gespiegelt im Angesicht des Häftlings: »Die untere Gesichtshälfte war besonders ausgeprägt und verriet starke Intelligenz und einen fanatischen, unerbittlichen Eigensinn. Die schmalen, fest aufeinander gepreßten Lippen ließen unwillkürlich an Bilder von Mönchen aus dem Mittelalter denken.« Der Häftling nahm dies »freiwillige Martyrium« vor allem auf sich, um in der Krankenabteilung Zeit zum Lesen zu gewinnen. Jedoch, so ergänzt Herling: »Es ist mir immer ein Rätsel geblieben, und Kostylew vermied es auch bewußt, darüber zu sprechen, wie er im Lager an all die Bücher kam. Er las den ganzen Tag, er las auch in der Nacht, oben auf seiner Pritsche unter der elektrischen Birne, ja, er las sogar noch im Lazarett, wenn er auf den Arzt wartete.«

Als die Verlegung in die Kolyma ansteht, deren mörderischen Folgen nur die Kräftigsten würden entkommen können, bleibt Kostylew seinem Kurs treu. Der Ich-Erzähler stilisiert sich in dieser Situation zum moralischen Heroen, der anbietet, statt des Kranken selbst die tödliche Reise anzutreten. Die Lagerleitung lehnt diese unpassende Regung brüsk ab: »Wir sind hier in einem Arbeitslager [...] und nicht in einer sentimentalen Traumwelt.« Bevor der Transport abgeht, setzt der Verletzte ein letztes Zeichen der Passion, indem er sich selbst mit kochendem Wasser überschüttet: »Nun war er für immer von der Arbeit befreit. Und noch heute sehe ich ihn deutlich vor mir, mit seinem vom Schmerz verzerrten Gesicht und dem Arm, der wie ein Schwert in der glühenden Scheide des Feuers steckte – gleichsam das symbolische Bild eines Menschen, der der Reihe nach alles, an was er glaubte, verlor.«

V.

Im Panorama der moralischen Erzählungen aus der Kolyma ragt im Epilog von *Welt ohne Erbarmen* ein Fall heraus, in welchem die innere Gesinnung des Häftlings über den Lagererfahrungen zerbricht. Erneut wird das Kapitel mit einem Satz von Dostojewskij eröffnet: »Es ist kaum vorstellbar, wie sehr ein Mensch innerlich zerstört werden kann.« Es handelt sich um einen polnischen Juden, der 1935 zum Architektur-Studium nach Paris gegangen war und sich bald als glühender Kommunist zeigte, der – mit Marx und Le Corbusier im geistigen Gepäck – eine neue Welt mit entwerfen wollte. Nach der Rückkehr nach Polen erfüllte sich mit dem Einmarsch der Roten Armee Ende 1939 vorerst dieser Glauben, als man ihm die Leitung einer Baubehörde antrug. Aber die jüdische Herkunft, von der er sich nicht lossagen wollte, sorgte dafür, dass nicht nur die schönen Aussichten schwanden, sondern der junge Architekt auch in ein Lager verbracht wurde. Das Überleben gelang nur, weil er 1942 bereit gewesen war, vier deutsche Häftlinge zu denunzieren, um eine privilegierte Stellung zu erhalten.

Als der Erzähler den ehemaligen Häftling 1945 in Italien zufällig wieder trifft, begegnet dieser ihm mit dem verzweifelten Wunsch, er möge den menschlichen Verrat mit den Worten »Ich verstehe« moralisch entschuldigen. Das Alter Ego Gustaw Herlings entscheidet sich in diesem tragischen Konflikt jedoch für erbarmungslose Strenge, ohne die Haftumstände zu berücksichtigen: »Die Tage, an denen wir wieder dem Leben zugewandt sind, ähneln in keiner Weise denen, in denen wir ständig den Tod vor Augen haben. Ich war wieder ein Mensch unter Menschen, mit menschlichen Begriffen und Maßstäben. Und sollte ich sie jetzt wieder aufgeben und verraten? Auch hier gab es nur zwischen zweierlei zu wählen: wie er zwischen seinem Leben und dem Leben der vier Deutschen gewählt hatte, so mußte ich jetzt zwischen seinem und meinem Frieden wählen. Nein, ich konnte das Wort nicht sagen.«

VI.

Herling gibt seinen Lesern auch genaue Kenntnis von den zeitgeschichtlichen Umständen, unter denen seine Chronik des Lagerlebens entstand. Es war die erste Nachkriegszeit, als der gemeinsame Kampf der Alliierten gegen das nationalsozialis-

WELT OHNE ERBARMEN

tische Deutschland in die Ferne gerückt war, in der sich die Siegermächte zu Beginn des Kalten Krieges rasch entfremdeten und die Sowjetunion ihren Einfluss durch ein Wirtschaftsbündnis hinter dem Eisernen Vorhang festigte. Exemplarisch steht das Schreiben eines sowjetischen Experten für Industriearbeit, der im Juli 1948 in der englischen Zeitung *Tribune* das infame »Märchen von der Zwangsarbeit in unserem Land« zurückweist und fortfährt: »In der Sowjetunion wird jede gute, ehrliche Arbeit geschätzt und geachtet. Sie müssen wissen, daß Arbeiter mit besonders hohen Leistungen in unserem Land den Titel ›Held der sozialistischen Arbeit‹ erhalten, daß die Zeitungen über sie berichten und daß Gedichte über sie verfasst werden.« Der Funktionär zeigt sich bitter enttäuscht über die fehlende Dankbarkeit des Westens: »Die Sowjetunion hat nicht nur die faschistischen Eindringlinge aus ihrem eigenen Land vertrieben, sondern darüber hinaus viele europäische Länder vom faschistischen Joch befreit.« Es fehlt auch nicht der Verweis auf Reisen »tausender ausländischer Freunde, unter ihnen auch so mancher aus England, die die Sowjetunion besucht und sich ein Bild von unserer Arbeit gemacht haben«.

Ein zweiter Brief, der im Jahr darauf von einem »verdienten Geisteswissenschaftler« der Sowjetunion im *Manchester Guardian* veröffentlicht wurde, dokumentiert in Herlings Perspektive die politisch angespannte Lage. Dieser leugnete nicht mehr die Existenz der Lager, aber rechtfertigte sie als humane Innovationen, verglichen mit der Isolation des Menschen im Gefängnis, vor allem ob des freien Umgangs unter den Häftlingen und des hehren Ziels ihrer täglichen Arbeit: »In den Strafarbeitslagern ist die Arbeit nur insoweit Zwang, als sie der Umerziehung und Besserung des Verbrechers dient.« Er spricht von einer bösen »Kampagne gegen das Strafarbeitergesetz«, die versuche, »unter der Maske, das Wohl der zur Strafarbeit Verurteilten im Auge zu haben, eine Angriffsstimmung gegen die Sowjetunion zu entfachen«.

Tatsächlich erfuhr *Welt ohne Erbarmen* auch in der westlichen Linken viel Ablehnung, obwohl Bertrand Russell – über jeglichen Verdacht erhaben, ein Kalter Krieger zu sein – der englischen Ausgabe 1951 ein Vorwort vorausschickte, das den sowjetischen Vorbehalten deutlich widersprach: »Die Schreiber dieser Briefe sowie alle jene Sympathisanten des Kommunismus, die den dortigen Sirenengesängen glauben, sind gleichermaßen verantwortlich für die fast unvorstellbare Grausamkeit, mit der Millionen hilfloser Menschen, Männer und Frauen, durch harte Arbeit und Hunger in der arktischen Kälte langsam zu Tode gequält werden.«

Im Umfeld von Russel hatte Karl Popper in den Nachkriegsjahren für Aufsehen gesorgt, als er mit *Die offene Gesellschaft und ihre Feinde* die ideengeschichtlichen Wurzeln des totalitären Denkens bei Platon, Hegel und Marx freilegte. Herling schrieb rückblickend: »*Die offene Gesellschaft* war einstmals eine Lektüre für wenige. Heute, auf den ausgebrannten Ruinen der ›ideologischen Systeme‹, ist sie das Evangelium des gemeinschaftlichen Lebens – oder sollte es zumindest sein.« Sein *Tagebuch bei Nacht geschrieben* erhebt nach dem Fall des Eisernen Vorhangs den greisen Philosophen emphatisch zur prophetischen Gestalt: »Heiliger Karl Popper, beten wir gemeinsam mit Dir zu einer besonnenen Offenen Gesellschaft.«

Allerdings hatte Popper in seinem Werk auch psychologisch Verständnis für das Staatsdenken Platons gezeigt. Demnach hatte dieser nach dem Tod seines Lehrers Sokrates Angst, die Gesellschaft könnte endgültig zerfallen, so dass er die Idee eines hierarchisch geordneten Ganzen entwickelt hatte, um die eigenen Zweifel und Unsicherheiten zu besiegen. An diese Linie des Buches hatte *Verführtes Denken* angeschlossen, indem Czesław Miłosz den Intellektuellen zugestand, unter den Bedingungen der modernen Entzauberung der Welt zu leiden, und nicht nur allein aus Gründen des eigenen Vorteils zu feste Gedankengebäude zu entwerfen. Dabei blieb er gleich Herling skeptisch gegenüber dem modischen Denken und schrieb entsprechend in dem Prosa-Gedicht *Was habe ich von Jeanne Hersch gelernt?*: »Dass das Laster der Intellektuellen des zwanzigsten Jahrhunderts *le baratin* war, also das unbedachte Geschwätz.«

Aber in Frankreich gehörten über Jahrzehnte genau solche wohlfeilen Salongespräche, oft mit theoretischer Brillanz vorgetragen, zum guten Ton. Vor diesem Hintergrund setzte sich Albert Camus schon früh vergeblich bei Gallimard für *Welt ohne Erbarmen* ein, nachdem er an Herling geschrieben hatte: »Ihr Buch verdient es, in allen Ländern veröffentlicht und gelesen zu werden – um seiner selbst willen und all dessen, was es enthüllt.« Erst Jorge Semprun, der für seine autobiographischen Berichte aus der Lagerzeit in Buchenwald berühmt war, sorgte dreißig Jahre später durch seine Fürsprache für das Erscheinen einer französischen Ausgabe. Dies wäre allerdings nicht geschehen, wenn nicht Alexander Solschenizyn zu Anfang der 1970er Jahre weltweit einen Prozess des Umdenkens eingeleitet hätte, zumal *Der Archipel* Gulag hunderten Lagerhäftlingen eine Stimme verlieh.

VII.

Aber bis 1989 wollte man vielfach die Utopie nicht aufgeben, so dass Herling noch 1987 eindringlich an Józef Czapski erinnerte, der schon Ende der 1940er Jahre auf Katyn aufmerksam gemacht hatte: die Ermordung von tausenden polnischen Offizieren, die man noch lange als Verbrechen der Deutschen betrachten sollte. Im *Tagebuch bei Nacht geschrieben* heißt es über den polnischen Maler und Essayisten, der selbst damals Offizier gewesen war und das Verbrechen glücklich überlebt hatte: »Czapskis *Proust* [...] ist die ursprüngliche französische Fassung seiner Vorträge in Grjasowjetz, die 1948 in *Kultura* auf polnisch erschienen. Es fällt heute ebenso schwer wie vor vierzig Jahren, sich eines Gefühls der Ergriffenheit zu erwehren. Winter 1940–1941: […] in einer alten, klösterlichen Pilgerhütte, draußen strenger Frost, an der Wand Porträts von Marx, Engels und Lenin, und davor Czapski, der teils an Hand von Notizen, teils aus dem Gedächtnis einer Gruppe von Leidensgenossen aus dem Kriegsgefangenenlager, die – keiner weiß warum – einer Hinrichtung entgangen sind, auf französisch etwas über seinen Lieblingsschriftsteller erzählt.«

Als Czapski aus dem Übergangslager 1942 entlassen wurde, beauftragte ihn die Londoner Exilregierung, nach den vermissten Offizieren zu suchen. Er stieß in der von den Sowjets wiederwillig geduldeten Recherche, welche sein Buch *Erbarmungslose Erde* schilderte, auf eindeutige Zeichen, dass die Rote Armee auf Befehl Stalins das Offizierscorps bis auf die wenigen Überlebenden ermordet hatte. 1950 berichtete Czapski von seinen Erkenntnissen als Zeuge im Pariser Prozess um David Rousset, der über ein »riesiges Netz von Konzentrationslagern« in der Sowjetunion geschrieben hatte. Manés Sperber, selbst ehemals Marxist und seit den Moskauer Schauprozessen ins liberale Lager übergewechselt, erinnert sich: »Als Czapski in seiner Aussage erwähnte, wie er das spurlose Verschwinden der polnischen Kriegsgefangenen entdeckt hatte, griffen ihn die Advokaten hemmungslos an. Einer von ihnen behauptete, Czapski müsse wohl ein Offizier einer deutschen Propagandaabteilung, ein Agent Göbbels' gewesen sein.« Die unbequeme Wahrheit über Katyn war damals nicht erwünscht. Man wollte im Gerichtssaal Czapskis Worte nicht hören: »Wir waren 4000 Gefangene im Lager von Starobjelsk; ich bin einer von den 78, die allein überlebt haben. Die anderen, alle anderen, sind liquidiert, sind ermordet worden … Um diese Tatsache kommt man nicht herum. Das hier zum Beispiel ist ein Tisch. Sie können doch nicht bestreiten, daß dies ein Tisch ist und daß er sich genau an dieser Stelle, zwischen ihnen und mir, befindet … Und Sie können die Frage nicht vermeiden, die lautet: ›Sind diese

Offiziere ermordet worden, ja oder nein?‹ Und die Antwort, die ich lange vor den Nazis gefunden habe, lautet: Ja, sie sind ermordet worden.«

Aber dem Intellektuellen in Czapski ging es nicht um das Faktische an sich. Ihm fehlte im linken Lager, was er selbst als junger Student in Paris an literarischem Bewusstsein der Freiheit mit Marcel Proust erlebt hatte. Dessen *Auf der Suche nach der verlorenen Zeit* hatte ihn als jungen Mann aufgrund der »endlosen Sätze mit dem unzähligen ›Nebenbei‹, den verschiedensten, entlegensten und unerwartetsten Assoziationen« an den Rand seiner Aufnahmefähigkeit gebracht. Auch im Lager erinnerte er sich an die kostbare Freiheit und Freude, welche das Buch in ihm erneut geweckt hatte, »uns an einer intellektuellen Anstrengung beteiligen zu können, die uns bewies, daß wir noch fähig waren, zu denken und auf geistige Dinge zu reagieren, die nichts mit unserer damaligen Realität gemein hatten«. Seine später veröffentlichte Einführung in *Proust. Vorträge im Lager Grjasowez* endet mit dem Satz: »Dieser Essay ist nichts als ein bescheidener Dank an die französische Kunst, die uns in jenen Jahren in der UdSSR geholfen hat zu leben.«

Die Literatur blieb das Elixier, das seine enttäuschende Suche nach den polnischen Offizieren immer wieder belebte. So begegnete Czapski im Sommer 1942 in Taschkent Anna Achmatowa: Im Gespräch über Lyrik offenbarte sich die lebenstragende Bedeutung des dichterischen Wortes, die in der Sowjetunion nun spürbar fehlte: »An diesem Abend begriff ich, was für ein Vakuum auf dem Gebiet der Kunst in Rußland entstanden war, nach zwanzig Jahren gelenkter Kunst; was für ein Hunger, Hunger nach authentischer Poesie, dort herrschte. Die große Tradition von Derschawin und Puschkin über Block bis zu Majakowskij und Jessenin schien unterbrochen, außer den wenigen Übriggebliebenen vom Rang Pasternaks oder der Achmatowa.« Die tiefen Gräben, welche die politischen Ereignisse zwischen den Menschen der verschiedenen Völker aufgerissen hatten, waren überbrückbar: »Wie gut ist ein tiefer, selbstloser polnisch-russischer Kontakt doch möglich, so schien es mir damals, mit welcher Leichtigkeit durchdringen sich die beiden Kulturen.«

Auch Gustaw Herling gehört zu den polnischen Autoren, welche ihr Schreiben nicht ohne die russische Tradition denken können. Neben Anna Achmatowa und Boris Pasternak betrifft seine Bewunderung für das zwanzigste Jahrhundert auch Ossip Mandelstam, dessen Frau Nadeschda und Warlam Schalamow, den ebenfalls die Lagerwelt zum Schriftsteller machte. Aber Herling ist kein Idealist im Geiste Joseph Brodskys. So kommentiert das *Tagebuch bei Nacht geschrieben* 1987 skeptisch die Nobelpreis-Rede und ihr schönes Credo, die Menschheit sei durch Poesie zu retten: »Die potentiellen Lenker unserer Geschicke sollten anstatt über den künftigen Kurs ihrer Außenpolitik über ihr Verhältnis zu Stendhal, Dickens und Dostojewskij befragt werden.« Herling glaubt nicht an den prophylaktischen Nutzen der Literatur, sondern er ist überzeugt von ihrem diagnostischen Vermögen, gerade im Blick auf Dostojewskij. Dieser zeige, wie das Böse im Menschen wirke und sich fortpflanze, wenn die Lebensbedingungen nur infam genug seien. *Welt ohne Erbarmen* steht in diesem Sinne unter dem Motto aus dessen *Aufzeichnungen aus einem Totenhaus*: »Hier war eine besondere Welt, die keiner einzigen anderen glich; hier gab es besondere Gesetze, besondere Tracht, besondere Sitten und Bräuche. Es war ein Totenhaus lebend Begrabener, darinnen ein Leben wie sonst nirgendwo; und auch die Menschen waren hier anders. Eben diesen besonderen Ort will ich nun zu beschreiben versuchen.«

IV.

Vom Sinn des Erinnerns
Tony Judt

I.

Tony Judt gehörte zu den wichtigsten Ideenhistorikern der angloamerikanischen Welt. Er verband die intellektuelle Brillanz, die schon Isaiah Berlin ausgestrahlt hatte, mit einem sozialkritischen Engagement, das dem noblen Apologeten liberaler Freiheit in Oxford fremd geblieben war. Nicht zufällig verbrachte Judt, der ebenfalls jüdischer Herkunft war, früh eine längere Zeit im israelischen Kibbuz unter gläubigen Sozialisten; und ebenso konsequent verlegte er in der zweiten Hälfte seines kurzen Lebens dessen Mittelpunkt von Europa in die Vereinigten Staaten, so dass er von dort in großer Freiheit und Leidenschaft auf die blinden Flecken der kontinentalen Intellektuellen hinweisen konnte, ohne den brennenden Sinn für das Anliegen sozialer Gerechtigkeit zu verlieren.

Der Ideenhistoriker starb nach längerer Krankheit im August 2010 in New York. Bei vollkommen erhaltener Präsenz seines Geistes hatte Tony Judt über Jahre an einer neurologischen Erkrankung gelitten, die ihm aufsteigend die Muskulatur lähmte. Aber er kämpfte großartig gegen die zunehmenden Einschränkungen seiner Beweglichkeit, die ihm die Amyotrophe Lateralsklerose auferlegte. Noch wenige Wochen vor seinem Tod schilderte er dem bekannten Moderator Charlie Rose, der zum Gespräch in seine Wohnung in Greenich Village gekommen war, über die Entwicklung der motorischen Störung: »Es gehört zu seltsamen Zügen dieser Krankheit, daß sie so langsam beginnt. Der linke Zeigefinger fängt an, die falschen Tasten am Computer anzuschlagen. Oder man stellt fest, daß es etwas schwieriger ist als früher, einen Korkenzieher zu drehen. Und dann merkt man, daß es einem ein wenig schwerer fällt, bergauf

zu gehen. Nun, sagt man sich, du kannst ja auch nicht ewig fünf-
undvierzig sein. Ich bin schließlich sechzig. So etwas kommt
nun einmal vor. Aber dann häufen sich diese Dinge. Man geht
zum Arzt. Er schaut sehr besorgt drein und sagt: Am besten
gehen Sie zu einem Neurologen. Und der Neurologe sagt dann,
die gute Nachricht sei, daß man keine Multiple Sklerose und
keinen Parkinson habe, daß es aber ALS sein könnte.« Aber,
so fährt er fort, er habe Glück im Unglück, er könne trotzdem
noch geistig tätig sein: »Wenn man mit seinen Händen arbeitet
– als Maler, als Klempner, als Busfahrer –, dann kann man bloß
seinen Beruf aufgeben, zuhause herumsitzen und nichts tun.
Weil ich ein Autor bin und ein Universitätslehrer, konnte ich
noch zwei Jahre nach der ursprünglichen Diagnose weiterar-
beiten. Und das hat mir geholfen, durchzuhalten; die simple
Tatsache, daß ich weitermachen konnte. Ich konnte diktieren,
ich konnte denken, ich konnte – sozusagen – weiterschreiben.
Und deshalb konnte ich sogar noch eine Zeitlang unterrichten.«

Als dies kaum mehr möglich war, brachte ihn der Philosoph
Thomas Nagel, ein enger Freund, auf die Idee persönlicher Aufzeichnungen, indem er fragte, so berichtet Judt im Gespräch
mit Charlie Rose: »Tony, warum schreiben Sie nicht über sich
selbst? Aber ich sagte …: Aber das hasse ich. Ich hasse Leute,
die über sich selbst schreiben. Er sagte darauf: Also gut, schreiben Sie nicht über sich selbst, aber schreiben Sie über die Welt,
die Sie gekannt haben, in irgendeiner Form, die für Sie funktioniert. Besonders wenn es leichter wäre, kleinere Texte zu schreiben, was mir nicht so schwer fällt. Zuerst habe ich diese Idee
abgelehnt, aber dann habe ich angefangen, meistens im Bett, in
den langen und stillen Nächten, darüber nachzudenken, was
man sagen könnte.« Tatsächlich verfasste Judt in seinem letzten
Lebensjahr während langer Nächte kurze Essays, schrieb Woche für Woche an seinem *Chalet der Erinnerungen*. Der äußeren
Reglosigkeit seines Körpers, die mit der Zeit langsam zunahm,
setzte er täglich die innere Bewegung seiner Gedanken entge-

gen. Lakonisch schließt Judt, als er im Mai 2010 die Sammlung seiner Essays beendete: »Wenn man aber in dieser Weise leiden muss, ist es besser, einen gutausgestatteten Kopf zu haben – voller abrufbarer, vielseitig verwendbarer Erinnerungen, die jedem analytischen Verstand jederzeit zur Verfügung stehen. […] Dass es mir vergönnt war, in dem Fangnetz eines Lebens auch dies zu finden, empfinde ich als ziemlichen Glücksfall.« So vermochte Tony Judt in der späten Lebenszeit, als die »Landschaft der nächtlichen Reflexionen« nur noch mit größter Mühe einer ausgeklügelten Kommunikation mit der Umwelt den Weg aufs Papier fand, seine persönlichen Erinnerungen zu verdichten: »Noch nie waren mir diese Dinge so bewusst wie heute.«

Zugleich bedrängte ihn im Kontrast die Monotonie der professionellen Sprache und der Erosion der öffentlichen Kommunikation, so dass er nachdenklich fragte: »Wenn die Sprache verkommt, was wird an ihre Stelle treten? Wir haben nur sie.« Er selbst war noch unter den Bedingungen der Krankheit ein faszinierender Redner, dessen Aura durch die sichtbare Mühe, die das Sprechen ihm machte, gesteigert wurde. So sprach der Professor der New York University im Herbst 2009 vor einem großen Auditorium über soziale Gerechtigkeit, das Thema, das ihm seit den intellektuellen Anfängen am Herzen lag. Angewiesen auf Rollstuhl und Atemmaske verteidigte er leidenschaftlich seine Vision eines staatlichen Gemeinwesens, das die Idee der Sozialdemokratie nicht zu Gunsten jener des reinen Marktes aufgab. Als Public Intellectual sah Judt seine Aufgabe grundsätzlich darin, seine akademischen Privilegien im Dienst der Allgemeinheit einzusetzen: »Für die Lebensstellung eines Universitätsprofessors gibt es keine Rechtfertigung, wenn man nicht bereit ist, sowohl innerhalb wie außerhalb der Universität etwas Unpopuläres auszusprechen, falls man es für wahr hält.« Dabei stand ihm die altehrwürdige Tradition der Universität, die er in Cambridge und am King's College zuerst kennengelernt hatte und die nach 1968 nicht nur in England verleumdet und verloren wurde, leuchtend vor Augen: »Liberalismus und Toleranz, innere Unabhängigkeit, ausgeprägter Stolz und fortschrittliche Einstellung – das sind handhabbare Widersprüche, aber nur in einer Institution, die sich nicht scheut, ihr elitäres Selbstverständnis auch zu leben.«

Der sprachbewusste Liberalismus von Tony Judt steht ausdrücklich in der Tradition von europäischen Intellektuellen wie Hannah Arendt, Albert Camus oder Czesław Miłosz, deren Ansinnen es war, die Bedeutung philosophischer und religiöser Ideen für das politische und persönliche Leben zu erkunden. Judt hatte aus den Erfahrungen seiner Jugend in den 1968er-Jahren gelernt, als er wie viele Altersgenossen in seinem »Nonkonformismus durchaus konformistisch« war. Er sah es als seine Aufgabe an, die ideologischen Züge der Ideenbildung historisch freizulegen, ohne die Möglichkeit auszuschließen, dass Vorstellungen von »Brüderlichkeit« als »regulative Begriffe« wirksam werden könnten.

In diesem Bestreben zeigt sich noch die Herkunft aus dem osteuropäischen Judentum. Seine Großeltern hatten, von Litauen her kommend, in England ihre neue Heimat gefunden. Judt schildet die Küchengespräche, die er als Kind oft noch auf Jiddisch erlebt hatte, voll anteilnehmender Selbstironie: »Altehrwürdige Parolen von Klassenkampf und Revolution erfüllten die Küche. Stundenlag konnte ich zuhören, wenn bis in die späte Nacht hinein über Marxismus, Zionismus, Sozialismus diskutiert wurde.« Aber Judt war deshalb als erwachsener Mann, der spät die Vereinigten Staaten für sich entdeckte, nicht blind für die Schattenseiten der ersehnten Utopien, gerade wenn moderne Marxisten sich als Historiker vom Glauben an ihre Ideen blenden ließen und versäumten, deren fatale Wirkungen im 20. Jahrhundert nüchtern zu beschreiben.

Am meisten beeindruckte ihn unter diesen marxistischen Intellektuellen der Brite Eric Hobsbawm, der ebenfalls aus einer jüdischen Familie am Rande der Gesellschaft kam und als luzider Kenner des »langen neunzehnten Jahrhunderts« berühmt geworden war. Als Judt die Autobiographie des bis zuletzt überzeugten Marxisten besprach, wies er zugleich auf die groben Auslassungen hin, die ihm in *Das Jahrhundert der Extreme* auffielen: »Nirgends erörtert Hobshawm, wie sich Stalin den Spanischen Bürgerkrieg zunutze machte, um unter dem Deckmantel der Unterstützung eines antifaschistischen Krieges mit diversen in- und ausländischen Gegnern abzurechnen.« Und jenseits geläufiger Perspektiven des linkskritischen Lagers monierte Judt: »Und im Hinblick auf Faschismus versäumt er zu fragen, inwieweit Hitlers Krieg faktisch eine große europäische Revolution war, die Mittel- und Osteuropa transformierte und den Boden bereitete für die sozialistischen Regime der Nachkriegszeit, die auf den von Hitler herbeigeführten radikalen Veränderungen aufbauten – namentlich der Vernichtung der Intellektuellen und des urbanen Bürgertums, erst durch die Ermordung der Juden und dann als Folge der Vertreibung der Deutschen aus den befreiten slawischen Regionen.« Mit anderen Worten: »Hobsbawm entgeht die Ironie, dass Hitler den Weg für Stalin bereitete. Auch das erklärt sich daraus, dass er die Welt noch immer so sieht, wie sie sich damals präsentierte, als Faschismus und Kommunismus einander ideologisch und militärisch bekämpften und Stalin den ›linken Flügel‹ der siegreichen Kräfte der Aufklärung verkörperte.« Auch später konnten der Ungarnaufstand und der Prager Frühling den britischen Historiker in seiner Loyalität zur guten Sache des sowjetischen Sozialismus anscheinend nicht erschüttern. So schließt Judt sein Porträt mit dem ironischen Hinweis auf Hobsbawms eigenes Selbstverständnis als Historiker. Diese *apologia pro vita sua* sei eine Mahnung an sich selbst: »von Berufs wegen an das erinnern, was ihre Mitbürger vergessen wollen.«

II.

Ein Philosoph und Schriftsteller, der im Kontrast für Judt die intellektuelle Redlichkeit im Blick auf die Geschichte in seltener Weise beherzigte, war Albert Camus. In den frühen 1950er Jahren hatte er sich mit dem Lager Jean-Paul Sartres erbitterte Diskussionen geliefert, als sein Essay *Der Mensch in der Revolte* die tödlichen Folgen freilegte, die das revolutionäre Denken in der Sowjetunion gezeitigt hatte. Camus wollte zeigen, wie der geistige Radikalismus seit der Französischen Revolution die Menschen zum Mittel eines Zweckes missbrauchte. Ansätze dessen waren schon in seinem Roman *Die Pest* angeklungen, welcher den Autor von *Der Fremde* nach Ende des Krieges schlagartig weltberühmt gemacht hatte. Camus lässt darin einen unheroischen Widerstandskämpfer sagen: »Ich glaubte, mit allen Kräften gegen die Pest zu kämpfen. Ich habe erkannt, dass ich indirekt das Todesurteil von Tausenden von Menschen unterschrieben, dass ich diesen Tod sogar verursachte hatte, indem ich die Taten und Prinzipien guthieß, die unausweichlich dazu führten.« Dass sich in dem selbstkritischen Bekenntnis zugleich Camus' eigene Desillusionierung spiegelt, die er als Mitglied der Kommunistischen Partei Algeriens in den 1930er Jahren erlebt hatte, bezeugt nach Judt dessen redliche Entschlossenheit, zukünftig nicht mehr im Namen eines großen Zieles Menschenleben zu gefährden oder gar preiszugeben, wenn es weiter in der *Pest* heißt: »Und deshalb habe ich beschlossen, alles abzulehnen, was von nah oder ferne, aus guten oder schlechten Gründen den Tod von Menschen verursacht oder das Töten rechtfertigt.«

Im Blick auf Camus zitiert Judt an verschiedenen Stellen einen Brief Hannah Arendts, der diesen 1953 von Paris aus als den »besten Mann in Frankreich« gepriesen hatte. Judt fügte hinzu: »Camus war ein Moralist, aber kein Moralapostel.« Zum Moralismus gehört für Judt das Bewusstsein, dass Menschen zwischen Gut und Böse schwanken und immer versucht sind, der Zerstörung das Wort zu reden und Gewalt sprechen zu lassen. Deshalb sieht er die Kritik, die Camus an der totalitären Welt übt, im Horizont von Hannah Arendts Gedanken, »›dass das Problem des Bösen die grundlegende Frage im Geistesleben im Nachkriegseuropa sein wird – so wie nach dem letzten Krieg der Tod das grundlegende Problem war.‹«

Als Judt im Jahr 2007 mit dem Hannah-Arendt-Preis ausgezeichnet wurde, standen die Überlegungen zum Bösen im Menschen auch im Zentrum seiner Rede. Und so nutzte der Ideenhistoriker die Gelegenheit, sich mit dem »emblematischen Arendt-Text« *Eichmann in Jerusalem* näher zu beschäftigen, in dem der Gedanke von der »Banalität des Bösen« so umstritten war. Gelesen hatte Judt den Report des Gerichtsprozesses, der gerade auch die Rolle der Judenräte in der Vernichtungsmaschinerie Adolf Eichmanns ironisch beleuchtete, zuerst als 16-jähriger Schüler und »glühender Linkszionist«, der entsprechend aufgeschreckt und verstört gewesen sei: »Aber inzwischen weiß ich, dass *Eichmann in Jerusalem* das Beste an Hannah Arendt zum Ausdruck bringt: ein schwieriges Thema kühn anzupacken, einen eigenewilligen Standpunkt zu vertreten, Widerspruch zu provozieren, nicht nur seitens ihrer Kritiker, sondern auch und besonders unter ihren Freunden, und vor allem die Ruhe der etablierten Meinungen zu stören.«

Bei aller Bewunderung für Arendt markierte Judt bereits früh auch ihre offensichtlichen Fehlurteile, Übertreibungen und Versäumnisse, die bei nüchterner Lektüre ihrer Schriften zu verbuchen seien. So schrieb Judt schon 1995 im noblen Gedanken, Autoren nicht von ihren Fehlern und Schwächen her allein zu beurteilen: »Hannah Arendt erlag etlichen kleinen Irrtümern, was viele Kritiker ihr nie verzeihen werden. Aber sie hat die großen Dinge richtig verstanden – und dafür sollte man sich ihrer erinnern.«

Ein weiterer Intellektueller, der auf beeindruckende Weise die Frage des Bösen quer zu allen Lagerbildungen stellte, war

für Judt der polnische Marxismusforscher und Religionsphi-
losoph Leszek Kolakowski, der 1966 der Kommunistischen
Partei seines Landes mutig die Leviten gelesen hatte und zwei
Jahre später, nachdem er aus ihr ausgeschlossen worden war,
den Weg in den Westen genommen hatte. Der Ideenhistoriker
hatte Kolakowski 1987 in Harvard kennengelernt, als dieser
über »Der Teufel in der Geschichte« sprach. Er war wie sein
Freund Timothy Garton Ash zuerst irritiert, dass Kolakowski
die Figur des Teufels keineswegs nur metaphorisch nahm. Marx
habe, so zitiert er den Referenten, »völlig verkannt, dass manche Ursachen von Konflikten und Aggressionen in der Natur
des Menschen angelegt sein können.« So sei der polnische
Exilant dem Anspruch »dogmatischer Gewissheiten« in seinem
dreibändigen Opus magnum *Die Hauptströmungen des Marxismus* mit skeptischer Nüchternheit begegnet, ohne bei aller
Ideologiekritik andere Versuche auszuschließen, auf die »Verbesserung der Lebensumstände aller Menschen hinzuarbeiten«.
So verdichtet Judt die ihm selbst ebenso eigene Haltung: »Der
Marxismus mag ein weltanschaulicher Kategorienfehler sein,
doch das heißt nicht, dass der Sozialismus eine absolute Katastrophe war.«

Entsprechend stand die New Yorker Abschiedsrede »Was ist
lebendig und was ist tot an der Sozialdemokratie?« im Zeichen
dieser Überzeugung. So richtete Judt an seine Zuhörer trotz
der Mängel der Fortschritte den Appell: »Dass diese Errungenschaften nicht perfekt sind, sollte uns nicht stören. Wenn wir
schon nichts anderes aus dem zwanzigsten Jahrhundert gelernt
haben – zumindest sollten wir erkannt haben, dass perfekte
Entwürfe immer besonders schreckliche Folgen hatten. Schrittweise Verbesserungen unbefriedigter Verhältnisse – mehr können wir nicht erreichen und sollten wir auch nicht anstreben.«

III.

Als junger Marxist hatte Judt – auch angesichts des Vietnamkrieges – in britisch wohlerzogener Inbrunst den Geist der Revolution beschworen. Rückblickend wunderte er sich über die »Illusionen vom Mai 1968«, die er auch in Göttingen und Paris erlebt hatte. Ihm erschien es merkwürdig, dass die Studenten in Frankreich, am Ursprungsort des revolutionären Geistes, ein Auftreten zwischen »Politik, Parodie und Performance« boten. Und ebenso erstaunte ihn, dass die deutsche Linke zu glauben schien, »ein zwanzigjähriger Westeuropäer könne elterliche Schuld überwinden, indem er Kleider und Hemmungen abstreift, gewissermaßen die Symbole der repressiven Toleranz abschüttelt«. Peinlich berührte Judt im Rückblick vor allem die Tatsache, dass man damals jene Studenten, die in Prag und Polen mit den ganz anderen Risiken von »Ausbürgerung, Exil und Gefängnis« lediglich Reformen eingefordert hätten, keines Blickes oder Besuches für würdig erachtet hatte: »Die rebellischen Studenten in Osteuropa unterminierten nicht nur ein paar heruntergekommene kommunistische Regimes, sondern den Kommunismus selbst. Wäre uns das Schicksal der Ideen, mit denen wir so gedankenlos um uns warfen, etwas wichtiger gewesen, hätten wir den Aktionen und Meinungen derjenigen, die in ihrem Schatten herangewachsen waren, vielleicht etwas mehr Aufmerksamkeit geschenkt.«

Judt selbst hatte Mitte der 1980er Jahre Jan Gross, einen der führenden Köpfe der polnischen Studenten, zum Freund gewonnen, der damals seine Heimat hatte verlassen müssen und in den USA als Historiker zu Ansehen kam. Über Gross gewann Judt mehr Kontakte zu weiteren osteuropäischen Intellektuellen im Exil, die ihn zutiefst beeindruckten ob der im Westen oft vermissten Fähigkeit, die Welt der Ideen nüchtern mit den geschichtlichen Realitäten zu verknüpfen. In der Zeit des Um- und Zusammenbruchs des Ostblocks ging Judt in die damalige Tschechoslowakei, wo es auch zu Begegnungen mit dem Kreis um Vaclav Havel, den charismatischen Dissidenten und baldigen Präsidenten, kam. Dessen berühmter *Versuch, in der Wahrheit zu leben*, ein Essay, der zwischen »authentischem« und »nicht-authentischem« Leben unterschied, faszinierte Judt in seiner schnörkellosen Geradheit. Er wirkte wie ein Ferment des plötzlichen Wandels, ohne dass Havel ein »politischer Philosoph« gewesen wäre.

In der Folge dieser Begegnungen, die Judt auf vielen Europareisen fortsetzte, sind seine Einsichten und Gedanken über Zeit und Welt nach dem Zweiten Weltkrieg von einem kräftigen und kämpferischen Realismus durchwoben. Dessen Muster zeichnet sich stark in seinem Opus magnum *Geschichte Europas von 1945 bis zur Gegenwart* ab, das vor allem die Illusionen der Intellektuellen nachzeichnet. Während Karl Popper in seinem Klassiker *Die offene Gesellschaft und ihre Feinde* in der begrifflichen Untersuchung besonders die leuchtenden Ideen kritisierte, die nach Platon, Hegel und Marx die Wahrnehmung der besten Köpfe verblendeten, plädierte Judt stärker mit den anschaulichen Mitteln der Geschichtsschreibung für ein Denken, das sich gegen die suggestive Kraft der Philosophen zu wappnen verstehe. So zerstörte für viele Marxisten im Westen erst die gewaltsame Niederwerfung der Ungarischen Revolution die apologetischen Vorstellungen von der marxistischen Utopie: »Vierzig Jahre lang hatte die westeuropäische Linke den Blick nach Moskau gerichtet und bolschewistische Gewalt als Preis für revolutionäre Selbstbestimmung und historischen Fortschritt nicht nur hingenommen, sondern sogar gefeiert. Moskau war der schmeichelhafte Spiegel ihrer politischen Illusionen. Im November 1956 zerbrach dieser Spiegel in Stücke.«

Gleichwohl blieb es für viele Intellektuelle im östlichen Europa attraktiv, im gesellschaftlichen Prozess des Fortschritts als Intellektueller eine bedeutende Position einzunehmen und trotz aller Widersprüche den tieferen Sinn der guten Sache zu vertreten. Czesław Miłosz zeigte sich als einfühlsamer Kritiker dieser Versuchung. Als junger Mann hatte Miłosz sich selbst mit gemäßigter Begeisterung in den diplomatischen Dienst des sozialistischen Polens begeben, bevor er die Chance nutzte, von einer Reise nach Paris nicht mehr in die USA zurückzukehren. Seine Analyse *Verführtes Denken* beschrieb verschiedene Strategien der intellektuellen Einordnung in ein autoritäres Denken: »Brillant seziert Miłosz die Denkweise des Mitläufers, des verblendeten Idealisten und des zynischen Opportunisten.« Was diese Figuren als Varianten des »anpassungsfähigen Intellektuellen« eint, ist eine entscheidende Schwäche, die Judt mit Worten von Czesław Miłosz verdichtet: »Sein Hauptcharakteristikum ist die Furcht, selber zu denken.«

Im Westen sah Judt die Scheu vor dem selbständigen Denken und die Anpassung an öffentliche Diskurse auf andere Weise. Er umriss sie vor allem im Essay »Außenseiter«, einer der letzten Skizzen, die er in nächtlichen Stunden entwickelt hatte. Dieser greift vor allem die akademische Rede von der »Identität« als modisches Phänomen an, das nur die geistige Haltlosigkeit spiegele, und lässt zudem die vielfachen Etiketten passieren, mit denen man ihn als französischen Intellektuellen, Altlinken, Neokonservativen oder entwurzelten Kosmopoliten versah. Als New Yorker, der er geworden war, kann er sagen: »Ich ziehe die Peripherie vor, all die Orte, wo Länder, Gemeinschaften, Kulturen und Traditionen direkt aufeinandertreffen – und wo Kosmopolitismus weniger Identität als vielmehr gewöhnlicher Lebensalltag ist.« Mit dem Bewusstsein, als fest bestallter Professor besonders privilegiert zu sein, gesteht Judt zu, gerade in jüdischen Dingen offener urteilen zu können als jene, die enger mit ihrer »Herkunftsgemeinschaft« identifiziert seien: »Intellektuelle mit einem selbstverständlichen Zugehörigkeitsgefühl neigen eher dazu, sich Zurückhaltung aufzuerlegen: Sie überlegen es sich zweimal, ob sie schmutzige Wäsche in aller Öffentlichkeit waschen sollen.«

IV.

Tatsächlich brach Judt ein solches intellektuelles Tabu gegenüber dem Judentum seiner Herkunft, als er seine *Geschichte
Europas* abgeschlossen hatte und der 11. September 2001 dafür
sorgte, dass er als amerikanischer Staatsbürger in New York
die Folgen der Spannungen im Nahen Osten in ihren unmittelbaren Auswirkungen auch in den USA erlebte. Zur Zeit des
Sechs-Tage-Kriegs hatte er die radikalisierende Macht des ideologischen Denkens erstmals kennengelernt, als er für zwei Jahre
in einem Kibbuz lebte. Damals schien ihm die feste Identität
des politischen Zionismus selbst nötig zu sein, um den jungen
Staat Israel gegen die erdrückende Übermacht der arabischen
Welt verteidigen und ausbauen zu können. Dass man als Nicht-
jude nichts Kritisches über Israel sagen durfte, ohne sich dem
vernichtenden Urteil auszusetzen, das antiisraelische Votum
sei eine versteckte oder offenere Form von Antisemitismus,
war ihm über drei Jahrzehnte später Anlass, selbst das Wort zu
ergreifen. Vor allem hatte der Essay *Israel – Die Alternative* im
Jahr 2003 dafür gesorgt, dass Judt weltweit in jüdischen Zirkeln
mit Misstrauen, Abwehr und Abscheu bedacht wurde. Nicht
selten warf man ihm vor, die Bedeutung des Holocaust für die
Juden nicht anzuerkennen, fordere sie doch vom Intellektuellen,
sich schützend vor die zu stellen, die vor den Augen der Welt
in Europa im Zweiten Weltkrieg als Volk fast vollkommen vernichtet worden waren.

So teilte Tony Judt in gewisser Weise das Schicksal Hannah
Arendts, die als unabhängige Intellektuelle mit dem Eichmann-
Report in ständige Spannung mit dem etablierten Judentum in
den Vereinigten Staaten und Israel geraten war. Sie hatte damals im Essay *Wahrheit und Politik* die Universität als einen
privilegierten Ort beschrieben, der es dem Intellektuellen erlaube, keine Rücksichten auf die nehmen zu müssen, die aus
politischen, religiösen oder nationalen Gründen wünschen, mit

veränderten Einsichten die Geschichte zu schönen oder das Publikum zu schonen. Während Arendt vor allem in der Figur des Sokrates ihren Garanten der Gewissenhaftigkeit erkannte, sprach Judt in einer dem letzten Essays, die er nachts für die *New York Review of Books* schrieb, wie ernst es ihm mit der jüdischen Kultur der Erinnerung war, wenn sie sich der »Orthodoxie« entziehe und den Blick ins Gewissenhafte weite: »Judesein ist für mich die Bereitschaft zu kollektiver Selbstbefragung und unbequemer Wahrheitssuche, jene Unabhängigkeit im Denken, für die wir einst bekannt waren.«

Die Tugend des unabhängigen Denkens bescheinigte Judt im Jahr vor seinem Tod auch im bewegenden Nachruf dem israelischen Journalisten Amos Elon, der über Jahrzehnte für die linksliberale Zeitung *Haaeretz* geschrieben hatte. Ihn beeindruckte die Konsequenz und Courage, mit der Elon zuletzt lieber das Exil wählte, als sich dem gesellschaftlichen Druck in Israel zu beugen, wo er »moralisch heimatlos« geworden sei: »Dieses zunehmende Unvermögen, zwischen Juden und Israel, Israel und dem Zionismus, Zionismus und fanatischen Ultraorthodoxen zu unterscheiden, erklärt vielleicht, warum ein Israeli wie Amos Elon schließlich in die Toskana übersiedelte.« Die Kraft, aus der sich Elons Schreiben bis zuletzt speiste, war seine weltbürgerliche Orientierung. Diesen energiespendenden Kosmopolitismus fasste Judt emphatisch in die Worte: »Heimat blieb ihm seine kompromisslose Weltoffenheit.«

Wie so oft bei Tony Judt spiegeln solche Sätzen über Intellektuelle, die ihm viel bedeuten, zugleich sein eigenes Selbstverständnis. Die Erinnerungen an Hannah Arendt, Albert Camus, Leszek Kolakowski und Amos Elon beschwören einen Kreis von so eigenwilligen wie unabhängigen Denkern, die mit Judt die tiefe sokratische Skepsis teilen, die Hannah Arendt so plastisch in ihrer *Apologie der Pluralität* bezeugt. Es ging zwischen falscher Willkür und krudem Dogma um die »Erfassung der Welt, ›wie sie sich mir eröffnet‹«.

V.

Eine solch sokratische Haltung zeigte sich zuletzt bei Judt, als er im Prozess des Sterbens sich innerlich gedrängt fühlte, den ihm unbekannten Ort des Todes zu bedenken. Auch an dieser Stelle beharrte er auf seinem vorläufigen, menschlichen Standpunkt, der ihm keine Aussicht auf eine mögliche Vorsehung eröffnete. Nochmals meldete sich das Erbe der Väter, das er zumindest in manchen Riten stärker als andere säkularisierte Juden bewahrt hatte. Aber deutlich nahm Judt im letzten Gespräch mit Charlie Rose Distanz von jeder religiösen Gewissheit: »Ich habe viel über ein Leben nach dem Tode nachgedacht. Das klingt jetzt seltsam, weil ich nie an Gott geglaubt habe. Ich bin sozusagen in einer religiös verblassenden Welt aufgewachsen. Meine Eltern waren säkulare Juden. Ich bin auf anglikanische Schulen gegangen, aber die meisten Schüler dort sind nie zur Kirche gegangen oder so. Mein Begriff von Gott war immer höchst abstrakt. Das hat sich nicht geändert.« Aber zugleich hielt er nichts von jenen, die wie Richard Dawkins oder Christopher Hitchens einen kämpferischen Atheismus pflegten, indem sie behaupteten, »dass Gott tot sei und die Religion unser Hauptproblem.« Demgegenüber betrieb Judt geradezu eine Apologie des religiösen Lebens unter moralischen Gesichtspunkten, wenn er weiter erläutert: »Wir sollten allerdings immer daran denken, daß der Glaube an Gott für viele Leute, darunter manche junge Menschen heute, einen Weg eröffnet, Möglichkeit ist, unsicheren Glaubenssätzen Festigkeit zu verleihen. Welchen Regeln sollen wir gehorchen und weshalb? Es ist viel einfacher, wenn ein Erwachsener wie Papst Johannes Paul II. einem sagt, daß es eine Reihe absoluter moralischer Werte gibt, die unberührbar sind. Also, ich glaube nicht an Gott, aber ich glaube an die vernünftige und ethische Bedeutung bestimmter Werte. Ob sie nun das Verhalten, Privates, Beziehungen betreffen, wie man andere Leute behandelt, ob man die Wahrheit sagt, welche Kompromisse man eingehen kann und welche nicht, und so weiter. Ich bin kein Relativist, aber ich kann diese Werte nur begründen ... mit der Idee dieses quasi neo-kantianischen Glaubens, daß unser Zusammenleben unmöglich wäre, wenn wir nicht alle an diese Dinge glaubten.«

Von diesem pragmatischen Standpunkt her war es Tony Judt auch nicht einerlei, wie sein eigenes Denken später beurteilt würde. Er sah sich selbst in der Pflicht, auch an die Nachkommenden zu denken, der Gedanke an sie förderte sogar die Vorstellung vom Sinn des eigenen Lebens. So berichtet Jennifer Homans, seine Witwe, wie der Schwerkranke zuletzt noch eine Fragment gebliebene Skizze begann, die er »Nachleben« nannte. In diesem Sinne hatte Judt schon gegenüber Rose gesagt: »Ich habe keine Ahnung, ob es nach dem Tod ein Weiterleben im Jenseits für mich geben wird, aber ich bin ganz sicher, daß ich auf dieser Welt weiterleben werde. Ich werde im Gedächtnis der Menschen fortdauern, in dem, was ich geschrieben habe, soweit es das wert ist. In den Dingen, die ich getan habe, den Dingen, die ich ungetan gelassen habe, und so weiter.« Judt glaubte demnach an die Bedeutung, die unsere schriftlichen Erinnerungen und Vermächtnisse erlangen können, wenn sie anderen dienen, das Leben des Geistes fortzusetzen, dessen Teil wir zu Lebzeiten waren.

Vor allem seine Porträts europäischer Intellektueller sind in Lob und Tadel Versuche, solche Menschen zu skizzieren, die unser Nachdenken an- und aufregen sollen, weil sie die Bedeutung der Ideen im persönlichen und politischen Leben gedanklich verdichten. Das erschien Judt als eine der vornehmsten Aufgaben des Ideenhistorikers, von dem er in seinen nächtlichen Reflexionen sinngemäß sagte: Historiker sind Philosophen, die anhand von Beispielen unterrichten und in ihren Schriften, den Essays und Büchern, zeigen, dass die Unabhängigkeit des Denkens, der Versuch, zum Nachdenken über unsere ungerechte Wirklichkeit politisch und philosophisch anzuregen, möglich ist.

Als Charlie Rose am Ende ihrer Unterhaltung nach einem »Vermächtnis« fragte, schloss der kaum mehr des Sprechens fähige Gelehrte seine Rede im Sinne eines solchen Selbstdenkens. Seine enthusiastischen Worte sind gesprochen im Geiste der weltbürgerlichen Vernunft, für die Immanuel Kant als Universitätsprofessor klassisch in *Was ist Aufklärung?* eintrat, als er deren öffentlichen Gebrauch einklagte und vor Beschränkungen der Vernunft warnte. So sagt Judt: »Ich glaube, ich habe immer gesagt, was ich meine, nicht das, von dem ich vermutete, das man es erwartete. Ob nun als Universitätslehrer, als Verfasser von Zeitungskommentaren, als öffentlicher Intellektueller (was immer das heißen mag). Das heißt, dass ich manchmal recht hatte, manchmal im Unrecht war, manchmal klug war, manchmal töricht. Aber ich muss niemals in der Rückschau denken: O Gott, wäre ich doch nur nicht diesen faulen Kompromiss eingegangen. […] Das ist Anlass zu bescheidenem, aber wirklichem Stolz.«

Denn Bleiben ist nirgends
Adam Zagajewski

I.

Adam Zagajewskij starb am 21. März 2021 in Krakau. Sein Freund Michael Krüger beschrieb im Nachruf »Beobachter einer verstümmelten Welt« sowohl die politischen Anfänge als auch die poetischen Begegnungen, die Zagajewskis Weg als Exilant prägten. Es ist das Curriculum Vitae eines großes Dichters und Essayisten: »1975 begann für seine Generation die entscheidende Auseinandersetzung. Der dreißigjährige Adam war Mitunterzeichner einer Resolution gegen die Regierung, die mit einer Verfassungsänderung die führende Rolle der Kommunistischen Partei in der Volksrepublik festschreiben wollte. Die unmittelbare Folge für den Bürger Zagajewski war: Berufsverbot – seine Bücher durften in Polen nicht mehr erscheinen. Als dann General Jaruzelski das Kriegsrecht für Polen ausrief und die auch von Adam Zagajewski unterstützte Solidarność-Bewegung beseitigen wollte, war es für ihn zu viel: Er verließ das Land, in das er erst um das Jahr 2000 wieder zurückkehrte. / Seine erste Station war Berlin. Hier begann auch unsere Freundschaft. Adam war frei und konnte ausprobieren, in welche Richtung er sein Talent entwickeln wollte. [...] Er zog nach Paris, das traditionellerweise ein Mittelpunkt der polnischen Emigration war, wo der Maler und Essayist Jozef Czapski [...] die Zeitschrift ›Kultura‹ herausgab. [...] Adam, der damals auch seine Freundschaft mit dem ebenfalls unter erbärmlichen Bedingungen in Paris lebenden Zbigniew Herbert begann, hat einen bewegenden Aufsatz über Czapski geschrieben, in dem die vielen widersprüchlichen Kräfte des polnischen Exils zur Sprache kommen. Über den in Berkeley lebenden und lehrenden Czesław Miłosz kam Adam nach Amerika – wie so viele

Emigranten vor ihm […]. Adam lehrte in Houston. […] Einige Jahre danach wurde er nach Chicago berufen, wo er nur jedes zweite Semester lehren musste und wo ihn die große polnischstämmige Bevölkerung faszinierte. Aber er wollte unbedingt zurück, und als der alte Czesław Miłosz, nach Jahrzehnten des Exils, zurück nach Krakau zog, wurde Adam von allen seinen Freunden bestürmt, ihm zu folgen. So lebte er seit 2002 mit seiner Frau Kaja, einer Psychoanalytikerin, und einer schwarzen Katze in Krakau. / Zu meinem Geburtstag im Dezember schrieb er mir, per E-Mail (ein gutes Beispiel, dass man auch mit E-Mails Wärme erzeugen kann): Heute denke ich nur an Dich – mit Freude, Wärme, Bewunderung. Du hast mir Deine Freundschaft sehr früh erteilt, in den chaotischen (für mich) 80er Jahren. Dann sagtest Du zu mir, ›Adam, Du sollst doch zurück nach Krakau gehen‹. Und da hattest du recht (wir konnten nicht ahnen, wozu die Warschauer Politiker fähig sind).«

Als einen Monat nach seinem Tod die späten Essays *Poesie für Anfänger* erschienen, flochten diese unter anderem den großen Vorbildern Józef Czapski, Czesław Miłosz und Zbigniew Herbert nochmals Kränze. Aber neben dem bieten die beiden Porträts, welche den Band eröffnen und abschließen, überraschende Einsichten in das dichterische Denken im Angesicht menschlicher Sterblichkeit. Wohl nicht zufällig erwähnt Zagajewski sowohl für Rainer Maria Rilke als auch für Antonio Machado, dass sie im Exil starben und begraben wurden: der Deutsche in Muzot, einem kleinen Ort im Schweizer Gebirgskanton Wallis; und der Spanier im französischen Collioure, jenseits der hohen Gipfel der Pyrenäen. Im Spiegel ihrer Dichtungen entfaltet er eine poetische Metaphysik, deren letztes Anliegen es ist, dem Tod seinen Stachel zu nehmen. Die Annäherungen sind lakonische Versuche, erneut *Die kleine Ewigkeit der Kunst* zu befördern, von der sein *Tagebuch ohne Datum* schon eindrücklich zeugte.

II.

Rückkehr zu Rilke eröffnet das persönliche Bekenntnis, dass die *Duineser Elegien* das Ereignis waren, welches den jungen Zagajewski aus der Enge der politischen Welt geführt und die Aussicht auf das poetische Leben eröffnet hatte: »Vor vielen Jahren, noch als Gymnasiast, kaufte ich mir die *Duineser Elegien* in einer Übersetzung, ein dünnes, hübsches Bändchen. Ich stand auf dem Gehweg, erfüllt von den Geräuschen eines gewöhnlichen kommunistischen Nachmittags, und las zum ersten Mal die magischen Sätze: ›Wer, wenn ich schriee, hörte mich aus der Engel / Ordnungen? Und gesetzt selbst es nähme / einer mich plötzlich ans Herz: Ich verginge von seinem / stärkeren Dasein. Denn das Schöne ist nichts / als des Schrecklichen Anfang, den wir noch grade ertragen […].‹ Die Straße war plötzlich verschwunden, die politischen Systeme hatten sich verflüchtigt, der Tag stand über der Zeit, ich berührte die Ewigkeit, die Poesie erwachte.« So, wie die erste Elegie mit ihren Anfangszeilen die poetische Erweckung bedeutet, stehen spätere Zeilen aus dem Poem für die philosophische Einsicht des Rückblickenden: »Die Unbehaustheit ist eines der zentralen Themen unseres Dichters […]: ›Denn Bleiben ist nirgends.‹« Rilkes »ganze Pilgerschaft« und seine »poetische Pilgerreise« bilden das Leitmotiv des Essays, in dem Zagajewski beansprucht, dass die physische Verlorenheit im Dichterischen in metaphysische Geborgenheit zu wandeln sei. Er sieht, wie Rilke in der Elegie kurz vor Ausbruch des Ersten Weltkrieges sein Unbehagen an der Zivilisation, »daß wir nicht sehr verläßlich zuhaus sind / in der gedeuteten Welt«, in die Forderung wendet, vor »Nacht« und »Leere« nicht zu fliehen, sondern die empfängliche Haltung vergangener Zeiten zu erinnern: »Höre, mein Herz, wie sonst nur / Heilige hörten: […] / Nicht, daß Du *Gottes* ertrügest / die Stimme, bei weitem. Aber das Wehende höre, / die ununterbrochene Nachricht, die aus Stille sich bildet.«

Fasziniert beschreibt er, wie der deutsche Dichter nach diesem elegischen Anfang rund zehn Jahre abzuwarten hatte, sich lange Zeiten mit dem Schreiben von Briefen vertröstend, bis ihn der poetische Enthusiasmus erneut ergriff und in der äußeren Einsamkeit der letzten Lebensjahre die weiteren Elegien entstanden: »In all den Schweizer Schlössern war er nur Gast, […]; er konnte seine großen Gedichte, die Duineser Elegien, die Sonette an Orpheus noch nicht schreiben. […] Das bedeutete […], dass er ganze Tage, wenn nicht Wochen, ausschließlich der Korrespondenz widmete. […] Als Rilke endlich die lang ersehnte Lawine der Inspiration überfiel, schrieb er eine Zeitlang keine Briefe mehr – ihr Ziel war erreicht. […] Rilkes Dichtung, vor allem die der letzten Jahre, zeichnet sich auch durch eine gewisse Passivität aus; es ist eine Dichtung, die empfängt, die lauscht, die ein Signal von außen erwartet.«

Neben der empfänglichen Haltung zeichnet den dichterischen Idealtypus auch das Tätigsein aus. So wird das Ethos, gespannt das Wehen des Geistes vernehmen zu wollen, ergänzt durch die Disziplin, sich geduldig in poetischen Schöpfungen zu versuchen, im Wissen, dass diese nur eine provisorische Bedeutung besitzen und das providentielle Bewusstsein früherer Zeiten verloren ist. Diesen vorläufigen Charakter des dichterischen Anliegens, dem keine dauernde Ewigkeit mehr vergönnt ist, unterstreicht Zagajewski entlang der achten Elegie: »Rilke lauscht der Welt, beobachtet sie, nimmt sie mit den Sinnen wahr: ›Und wir: Zuschauer, immer überall, / dem allen zugewandt und nie hinaus! / Uns überfüllts. Wir ordnens. Es zerfällt. / Wir ordnens wieder und zerfallen selbst.‹« Demnach kann sich Poesie für Momente über die Zeit erheben, auch wenn der Tod die Grenze bleibt, die niemand überwinden kann. Aber die schwebenden Gebilde, die widerhallenden Gedichte, können helfen, sich schon auf den Augenblick vorzubereiten, mit welchem die kleine Ewigkeit endet: »Rilkes Kraft ausstrahlender Engel, der am Tor zu den Elegien steht, behütet trotz seiner

Zeitlosigkeit etwas, das die Gegenwart – die uns in anderen Bereichen so viel geschenkt hat – uns genommen oder nur vor unserem Blick verborgen hat: Augenblicke der Ekstase zum Beispiel, Momente des Staunens, Stunden mystischer Existenz außerhalb der Wirklichkeit, Tage ohne Eile, die süße Langsamkeit des Lesens und Nachdenkens.« So bildet im Spiegel Rilkes die dichterische Sensibilität in der vergehenden Zeit eine *ars moriendi*, die als poetische Lebens- und Sterbenslehre anregen will, auch dem letzten Leiden im Geist empfänglich und schöpferisch zu begegnen. Der Dichter erlebt die Grenzsituation des Todes stärker als andere, so dass bei entsprechendem Talent und Elan gelingen kann, was die erste Elegie verspricht, dass »das Leere in jene / Schwingung geriet, die uns jetzt hinreißt und tröstet und hilft.«

Rückkehr zu Rilke verortet die Mission des Dichters jenseits des politischen Engagements in der poetischen Kontemplation, angestoßen von der täglichen Wirklichkeit, ihrem Erschrecken und Erstaunen. Sie wird gefördert von jenen, die als Vorgänger mit ihren Werken lesbare Spuren ihrer Anstrengungen und Freuden hinterließen. Das frühe Ereignis, von den *Duineser Elegien* inmitten einer tristen Realität getroffen zu werden, ist insofern für Zagajewski ein kostbares Ursprungserlebnis: »Wie begrenzt seine Existenz in der Welt war, ist interessant, wir sehen sie und beobachten, wie sie gleich einem schwirrenden Pfeil auf ihr Ziel zuschießt: das dichterische Schaffen.« Die lyrische Lösung vom Eingewöhnten erlaubt, sich der höheren Vorläufigkeit zu öffnen. So heißt es in der ersten Elegie: »Ist es nicht Zeit, daß wir liebend / uns vom Geliebten befrein und es bebend bestehn: / wie der Pfeil die Sehne besteht, um gesammelt im Absprung / *mehr* zu sein als er selbst. Denn Bleiben ist nirgends.«

Anders nähert sich Zagajewski am Ende von *Poesie für Anfänger* im Essay *Antonio Machado* dichterisch dem Phänomen des unaufhebbaren Todes. Der »Altersgenosse von Rilke«, geboren in Sevilla, führte ein bürgerlich unscheinbares Leben in der spanischen Provinz und verlor früh seine junge Frau. Seine elegischen Gedichte, die Zagajewski seit den Pariser Jahren schätzt, seien geschrieben »im Staunen, in Trauer«. Machado sei befangen in der brennenden Frage eines modernen Menschen, der auf keine Antwort mehr hoffen dürfe, auch wenn er an den alten Glauben rühre: »›Sag uns, ob wir eines Tages dein Antlitz erblicken‹, das Antlitz Gottes.« Für den polnischen Dichter liegt darin mehr private Betrübnis als öffentliche Besorgnis, die der Spanier zuletzt »im Schatten der politischen Tragödie seines Landes« erlebte, so dass er nach der Niederlage der Republik vor Franco ins französische Exil floh und seitdem als »offizieller Dichter des demokratischen Spaniens« verehrt wurde. Zagajewski sieht sich vom Gedicht *Porträt* bestätigt, in dem Machado zwar bekenne, dass in ihm »›jakobinisches Blut‹ (*sangre jakobina*) fließe«, sein »Schaffen jedoch aus unpolitischen ruhigen Quellen (*manantial sereno*) schöpfe«.

Über diese Passage hinaus liest er *Retrato* als autobiographisches Prisma des dichterischen Lebens, das ihm selbst erlaubt, sich in Machados Gedicht zu verbergen und zu enthüllen. Strophe für Strophe stellt er andere Züge des spanischen Metaphysikers heraus, die ebenso an ihn selbst denken lassen. Im Spiegel Machados bekennt Zagajewski eine unzeitgemäße Neigung zur Vergangenheit. Denn dieser liebe neben »der ›modernen Ästhetik‹ (*moderna estètica*) auch ›die alten Rosen aus dem Garten von Ronsard‹ (*las viejas rosas del huerto de Ronsard*)«. Ebenso erinnert er mit *Retrato* an die nachdenkliche Ambition des Dichters, die im zeitgenössischen Geist vernachlässigt werde: »›Ich verachte die Romanzen hohler Tenöre‹ (*Desdeno las ro-*

manzas. De los tenores huecos). – hier spricht der Philosoph Machado, der zwar Lieder liebt, jedoch kluge Lieder.« Und zugleich registriert Zagajewski erfreut, wie das Gedicht sich dem öffentlichen Verlangen verweigert, markierbar zu sein: »›Bin ich Klassiker oder Romantiker? Ich weiß nicht.‹ (*Soy Clásico o romántico? No sé.*) Der Dichter muss kein Selbstbewusstsein haben, die berühmte Hegelsche ›Selbsterkenntnis‹.« Er schätzt, dass Machado bei aller »Liebe zu den Menschen« es nicht nötig hat, eine gesellschaftlich genehme Gesinnung zu bekennen: »›Ich bin euch nichts schuldig.‹ (*Nada os debo.*)«

Das Anliegen, sich selbst in Machados *Retrato* zu spiegeln, findet seine bewegende Steigerung in der abschließenden Passage zum Sterben: »Und ganz am Schluss des Porträts die Worte, die mich tief berührten, die Ahnung der Situation am Ende des Lebens: ›Fast nackt, wie die Kinder des Meeres‹ (*casi desnudo, como los hijos de la mar*).« Man liest diese Zeilen wenige Monate nach dem Tod Adam Zagajewskis unweigerlich als Möglichkeit, sich vor Augen zu führen, in welcher Haltung er selbst sein eigenes Ende, das nach plötzlicher Krankheit rasch eintrat, erwartete: »Der Schluss von *Retrato* ist außergewöhnlich. Sich den Tod so vorzustellen: als Rückkehr ins Nichts, in die Armut, da alle Gegenstände, die uns zu Lebzeiten so lieb sind, plötzlich ihre Bedeutung verlieren; und wir treten in den Ozean ein, in die große Undifferenziertheit. So ist es schließlich – wenn wir sterben, gehen wir wie Bettler.« Machados »Voraussehen des Todes« verstärkt Zagajewski noch mit Worten Jorge Mariques, eines zeitlich weit entfernteren kastilischen Dichters. Es gelte, gelassen in die letzte Auflösung einzustimmen: »›Unser Leben ist ein Fluss, der sich ins Meer ergießt, das Sterben heißt.‹ (*Nuestros vidas son los ríos / que van a la mar, / que es el morir.*)« In diesem Sinne schreibt der Deuter: »Das Bild der ›Kinder des Meeres‹ hat etwas von großer Gleichgültigkeit und zugleich beinahe etwas von Freude. Das Meer ist ein großes Wort, ein Wort, das ruhige Tage enthält, Tage mit einer endlosen Wasseroberfläche, in der sich der Himmel spiegelt, aber auch bewölkte, stürmische Tage. Das Meer wie eine große Mutter. Und dann noch der Plural ›Kinder‹ – als würde der Tod uns nicht als Einzelne sehen, uns in einen anonymen Plural aus Sand und Blättern verwandeln.«

IV.

Dass Adam Zagajewski inmitten seiner *Poesie für Anfänger* einen Gelehrten, den 1911 geborenen Erich Heller, erwähnt, der im englischen Exil *Enterbter Geist* schrieb, ist nicht zufällig. Schon sein Lehrer Czesław Miłosz las den Prager Literaturhistoriker, um sich für seine eigenen Überlegungen zu einer dichterischen Metaphysik inspirieren zu lassen. Denn Hellers *Essays über modernes Dichten und Denken*, wie der Untertitel des Bandes heißt, skizzieren im Geist der *Duineser Elegien* auf plausible Weise die Situation der wissenschaftlich entzauberten und vom Fortschritt bezauberten Welt. Folgende Zeilen aus Rilkes siebter Elegie gaben Hellers Zeitkritik, die Peter Suhrkamp 1954 vom Autor selbst in eine deutsche Fassung übersetzen ließ, ihren Titel: »Jede dumpfe Umkehr der Welt hat solche Enterbte, / denen das Frühere nicht und noch nicht das Nächste gehört.«

Ohne dass Zagajewski die philologische Genauigkeit Hellers anstrebte, zeugen seine poetischen Erkundungen auf eigene Art von dem Dilemma einer Zeit, welche das seelische Leben nicht mehr ernst nimmt. Jedoch kann man den menschlichen Geist nicht nur mit analytischen Erkenntnissen füttern, sondern er bedarf auch kontemplativer Einsichten als Nahrung. Nüchtern bilanziert Zagajewski mit Worten des späten Max Weber die einseitige Aufklärung: »Die Philosophen sind der Ansicht, das Verschwinden der Magie sei eine notwendige, dramatische Folge der rationalen Mechanismen, nach denen unser Leben funktioniert. Mit dem Anbruch der Moderne verbinden sich

viele Vorteile im materiellen Bereich unseres Daseins (Techno-
logie, Medizin, Lebenskomfort) sowie in der Funktionsweise
unserer Gesellschaften, doch leider dominiert von ›Fachmen-
schen ohne Geist‹ und ›Genußmenschen ohne Herz‹.«

Mit der Erinnerung an Rilkes *Duineser Elegien* und dem
Dank an Antonio Machado, dessen Porträt ein verhülltes Selbst-
bildnis bietet, setzt Zagajewski dem allzu ernüchterten Geist
der Moderne eine provokante Haltung metaphysischer Ergriffenheit entgegen. Der polnische Weltbürger blieb bis zum Ende
seines Lebens ein Reisender, der über ein ausgesuchtes Netz von
vertrauten Menschen und Orten und Büchern verfügte. Er las
die zeitgenössischen Verhältnisse immer provokativ. Nicht jene
befinden sich im eigentlichen Exil, die im Ausland leben müssen, sondern jene sind ohne eigentliche Heimat, welche sich
wohnlich in einem veräußerlichten Leben eingerichtet haben.
Und geistig zu Hause fühlen kann sich besonders, wer vielleicht
gerade in der Fremde verstanden hat, sich nicht im zivilisatorischen Komfort zu genügen, sondern täglich bemüht ist, die
seelischen Möglichkeiten des Innenlebens auszuschöpfen. So
rückt für Zagajewski das politische Exil als Realität in den Hintergrund, ohne für die poetische Existenz belanglos zu werden.
Aber zuletzt zählt das Bewusstsein, überall ein metaphysischer
Emigrant zu sein, zumal sich dies Bewusstsein in der Mitte der
Gesellschaft rasch und leicht zerstreuen lässt. Dagegen können
sich jene am Rand des Geschehens vielleicht in ihrer Unge-
bundenheit leichter die Sehnsucht nach wirklich erfüllten Momenten bewahren. In solch metaphysischer Gestimmtheit lässt
Poesie für Anfänger eine Stelle aus Rilkes siebter Elegie zu Wort
kommen: »Hiersein ist herrlich. Ihr wußtet es, Mädchen, *ihr*
auch, / die ihr scheinbar entbehrtet, versankt –, ihr, in den ärgs-
ten / Gassen der Städte, Schwärende, oder dem Abfall / Offene.
Denn eine Stunde war jeder, vielleicht nicht / ganz eine Stunde,
ein mit den Maßen der Zeit kaum / Meßliches zwischen zwei
Weilen –, da sie ein Dasein / hatte. Alles. Die Adern voll Dasein.

/ Nur, wir vergessen so leicht, was der lachende Nachbar / uns nicht bestätigt oder beneidet. Sichtbar / wollen wirs heben, wo doch das sichtbarste Glück uns / erst zu erkennen sich giebt, wenn wir es innen verwandeln.«

V.

Als Dichter denkt Zagajewski an jene, die als Menschen gleich ihm nötig haben, Kunst sehen und hören und lesen zu können, ohne ihr je ganz auf den Grund zu kommen. Aber man bleibt gefesselt von ihrem Geheimnis, das in Farben, Tönen und Worten der Seele ahnbar zu werden vermag. Ein kostbares Beispiel für die magische Attraktivität der Kunst ist ihm Chopin mit seinen *Nocturnes*: Die Essays erwähnen sie, und ebenso die Gedichte, gerade dort, wo sie eine Brücke zum eigenen Vater schlagen. So staunt Zagajewski in *Nocturne*, wie dieser trotz der sonstigen Reserve gegenüber der Kunst sich beim Hören von Chopin plötzlich sammelt und im Stillen freut: »Sonntag. Nachmittag, September; Vater hört / ein Konzert von Chopin, zerstreut / (Musik war für ihn oft nur Hintergrund / für andere Tätigkeiten, für Arbeit oder Lektüre), / aber dann legt er das Buch weg, wird nachdenklich; / mir scheint, eines der Nocturnes / hat ihn tief berührt – er schaut aus dem Fenster / (dass ich ihn beobachte, weiß er nicht), sein Gesicht / öffnet sich der Musik, dem Licht, // [...] und hört aufmerksam, im Sessel zurückgelehnt, / Chopin, als würde dieses Nocturne / zu ihm sprechen, ihm etwas erklären.«

Und nicht fern von *Nocturne* schildert Zagajewski in *Nirgendwo*, einem Gedicht, das nach dem Tod des Vaters geschrieben ist, wie die lose Erinnerung an das Stück und sein Geheimnis ihn selbst in der momentanen Erschöpfung unverhofft anwehte und als Künstler erfrischte: »Es war ein Tag nirgendwo nach der Rückkehr von Vaters Begräbnis, / ein Tag zwischen

den Kontinenten; verloren ging ich durch die Straßen / vom
Hyde Park und erhaschte Fetzen amerikanischer Stimmen, /
ich gehörte nirgendwohin, ich war frei, / […] ein Tag ohne
Eingebung, nirgendwo, selbst die Wehmut / nahm keine radikale Gestalt an, mir scheint, / selbst Chopin hätte sich an so
einem Tag begnügt, im besten Fall, seine wohlhabenden aristokratischen Schülerinnen zu unterrichten; plötzlich erinnerte
ich mich, was über ihn / Doktor Gottfried Benn, der Berliner
Hautarzt, / geschrieben hat, in einem meiner Lieblingsgedichte:
/ ›Wenn Delacroix Theorien entwickelte, / wurde er unruhig, er
seinerseits / konnte die Notturnos nicht begründen.‹«

Angesichts seiner wenig spektakulären Herkunft – die
Mutter schmückte sich gerne mit Kunst, während der Vater
sie als freundliche Zerstreuung ansah – erkundete Zagajewski
auch poetisch das Phänomen des seelischen Enthusiasmus. Er
war glücklich, in der Musik einen polnischen Ahnen für die
Leichtigkeit und Schwere der Kunst benennen zu können, die
uns rasch zu erfassen und gut begreifbar scheint, um schon
im nächsten Augenblick fern und schier unbegreiflich zu wirken. So liegt nicht zuletzt der pädagogische Eros des Dichters
darin, sich selbst und seiner Leserschaft dies geheimnisvolle
Phänomen zu verdeutlichen, auf das selbst im Moment des
Todes nicht Verlass ist, auch wenn die Dichtung anderer dem
müden Geist stellvertretend aufhelfen kann, sowie es die Verse
Gottfried Benns für Adam Zagajewski nach dem Tod des Vaters
taten.

Mit seinem Gedicht *Wir wissen, was Kunst ist* hat Adam
Zagajewski die andauernde Unberechenbarkeit von Kunst und
Seele wunderbar beschrieben, um in möglicher Gelassenheit
trotz aller Entzauberung ein Leben des Geistes zu führen. Doch
darf der Mensch nicht allein auf die rationalen Rechenkünste
setzen, sondern muss zur eigenen Seelenarbeit bereit sein, so
dass er im irdischen Exil zuletzt dem Tod vielleicht gefasster
begegnen kann, auch ohne Aussicht auf eine himmlische Hei-

mat. Man könnte mit Albert Camus über diesen Poeten sagen: »Wir müssen uns Sisyphos als einen glücklichen Menschen vorstellen.« So spricht das Gedicht von der Freude einer ausgespannten Seele, die auch ihre Erschöpfungen anerkennt, ohne die Begeisterung für die Kunst zu verlieren.

Wir wissen, was Kunst ist

Wir wissen, was Kunst ist, wir kennen das Gefühl des Glücks,
das sie uns gibt, bisweilen schwierig, bitter, bitter-süß,
manchmal auch nur süß, wie türkische Leckereien. Wir
                                        schätzen die Kunst,
weil wir wissen möchten, was unser Leben ist.
Wir leben, aber wir wissen nicht immer, was das bedeutet.
Also reisen wir, oder wir schlagen zu Hause ein Buch auf.

Wir erinnern den Moment der Erleuchtung, als wir vor
                                        einem Bild standen,
vielleicht wissen wir auch noch, welche Wolken damals
                                        am Himmel schwebten.
Wir beben, wenn wir hören, wie der Cellist
eine Suite von Bach spielt, wenn wir das Klavier singen
                                        hören.
Wir wissen, was große Dichtung sein kann, ein Gedicht,
geschrieben vor dreitausend Jahren oder gestern.

Und dennoch verstehen wir nicht, warum uns bisweilen im
                                        Konzert
Gleichgültigkeit erfasst. Wir verstehen nicht, warum
manche Bücher uns Vergebung anzubieten scheinen
und andere ihren Zorn nicht verbergen. Wir wissen, dann
                                        vergessen wir es.
Wir können nur ahnen, warum es vorkommt, dass
                                        Kunstwerke

sich winden, schließen wie ein italienisches Museum
                                        bei Streik (sciopero).

Warum auch unsere Seelen sich manchmal winden und
                                        schließen
wie ein italienisches Museum bei Streik (sciopero).
Warum die Kunst schweigt, wenn schreckliche Dinge
                                        geschehen,
Warum wir sie dann nicht brauchen – als würden die
                                        schrecklichen Dinge
die Welt vollkommen ausfüllen, komplett, bis unters Dach.
Wir wissen nicht, was Kunst ist.

Literatur

Hannah Arendt

Hannah Arendt: *Elemente und Ursprünge totaler Herrschaft*,
Frankfurt a. M. 1955.

Hannah Arendt: *Rahel Varnhagen. Lebensgeschichte einer deutschen Jüdin
aus der Romantik*, München 1959.

Hannah Arendt: *Vita activa oder Vom tätigen Leben*, Stuttgart 1960.

Hannah Arendt: *Über die Revolution*, München 1963.

Hannah Arendt: *Eichmann in Jerusalem. Ein Bericht von der Banalität
des Bösen*, München 1964.

Hannah Arendt: *The Origins of Totalitarianism*, With a new introduction
by Samantha Power, New York 2004.

Hannah Arendt: *Sokrates. Apologie der Pluralität*, hg. von Matthias
Bormuth, Berlin 2016.

Hannah Arendt: *Wir Flüchtlinge*, mit einem Essay von Thomas Meyer,
Ditzingen 2017.

Hannah Arendt: *Die Freiheit, frei zu sein*, mit einem Nachwort von
Thomas Meyer, München 2018.

Hannah Arendt: *Freundschaft in finsteren Zeiten. Gedanken zu Lessing*,
hg. und eingeleitet von Matthias Bormuth, Berlin 2018.

Hannah Arendt: *Sechs Essays. Die verborgene Tradition*. Kritische
Gesamtausgabe Bd. 3, hg. von Barbara Hahn. Unter Mitarbeit von
Barbara Breysach und Christian Pischel, Göttingen 2019.

J. F. G. Grosser: *Die grosse Kontroverse. Ein Briefwechsel um Deutschland*,
Hamburg 1963.

Karl Jaspers: *Erneuerung der Universität. Reden und Schriften 1945/46*,
mit einem Nachwort von Renato de Rosa, Heidelberg 1986.

Karl Jaspers: *Leben als Grenzsituation. Eine Biographie in Briefen*, hg. von
Matthias Bormuth, Göttingen 2019.

Alfred Kazin: »›You will fetch me‹ – Freundschaft mit Hannah Arendt«,
in: Hannah Arendt: *Freundschaft in finsteren Zeiten. Gedanken zu
Lessing*, hg. und eingeleitet von Matthias Bormuth, Berlin 2018,
S. 103–116.

Jerome Kohn: »Sie war meine Lehrerin.«. Hannah Arendt, in: Hannah
Arendt: *Freundschaft in finsteren Zeiten. Gedanken zu Lessing*, hg.
und eingeleitet von Matthias Bormuth, Berlin 2018, S. 117–126.

Mary McCarthy: »Abschied von Hannah (1906–1975)«, in: Hannah
Arendt: *Freundschaft in finsteren Zeiten. Gedanken zu Lessing*, hg.
und eingeleitet von Matthias Bormuth, Berlin 2018, S. 89–102.

Detlev Schöttker / Erdmut Wizisla (Hg.): *Arendt und Benjamin. Texte,
Briefe, Dokumente,* Frankfurt a. M. 2006.

Monika Waldmüller (Hg.): *Die Wandlung. Eine Monatsschrift. Ein Bericht,*
mit einem Verzeichnis des Redaktionsarchivs, unveröffentlichten
Briefen, einer Bibliographie der Zeitschrift und einer Erinnerung von
Geno Hartlaub, Marbach a. N. 1988.

Elisabeth Young-Bruehl: *Hannah Arendt. Leben, Werk und Zeit,*
Frankfurt a. M. 1986.

Erich Auerbach

Erich Auerbach: *Mimesis. Dargestellte Wirklichkeit in der abendländischen
Literatur,* Bern 1949.

Erich Auerbach: *Literatursprache und Publikum in der lateinischen
Spätantike und im Mittelalter,* Bern 1958.

Erich Auerbach: *Dante als Dichter der irdischen Welt,* mit einem
Nachwort von Kurt Flasch, Berlin 2001.

Erich Auerbach: *Kultur als Politik. Aufsätze aus dem Exil zur Geschichte
und Zukunft Europas (1938–1947),* hg. von Christian Rivoletti,
Konstanz 2014.

Erich Auerbach: *Gesammelte Aufsätze zur Romanischen Philologie,*
zweite, um neue Aufsätze ergänzte Auflage, hg. und mit Nachwort
wie Primärbibliographie versehen von Matthias Bormuth und Martin
Vialon, Tübingen 2018.

Karlheinz Barck / Martin Treml (Hg.): *Erich Auerbach – Zur Aktualität
eines europäischen Philologen,* Berlin 2007.

Matthias Bormuth: *Mimesis und Der christliche Gentleman. Erich
Auerbach schreibt an Karl Löwith,* Warmbronn 2006.

Matthias Bormuth (Hg.): *Wahrhafte Wirklichkeit. Erich Auerbach in einer
Folge von Briefen,* Warmbronn 2016.

Matthias Bormuth: »Erich Auerbach – Ein Philologe im Exil«, in:
Erich Auerbach: *Die Narbe des Odysseus. Horizonte der Weltliteratur,*
hg. und eingeleitet von Matthias Bormuth, Berlin 2017.

Matthias Bormuth: *Kulturphilosoph im Exil. Erich Auerbach,* Göttingen
2020.

Ulrich von Bülow: »›Alle wollen, und keiner weiss, was.‹ Erich Auerbach
im Revolutionswinter 1918/19«, in: *Jahrbuch der Karl Jaspers-Gesellschaft* 5 (2018), hg. von Matthias Bormuth, Göttingen 2018, S. 253–268.

Ulrich von Bülow: »Erich Auerbach als Leser. Ein Rundgang durch
seine Exilbibliothek«, in: *Offener Horizont. Jahrbuch der Karl Jaspers-
Gesellschaft* 6 (2019/20), hg. von Matthias Bormuth, Göttingen 2020,
S. 385–403.

Jacob Burckhardt: *Weltgeschichtliche Betrachtungen*, mit einem Nachwort von Jürgen Osterhammel, München 2018.

Werner Krauss: *Gracians Lebenslehre*, Frankfurt a. M. 1947.

Thomas Mann: *Joseph und seine Brüder*. Vier Romane in einem Band, Frankfurt a. M. 2007.

Edward Said: »Introduction to the Fiftieth-Anniversary Edition«, in: Erich Auerbach: *Mimesis. The Represantation of Reality in Western Literature*, Princeton 2003, S. IX–XXXII.

Martin Vialon (Hg.): *Erich Auerbachs Briefe an Martin Hellweg (1939–1950). Edition und historisch-philologischer Kommentar*, Tübingen 1998.

Martin Vialon (Hg.): *Und wirst erfahren wie das Bort der Fremde so salzig schmeckt. Erich Auerbachs Briefe an Karl Vossler*, Warmbronn 2007.

Martin Vialon: »Erich Auerbach und Rudolf Bultmann. Probleme abendländischer Geschichtsdeutung«, in: Matthias Bormuth und Ulrich von Bülow: *Marburger Hermeneutik zwischen Tradition und Krise*, Göttingen 2007, S. 176–206.

Gottfried Benn

Gottfried Benn: *Sämtliche Werke*, Bd. III, hg. von Gerhard Schuster, Stuttgart 1987.

Gottfried Benn: *Sämtliche Werke*, Bd. IV, hg. von Gerhard Schuster, Stuttgart 1989.

Gottfried Benn: *Sämtliche Werke*, Bd. V, hg. von Gerhard Schuster, Stuttgart 2001.

Gottfried Benn – Thea Sternheim: *Briefwechsel und Aufzeichnungen. Mit Briefen und Aufzeichnungen Mopsa Sternheims*, hg. von Thomas Ehrsam, Göttingen 2004.

Gottfried Benn: *Briefe an F. W. Oelze 1932–1945*, hg. von Harald Steinhagen und Jürgen Schröder, Wiesbaden 1977.

Jacob Burckhardt: *Weltgeschichtliche Betrachtungen*, mit einem Nachwort von Jürgen Osterhammel, München 2018.

Anatol Regnier: *Jeder schreibt für sich allein. Schriftsteller im Nationalsozialismus*, München 2020.

Thea Sternheim: *Tagebücher 1903–1971*. Bd. I–V, hg. und ausgewählt von Thomas Ehrsam und Regula Wyss, Göttingen 2002.

Felix Hartlaub

Jacob Burckhardt: *Weltgeschichtliche Betrachtungen*, mit einem Nachwort von Jürgen Osterhammel, München 2018.

Hans Magnus Enzensberger: *Fallobst. Nur ein Notizbuch*, Berlin 2019.

Felix Hartlaub: *Felix Hartlaub in seinen Briefen*, hg. von Erna Krauss und Gustav Friedrich Hartlaub, Tübingen 1958.

Felix Hartlaub: »*In den eigenen Umriß gebannt*«. *Kriegsaufzeichnungen, literarische Fragmente und Briefe aus den Jahren 1939 bis 1945*, 2 Bde., hg. von Gabriele Lieselotte Ewenz, Frankfurt a. M. 2007.

Felix Hartlaub: »Platon und der Staat. Mit einer Vorbemerkung von Carl Corino«, in: *Sinn und Form* 1 (2017), S. 48–62.

Felix Hartlaub: »›In Neapel war ich sehr von der eigentlichen Ohnmacht der Kunst vor dem Leben überzeugt.‹ Briefe an die Familie aus Italien 1933«, in: *Sinn und Form* 3 (2017), S. 293–317.

Felix Hartlaub: »Neapolitanische Aufzeichnungen«, in: *Sinn und Form* 4 (2017), S. 467–477.

Nikola Herweg und Harald Tausch (Hg.): *Das Werk von Felix Hartlaub. Einflüsse, Kontexte*, Rezeption, Göttingen 2019.

Karl Jaspers: *Friedrich Nietzsche. Einführung in das Verständnis seines Philosophierens*, Berlin 1936.

Thomas Mann: *Doktor Faustus. Das Leben des deutschen Tonsetzers Adria Leverkühn, erzählt von einem Freunde*, 2 Bde., hg. von Ruprecht Wimmer, Frankfurt a. M. 2007.

Monika Marose: *Unter der Tarnkappe. Felix Hartlaub. Eine Biographie. Mit einem Vorwort von Karl Corino*, Frankfurt a. M. 2005.

Jannis Wagner: *Felix Hartlaub in Berlin (1934–1945)*, Frankfurt a. d. O. 2018.

Matthias Weichelt: *Der verschwundene Zeuge. Das kurze Leben des Felix Hartlaub*, Berlin 2020.

Gustaw Herling

Józef Czapski: *Unmenschliche Erde*, mit einem Vorwort von Mànes Sperber, Köln 1969.

Józef Czapski: *Proust. Vorträge im Lager Grjasowez*, aus dem Französischen von Barbara Heber-Schärer, mit einem Nachwort von Lore Ditzen, Berlin 2006.

Gustaw Herling: *Das venezianische Porträt. Erzählungen*, ausgewählt und aus dem Polnischen übersetzt von Nina Koslowski, München 1996.

Gustaw Herling: *Welt ohne Erbarmen*, aus dem Englischen von Hansjürgen Wille und nach der polnischen Originalausgabe vollständig revidiert von Nina Koslowski, München 2000.

Gustaw Herling: *Tagebuch bei Nacht geschrieben*, ausgewählt und aus dem Polnischen übersetzt von Nina Koslowski, München 2000.

Gustaw Herling: »Albert Camus, Nicola Chiaromonte und Ignazio Silone. Aus dem *Tagebuch bei Nacht geschrieben* (1971–1978)«, in: *Offener*

Horizont. Jahrbuch der Karl Jaspers-Gesellschaft 4 (2017), hg. von Matthias Bormuth, Göttingen 2017, S. 197–204.

Gustaw Herling: »Die Kunst des Erzählens. Interview mit Paris Review (2000)«, in: *Offener Horizont. Jahrbuch der Karl Jaspers-Gesellschaft* 4 (2017), hg. von Matthias Bormuth, Göttingen 2017, S. 205–227.

Tony Judt: *Das vergessene 20. Jahrhundert. Die Rückkehr des politischen Intellektuellen*, München 2008.

Czesław Miłosz: *Verführtes Denken*, mit einem Vorwort von Karl Jaspers, Köln 1954.

Czesław Miłosz: *Gedichte*, ausgewählt und mit einem Nachwort von Adam Zagajewski, München 2013.

Tony Judt

Hannah Arendt: *Zwischen Vergangenheit und Zukunft. Übungen im politischen Denken I*, hg. von Ursula Ludz, München 1994.

Hannah Arendt: *Sokrates. Apologie der Pluralität*, hg. von Matthias Bormuth, Berlin 2016.

Jennifer Homans: »Vorwort. Die Redlichkeit des Intellektuellen«, in: Tony Judt: *Wenn die Fakten sich ändern. Essays 1995–2010*, hg. von Jennifer Homans, Frankfurt a. M. 2017, S. 11–20.

Tony Judt: *The Burden of Responsibility. Blum, Camus, Aron, and the French Twentieth Century*, Chicago 1998.

Tony Judt: *Das vergessene 20. Jahrhundert. Die Rückkehr des politischen Intellektuellen*, München 2008.

Tony Judt: *Past Imperfect. French Intellectuals, 1944–1956*, New York 2011.

Tony Judt: *Das Chalet der Erinnerungen*, Frankfurt a. M. 2012.

Tony Judt: *Wenn die Fakten sich ändern. Essays 1995–2010*, hg. von Jennifer Homans, Frankfurt a. M. 2017.

Tony Judt und Timothy Snyder: *Nachdenken über das 20. Jahrhundert*, Frankfurt a. M. 2012.

Czesław Miłosz: *Verführtes Denken*, mit einem Vorwort von Karl Jaspers, Köln 1953.

Nadeschda und Ossip Mandelstam

Joseph Brodsky: *Flucht aus Byzanz. Essays*, München 1988.

Paul Celan: *Gesammelte Werke. Fünfter Band. Übertragungen II*, hg. von Beda Allemann und Stefan Reichert unter Mitwirkung von Rolf Bücher, Frankfurt a. M. 1983.

Paul Celan: ›*etwas ganz und gar Persönliches*‹ *Briefe 1934–1970*, ausgewählt, hg. und kommentiert von Barbara Wiedemann, Berlin 2019.

Ralph Dutli: *Mandelstam. Eine Biographie*, Frankfurt a. M. 2005.

Homer: *Ilias / Odyssee*, in Prosa übertragen von Karl Ferdinand Lempp, hg. von Michael Schroeder, Berlin 2009.

Nadeschda Mandelstam: *Erinnerungen an das Jahrhundert der Wölfe*, aus dem Russischen übersetzt mit Anmerkungen und einem Nachwort versehen von Ursula Keller, Berlin 2020.

Ossip Mandelstam: *Gespräch über Dante. Gesammelte Essays II. 1925–1935*, aus dem Russischen übertragen und hg. von Ralph Dutli, Zürich 1991.

Ossip Mandelstam: *Du bist mein Moskau und mein Rom und mein kleiner David. Gesammelte Briefe 1907–1938*, aus dem Russischen übertragen und hg. von Ralph Dutli, Zürich 1999.

Warlam Schalamow: *Über Prosa, aus dem Russischen von Gabriele Leupold*, hg. und mit Anmerkungen versehen von Franziska Thun-Hohensein, mit einem Nachwort von Jörg Drews, Berlin 2009.

Warlam Schalamow: *Durch den Schnee. Erzählungen aus Kolyma 1*, aus dem Russischen von Gabriele Leupold, hg. und mit einem Nachwort von Franziska Thun-Hohenstein, Berlin 2011.

Thomas Mann / Inge Jens

Willi Graf: *Briefe und Aufzeichnungen*, mit einer Einleitung von Walter Jens, hg. von Anneliese Knoop-Graf und Inge Jens, Frankfurt a. M. 1988.

Inge Jens: »Über die ›Weiße Rose‹«, in: *Neue Rundschau* 95 (1984), S. 193–213.

Inge Jens: »›Bücher – frei von Blut und Schande.‹ Eine literarische Debatte aus den vierziger Jahren im Hinblick auf die ›Weiße Rose‹ weitergedacht«, in: Michael Kissener / Bernhard Schaefers (Hg.): *Festschrift für Anneliese Knoop-Graf zum 80. Geburtstag*, Konstanz 2001, S. 45–54.

Inge Jens: »Erinnerungen an Golo Mann«, in: *Jahrbuch der Karl Jaspers-Gesellschaft* 1 (2014), hg. von Matthias Bormuth, Göttingen 2014, S. 181–194.

Inge Jens: »Die Ergänzung der eigenen Erfahrung. Ein Gespräch über Schriftsteller und Editionen [mit Matthias Bormuth und Matthias Weichelt]«, in: *Sinn und Form* 3 (2016), S. 341–352.

Max Kommerell: *Briefe und Aufzeichnungen 1919-1944*, hg. von Inge Jens, Freiburg i. Br. 1967.

Thomas Mann: *Briefe an Ernst Bertram aus den Jahren 1910–1955*, hg. und mit einem Nachwort von Inge Jens, Pfullingen 1960.

Thomas Mann: *Tagebücher*, hg. von Inge Jens; Frankfurt a. M. 1978 ff.

Hans und Sophie Scholl: *Briefe und Aufzeichnungen*, hg. von Inge Jens, Frankfurt a. M. 1984.

Karl Popper

Manfred Geier: *Karl Popper*, Reinbek bei Hamburg 1994.

Karl Popper: *Das Elend des Historizismus*, Tübingen 1963.

Karl Popper: *Ausgangspunkte. Meine intellektuelle Entwicklung*, Hamburg 1979.

Karl Popper: *Auf der Suche nach einer besseren Welt. Vorträge und Aufsätze aus dreißig Jahren*, München 1984.

Karl Popper: *Die offene Gesellschaft und ihre Feinde. Bd. 1. Der Zauber Platons*, Tübingen 1992.

Karl Popper: *Die offene Gesellschaft und ihre Feinde. Bd. 2. Falsche Propheten. Hegel, Marx und die Folgen*, Tübingen 1992.

Karl Popper: *The Open Society and its Enemies*. New One Volume Edition. With an Essay by E. H. Gombrich, Princeton 2013.

Kurt Salamun: *Ein Jahrhundertdenker. Karl R. Popper und die offene Gesellschaft*, Wien 2018.

Robert Zimmer und Martin Morgenstern: *Karl R. Popper. Eine Einführung in Leben und Werk*, Tübingen 2015.

Hans Scholl

Otl Aicher: *Innenseiten des Krieges*, Frankfurt a. M. 1985.

Hannah Arendt: *Eichmann in Jerusalem. Ein Bericht von der Banalität des Bösen*, München 1964.

Hannah Arendt: *Rahel Varnhagen. Lebensgeschichte einer deutschen Jüdin aus der Romantik*, München 1959.

Hannah Arendt / Karl Jaspers: *Briefwechsel 1926–1969*, hg. von Lotte Köhler und Hans Saner, München 1985.

Erich Auerbach: *Mimesis. Dargestellte Wirklichkeit in der abendländischen Literatur*, Bern 1946.

Erich Auerbach: *Gesammelte Aufsätze zur Romanischen Philologie*, hg. von Matthias Bormuth und Martin Vialon, Tübingen 2018.

Augustinus: *Bekenntnisse*, hg. von W. Thimme, Zürich 1982.

Dietrich Bonhoeffer: *Widerstand und Ergebung. Briefe aus der Haft*, hg. von Eberhard Bethge, Gütersloh 1998.

Fred Breinersdorfer: *Sophie Scholl. Die letzten Tage*, Frankfurt a. M. 2005.

Jacob Burckhardt: *Weltgeschichtliche Betrachtungen*, mit einem Nachwort von Jürgen Osterhammel, München 2018.

Willi Graf: *Briefe und Aufzeichnungen*, mit einer Einleitung von Walter Jens, hg. von Anneliese Knoop-Graf und Inge Jens, Frankfurt a. M. 1988.

Johannes F. G. Grosser (Hg.): *Die große Kontroverse. Ein Briefwechsel um Deutschland*, Hamburg 1963.

Theodor Haecker: *Vergil – Vater des Abendlandes*, Leipzig 1931.

Theodor Haecker: *Tag- und Nachtbücher 1939–1945*, München 1967.

Friedrich von Hardenberg: *Die Christenheit oder Europa*, Hamburg 1946.

Clara Huber (Hg.): *Kurt Huber zum Gedächtnis.»... der Tod ... war nicht vergebens«*, München 1986.

Karl Jaspers: *Die geistige Situation der Zeit*, Berlin 1932.

Karl Jaspers: *Allgemeine Psychopathologie*, Berlin 1946.

Inge Jens:»Über die ›Weiße Rose‹«, in: *Neue Rundschau* 95 (1984), S. 193–213.

Inge Jens:»Bücher – frei von Blut und Schande.‹ Eine literarische Debatte aus den vierziger Jahren im Hinblick auf die ›Weiße Rose‹ weitergedacht«, in: Michael Kissener / Bernhard Schaefers (Hg.): *Festschrift für Anneliese Knoop-Graf zum 80. Geburtstag*, Konstanz 2001, S. 45–54.

Immanuel Kant: *Die Religion innerhalb der Grenzen der bloßen Vernunft*, Hamburg 1990.

Werner Krauss: *Briefe 1922–1976*, hg. von Peter Jehle, Frankfurt a. M. 2002.

Karl Löwith: *Mein Leben in Deutschland vor und nach 1933. Ein Bericht*, Stuttgart 1986.

Thomas Mann: *Deutschland und die Deutschen. Essays 1938–1945*, hg. von Hermann Kurzke und Stephan Stachorski, Frankfurt a. M. 1996.

Alfred von Martin: *Die Religion Jacob Burckhardts. Eine Studie zum Thema Humanismus und Christentum*, München 1942.

Alfred von Martin: *Nietzsche und Burckhardt. Zwei geistige Welten im Dialog*, Basel 1945.

Christoph-Probst-Gymnasium-Gilching (Hg.): *Christoph Probst (1919–1943)*, Gilching 1993.

Friedrich Schiller: *Werke*, Bd. 4, hg. von Gerhard Fricke und Herbert Göpfert, München 1980.

Hinrich Siefken: *Die Weiße Rose und ihre Flugblätter*, Manchester 1993.

Hans und Sophie Scholl: *Briefe und Aufzeichnungen*, hg. von Inge Jens, Frankfurt a. M. 1984.

Inge Scholl: *Die weiße Rose*, erweiterte Neuausgabe, Frankfurt a. M. 1982.

Barbara Schüler:»Im Geiste der Ermordeten ...«: *Die »Weiße Rose« und ihre Wirkung in der Nachkriegszeit*, Paderborn 2000.

Karl Vossler: *Gedenkrede für die Opfer an der Universität München*, München 1947.

Adam Zagajewski

Erich Heller: *Enterbter Geist. Essays über modernes Dichten und Denken*, Frankfurt a. M. 1981.

Michael Krüger: »Beobachter einer verstümmelten Welt. Zum Tod des polnischen Dichters Adam Zagjaewski«, in: *Die Welt*, 23.3.2021, S. 21.

Rainer Maria Rilke: *Ausgewählte Werke*, Bd. 2, Leipzig 1948.

Adam Zagajewski: *Die kleine Ewigkeit der Kunst. Tagebuch ohne Datum*, aus dem Polnischen von Renate Schmidgall, München 2014.

Adam Zagajewski: *Asymmetrie. Gedichte*, aus dem Polnischen von Renate Schmidgall, München 2017.

Adam Zagajewski: *Poesie für Anfänger. Essays*, aus dem Polnischen von Renate Schmidgall, München 2021.

Stefan Zweig

Oliver Matuschek: *Stefan Zweig. Drei Leben. Eine Biographhie*, Frankfurt a. M. 2008.

Volker Michels: »Stefan Zweig. Ein Humanist im Kreuzfeuer der Ideologien«, in: Stefan Zweig: *Leben und Werk im Bild*, hg. von Donald Prater und Volker Michels, Frankfurt a. M. 1981, S. 330–351.

Donald A. Prater: *Stefan Zweig. Das Leben eines Ungeduldigen*, München 1981.

Stefan Zweig: *Castellio gegen Calvin oder Ein Gewissen gegen die Gewalt*, Wien 1936.

Stefan Zweig: *Zeit und Welt. Gesammelte Aufsätze und Vorträge*, Stockholm 1943.

Stefan Zweig: *Brasilien. Ein Land der Zukunft*, Frankfurt a. M. 1981.

Stefan Zweig: *Leben und Werk im Bild*, hg. von Donald A. Prater und Volker Michels, Frankfurt a. m. 1981.

Stefan Zweig: *Briefwechsel mit Hermann Bahr, Sigmund Freud, Rainer Maria Rilke und Arthur Schnitzler*, hg. von Jeffrey B. Berlin, Hans-Ulrich Lindken und Donald A. Prater, Frankfurt a. M. 1987.

Stefan Zweig: *Triumph und Tragik. Aufsätze, Tagebuchnotizen, Briefe*, hg. von Ulrich Weinzierl, Frankfurt a. M. 1992.

Stefan Zweig: *Briefe 1932–1942*, hg. von Knut Beck und Jeffrey B. Berlin, Frankfurt a. M. 2005.

Stefan Zweig: *Sternstunden der Menschheit. Vierzehn historische Miniaturen*, Frankfurt a. M. 2012.

Stefan Zweig: *Schachnovelle*, hg. mit Anmerkungen und einem Nachwort von Dietmar Wenzelsburger, Stuttgart 2013.

Stefan Zweig: ›*Ich wünschte, dass ich Ihnen ein wenig fehlte*‹. *Briefe an Lotte Zweig 1934–1940*, Frankfurt a. M. 2013.

Stefan Zweig: *Ungeduld des Herzens*, mit einem Nachwort von Andreas Isenschmid, Zürich 2013.

Stefan Zweig: *Erasmus von Rotterdam – Montaigne*, Berlin 2017.

Stefan Zweig: *Die Welt von Gestern. Erinnerungen eines Europäers*, hg. und kommentiert von Oliver Matuschek, Frankfurt a. M. 2017.

Stefan Zweig: *Briefe zum Judentum*, hg. von Stefan Litt, Berlin 2020.

Stefan Zweig / Romain Rolland: *Briefwechsel 1910–1940*. 2 Bde., hg. von Waltraud Schwarze, Berlin 1987.

Stefan Zweig / Friederike Zweig: ›*Wenn einen Augenblick die Wolken weichen*‹. *Briefwechsel 1912–1942*, Frankfurt a. M. 2006.

Stefan Zweig / Joseph Roth: *Briefwechsel 1927–1938*, hg. von Madeleine Rietra und Rainer-Joachim Siegel, Göttingen 2019.

Literatur zu den Gesprächen

Bettina Baltschev: *Hölle und Paradies. Amsterdam, Querido und die deutsche Exilliteratur*, Berlin 2016.

Artur Becker: *Kosmopolen. Auf der Suche nach einem europäischen Zuhause. Essays*, Frankfurt a. M. 2016.

Edna Brocke: *Leben in zwei Welten. Erfahrungen einer Israelin in Deutschland und Israel*, Frankfurt a. M. 2021.

Ulrich von Bülow: *Papierarbeiter. Autoren und ihre Archive*, Göttingen 2018.

Manfred Geier: *Karl Popper*, Reinbek bei Hamburg 1994.

Heinrich Heine: »*Das Märchen meines Lebens*« – *Poetische Selbstporträts*, hg. von Christian Liedtke, Hamburg 2020.

Nadeschda Mandelstam: *Erinnerungen an das Jahrhundert der Wölfe*, aus dem Russischen übersetzt mit Anmerkungen und einem Nachwort versehen von Ursula Keller, Berlin 2020.

Marko Martin: *Dissidentisches Denken*, Berlin 2019.

Klaus Modick: *Sunset. Roman*, München 2012.

Stefan Müller-Doohm: *Adorno. Eine Biographie*, Berlin 2011.

Anatol Regnier: *Jeder schreibt für sich allein. Schriftsteller im Nationalsozialismus*, München 2020.

Thomas Sparr: *Grunewald im Orient. Das deutsch-jüdische Jerusalem*, Berlin 2018.

Matthias Weichelt: *Der verschwundene Zeuge. Das kurze Leben des Felix Hartlaub*, Berlin 2020.

Erdmut Wizisla: *Irgendwas mit Büchern. Erdmut Wizisla im Gespräch*, hg. von Matthias Bormuth, Warmbronn 2018.

Einige Zitate sind nicht den Primärtexten sondern eigenen Arbeiten entnommen, die im Literaturverzeichnis ausgewiesen sind.

Nachweise

Gespräche der Ringvorlesung Philosophie
Schreiben im Exil – Heine und die Folgen
Universität Oldenburg, Wintersemester 2020/21

19. Oktober 2020
Jeder schreibt für sich allein – Schriftsteller im Nationalsozialismus
Anatol Regnier (München)

26. Oktober 2020
Kosmopolen – Exil als Dritter Raum
Artur Becker (Frankfurt a. M.)

2. November 2020
Grunewald im Orient – Das deutsch-jüdische Exil in Jerusalem
Thomas Sparr (Berlin)

9. November 2020
An den Rändern der Welt – Nelly Sachs und Stefan Zweig
Ulrich von Bülow (Marbach)

16. November 2020
Heinrich Heine – Schreiben im Exil
Christian Liedtke (Düsseldorf)

23. November 2020
Amsterdamer Konstellationen um den Querido Verlag
Bettina Baltschev (Leipzig)

30. November 2020
Zwischen Israel und New York – Erinnerungen an Hannah Arendt
Edna Brocke (Krefeld)

7. Dezember 2020
Irgendwas mit Büchern – Ein Leben mit Brecht und Benjamin
Erdmut Wizisla (Berlin)

14. Dezember 2020
Dissidentisches Denken – Freiheit in Europa nach 1945
Marko Martin (Berlin)

21. Dezember 2020
Sunset in Kalifornien – Lion Feuchtwanger und Berthold Brecht
Klaus Modick (Oldenburg)

11. Januar 2021
Der Philosoph im Exil – Karl Popper
Manfred Geier (Hamburg)

18. Januar 2021
Das Jahrhundert der Wölfe – Nadeschda Mandelstam
in ihren Erinnerungen
Ursula Keller (Berlin)

25. Januar 2021
Zwischen Paris und New York – Benjamin, Adorno und Kracauer
Stefan Müller-Doohm (Oldenburg)

3. Februar 2021
Der verschwundene Zeuge – Das kurze Leben des Felix Hartlaub
Matthias Weichelt (Berlin)

Dank

Die Essays sind weithin angeregt von der Oldenburger »Ringvorlesung Philosophie«, die im Winter 2020/21 unter dem Thema »Schreiben im Exil – Heine und die Folgen« stand. Trotz der pandemischen Situation war es möglich, Autoren und Autorinnen zur deutschen und europäischen Exil-Literatur in den Nordwesten Niedersachsens zu einstündigen Gesprächen ins Studio von *oeins* einzuladen. Der Oldenburger Lokalsender machte die Aufnahmen online – und später auch über YouTube – zugänglich. Die zwölf Essays dieses Bandes verstehen sich als Fortsetzung der Studio-Dialoge in schriftlicher Form. Zugleich wurde weitere Literatur hinzugezogen, die im Anhang aufgeführt ist.

Drei der zwölf Texte entstanden früher. Der Essay zu Gottfried Benn erschien als Broschur im Verlag Ulrich Keicher, die Studie zu Hans Scholl – ebenfalls im Jahr 2005 – im *Balint Journal* und die Skizze zu Tony Judt 2017 im *Jahrbuch der Karl Jaspers-Gesellschaft*.

Dass die Vorlesungsreihe auf den Weg kam, verdankt sich auch den Kooperationspartnern der Oldenburger Professur für Vergleichende Ideengeschichte, die im Karl Jaspers-Haus angesiedelt ist und zum Institut für Philosophie der Universität gehört. Mitverantwortlich zeichnet vor allem das Center für lebenslanges Lernen (C3L), das im Winter 2020/21 noch Dr. Christiane Brokmann-Nooren in Verbindung mit Can Eroglu leitete. Die Aufzeichnung der Gespräche wären nicht ohne die Zusammenarbeit mit *oeins* möglich gewesen, dessen Redakteurin Sabine Molitor vor einigen Jahren schon die Gesprächsreihe »Nachdenken mit Jaspers – Dialoge zur Zeit« angeregt hatte. Ihr Format konnte für die Gespräche im Rahmen der Ringvorlesung Philosophie übernommen werden. Beiden Mitstreiterinnen sei herzlich gedankt, zudem den Referentinnen und

Referenten, die trotz der Pandemie die Reise nach Oldenburg aus verschiedenen Gebieten der Bundesrepublik wagten und mit ihren Büchern und Gedanken diese Essays stimulierten.

Das Gespräch mit Inge Jens beruht auf einer Tonaufnahme, die im Winter 2020/21 in Tübingen entstand. Ihr sei ein besonders herzlicher Dank für die Bereitschaft gesagt, auch in ihrem hohen Alter nochmals über Thomas Mann und die Arbeit an der Edition seiner Tagebücher zu sprechen.

In der Zeit des Schreibens, die sich über das Jahr 2021 verteilte, war der stete Austausch mit Malte Maria Unverzagt auf dem Balkon des Jaspers-Hauses eine wichtige Anregung. Zudem bin ich dem wissenschaftlichen Mitarbeiter der Professur für Vergleichende Ideengeschichte für die abschließende Redaktion des Bandes dankbar.

Finanziell förderte die Essay-Sammlung ein privater Spender über die Karl Jaspers-Gesellschaft; auch standen für den Druck sowohl Mittel des Instituts für Philosophie als auch der Professur für Vergleichenden Ideengeschichte zur Verfügung. Allen Unterstützern sei herzlich Dank gesagt.

Den Band widme ich einmal Jerome Kohn, dem letzten Assistenten von Hannah Arendt, mit dem seit über einem Jahrzehnt über seine Lehrerin und deren Philosophieren im Austausch stehen zu dürfen, eine große Freude ist. Außerdem gehen wichtige Anregungen auf Michael Krüger zurück, der im Carl Hanser Verlag das deutsche und internationale Exil über Jahrzehnte präsent sein ließ. Seinem Programm und unseren Gesprächen der letzten Jahre verdanke ich nicht nur in dieser Sache mehr, als diese wenigen Zeilen ausdrücken können.

Matthias Bormuth
Oldenburg, im November 2021

DANK